本书为"高质量发展与评价研究"系列丛书之一，是江苏省重点培育智库——江苏高质量发展评价研究院、江苏省决策咨询基地——江苏高质量发展综合评估研究基地研究成果，也是江苏省社科基金项目"江苏居家养老的家庭支持研究"（18SHB003）、江苏高校人文社会科学校外研究基地"江苏智慧养老研究院"（2017ZSJD006）的研究成果。

周建芳 著

居家养老家庭支持

基于江苏的实证研究

AN EMPIRICAL STUDY ON
FAMILY SUPPORT
FOR HOME-BASED ELDERLY CARE

EVIDENCE FROM JIANGSU PROVINCE

社会科学文献出版社
SOCIAL SCIENCES ACADEMIC PRESS (CHINA)

前言

第七次全国人口普查数据显示，2020年11月1日零时，江苏省常住人口为84748016人，其中65岁及以上人口为13726531人，占16.20%。与2010年同期相比，65岁及以上人口的比重上升5.32个百分点。江苏省平均每个家庭户的人口为2.60人，比2010年同期减少0.34人。江苏省人口老龄化程度持续加重的同时，家庭规模继续呈现缩小的趋势，这给居家养老带来了更大的挑战，但无论是从养老资源的配置效率、传统的家庭养老文化、部分家庭养老功能的不可替代性，还是从绝大多数老人的居家养老意愿看，江苏在"十四五"时期和未来的更长时间内，都需要继续坚持和巩固居家养老的基础性地位。

本专著的研究对新时代如何加强江苏省老年家庭的外部支持以赋权、赋能家庭和老年人口自身进行探讨，以促使老年家庭能够更好地发挥作用，践行积极老龄化理念，实现高质量居家养老。为此，研究于2019年7~8月分别在江苏省张家港市、海安市和淮安市淮安区进行了实地调研。基于对调研结果和相关政策、研究文献的分析，撰写了本书。本书的第一章对研究背景、内容与方法、理论与概念操作化等进行介绍；第二章分析了现行江苏省涉老政策的政策工具、作用对象和对家庭产生的预期影响；第三章对被调查家庭的养老能力进行了评估；第四章到第八章则分别描述和分析了被调查家庭对老年成员的生活照料、健康支持、精神慰藉、经济支持，以及居室的适老化情况，并提出相关建议；第九章则是对江苏南京的时间银行志愿互助养老的个案研究；第十章借鉴了美国、日本、芬兰等国的居家养老家庭支持经验；第十一章在居家养老家庭支持责任界定的基础上，对如何构建与发展江苏居家养老的家庭支持体系提出了研究建议。

期望本书可以为江苏省及与研究样本点社会经济发展相近地区的居家养老事业和产业发展提供有价值的信息，期望有关老年家庭能力评估和家庭支持的实证研究可以为各地开展老年家庭养老功能评估等提供参考，期望所提出的研究建议可以为相关部门制定老年政策提供参考，也为广大社会组织和养老产业的居家养老服务发展提供思路借鉴。

研究如存在不妥或谬误之处，敬请各位领导、专家、养老事业和产业实务工作者和广大读者批评指正。

周建芳

2021 年 6 月

目录

第一章 绪论 …………………………………………………… 1
第一节 研究背景 ………………………………………………… 2
第二节 研究目标与内容 ………………………………………… 7
第三节 居家养老家庭支持相关理论 …………………………… 9
第四节 研究概念界定 …………………………………………… 14
第五节 研究对象与方法 ………………………………………… 21

第二章 居家养老家庭支持政策：政策工具、作用对象与预期影响 ………………………………… 23
第一节 江苏省涉老政策文本搜集与研究方法 ………………… 23
第二节 江苏省涉老政策及其对居家养老家庭的支持 ………… 28
第三节 江苏省居家养老增强型政策工具使用分析 …………… 42
第四节 居家养老增强型政策作用对象及预期家庭影响 ……… 56
第五节 国内外居家养老家庭支持政策经验 …………………… 69
第六节 江苏省居家养老家庭支持政策优化与完善建议 ……… 78

第三章 家庭养老能力：现状分析与综合评价 ………………… 87
第一节 家庭养老能力研究文献回顾 …………………………… 87
第二节 居家养老老人的个人经济资源 ………………………… 89

第三节　家庭可利用的养老照料人力状况 …………… 109
　　第四节　家庭养老能力综合评价 …………………………… 118
　　第五节　江苏居家养老老人面临的养老困难 …………… 123
　　第六节　江苏老年家庭居家养老能力评价基本结论 …… 132

第四章　家庭生活照料：照料人员和未被满足的需求 …… 136
　　第一节　家庭老人生活照料文献回顾 …………………… 136
　　第二节　家庭生活照料 …………………………………… 140
　　第三节　未被满足的生活照料与支持 …………………… 145
　　第四节　家庭养老能力和生活照料与支持 ……………… 150
　　第五节　江苏居家养老老人家庭生活照料主要研究结论 … 151
　　第六节　增强居家养老家庭生活照料与支持能力的建议 … 154

第五章　家庭健康支持：健康关注与生病照料人 ………… 156
　　第一节　家庭老年健康支持文献回顾 …………………… 156
　　第二节　江苏居家养老老人的健康现状 ………………… 160
　　第三节　家庭老年健康支持及其影响因素 ……………… 168
　　第四节　养老能力与家庭健康支持 ……………………… 173
　　第五节　江苏居家养老老人家庭健康支持主要研究结论 … 175
　　第六节　增强居家养老老人的家庭健康支持能力的建议 … 176

第六章　家庭精神慰藉：心理健康与精神慰藉人 ………… 179
　　第一节　老人精神慰藉文献回顾 ………………………… 179
　　第二节　江苏居家养老老人的心理健康现状 …………… 182
　　第三节　老年精神慰藉人员模式及其影响因素分析 …… 187
　　第四节　养老能力与家庭老人精神慰藉 ………………… 193
　　第五节　江苏居家养老老人精神慰藉研究基本结论 …… 194

第六节　江苏居家养老老人的家庭精神慰藉建议 …………… 196

第七章　家庭经济支持：抚养抑或赡养 …………………… 198
第一节　家庭代际经济支持文献回顾 …………………… 198
第二节　江苏居家养老老人的代际经济支持现状 ………… 201
第三节　家庭养老能力与代际经济支持 ………………… 206
第四节　江苏居家养老老人家庭代际经济支持基本结论 … 207
第五节　关于增强居家养老老人家庭代际经济支持的建议 … 208

第八章　家庭宜居环境：适老化改造 ……………………… 210
第一节　居家养老适老化改造文献回顾 ………………… 211
第二节　江苏居家养老老人家庭居室适老化现状 ………… 213
第三节　江苏居家养老老人家庭居室适老化影响因素分析 … 219
第四节　江苏居家养老老人家庭适老化改造基本结论 …… 220
第五节　江苏居家养老老人的家庭适老化改造发展建议 … 222

第九章　志愿互助养老：社会对居家养老家庭支持的个案 …………………………………………… 224
第一节　南京时间银行的引进与发展 …………………… 224
第二节　南京市居民时间银行参与意愿 ………………… 231
第三节　南京时间银行目前存在的主要问题 …………… 240
第四节　关于南京时间银行可持续发展与进一步推广的建议 … 245

第十章　他山之石：国际居家养老家庭支持经验借鉴 …… 250
第一节　美国家庭照料人员支持计划经验及启示 ………… 250
第二节　日本居家养老家庭支持经验及启示 …………… 262
第三节　芬兰长期照护制度中的家庭支持设计及启示 …… 270

第十一章　江苏居家养老高质量家庭支持体系构建与发展路径 …………… 276
第一节　居家养老家庭支持主体与责任界定 ………………… 276
第二节　江苏居家养老家庭支持体系构建 …………………… 285
第三节　江苏居家养老家庭支持服务高质量发展路径 ……… 288
第四节　江苏居家养老家庭支持保障体系建设 ……………… 290

参考文献 …………………………………………………………… 294

附　录 ……………………………………………………………… 309
附录1　江苏居家养老家庭调查问卷 ………………………… 309
附录2　失能老人家访提纲 …………………………………… 318
附录3　南京市市民志愿养老服务参与调查问卷 …………… 319
附录4　发表的课题研究论文 ………………………………… 322

后　记 ……………………………………………………………… 324

第一章　绪　论

为积极应对人口老龄化，2001年，民政部在《"社区老年福利服务星光计划"实施方案》中，首次提出了"居家养老"的概念，2013年印发的《国务院关于加快发展养老服务业的若干意见》中明确"初步建立以居家为基础、社区为依托、机构为支撑的养老服务体系"的工作要求。2020年11月，中国共产党第十九届中央委员会第五次全体会议发布的《中共中央关于制定国民经济和社会发展第十四个五年规划和二〇三五年远景目标的建议》中提出，实施积极应对人口老龄化国家战略。如积极开发老龄人力资源，发展银发经济；推动养老事业和养老产业协同发展，健全基本养老服务体系；发展普惠型养老服务和互助性养老，支持家庭承担养老功能；培育养老新业态，构建居家社区机构相协调、医养康养相结合的养老服务体系；健全养老服务综合监管制度。

本书是江苏省哲学社会科学研究项目"江苏居家养老的家庭支持研究"的研究成果，课题组拟通过对江苏现行适用的涉老政策的分析和对2019~2020年江苏省张家港市、海安市和淮安市淮安区样本点的调研的实证数据分析，在充分借鉴国际先进国家的居家养老家庭支持经验的基础上，为江苏"十四五"时期，乃至未来更长的时间里，构建与完善江苏居家养老家庭支持体系提供研究建议，助推江苏积极应对人口老龄化战略的实施与规划目标的实现。

第一节 研究背景

江苏居家养老家庭支持体系需要立足江苏发展实际进行规划设计，为此开篇先对江苏的社会经济发展、人口老龄化和养老事业发展的基本情况进行概述。除特殊说明外，本章的数据信息均来自江苏省政府相关部门公开发布的文献，主要包括2016~2020年的《江苏省国民经济和社会发展统计公报》《江苏卫生计生年鉴》《江苏省老龄事业发展报告》[①]《江苏省第七次全国人口普查公报》等。

一　江苏社会经济发展情况

（一）江苏的综合实力

2020年，江苏省经济继续平稳健康发展，经济运行保持在合理区间和中高速增长。2020年江苏省实现地区生产总值10.27万亿元，比上年增长3.7%。人均地区生产总值12.2万元，恢复到疫情前水平。劳动生产率持续提高，平均每位从业人员创造的增加值达21.6万元，比上年增加0.6万元。全年非公有制经济实现增加值76936.5亿元，在全省GDP中的比重达74.9%；私营个体经济增加值在全省GDP中的比重达52.5%，民营经济增加值在全省GDP中的比重达56.8%。财政收入稳定增长。全年一般公共预算收入9059亿元，比上年增长2.9%，其中税收收入7413.9亿元，比上年增长1.0%，税收在一般公共预算收入中的比重达81.8%。

（二）江苏及样本点主要社会经济指标

表1-1给出了全国、江苏及样本点的主要社会经济指标数值，江苏社会经济发展水平居全国前列，主要社会经济发展指标均明显优于

---

① 该报告由江苏省卫生健康委、省民政厅、省人力资源和社会保障厅、省老龄办联合发布，未公开发行。

全国平均水平。人均预期寿命比全国平均水平高1.19岁（2015年），城乡居民人均可支配收入显著高于全国平均水平，但地区之间和城乡之间的差距也很大。因此，研究在选择样本点时充分考虑到了这一差异性，在苏南、苏中和苏北地区各选一个样本点，分别为张家港市、海安市和淮安市淮安区，以期兼顾不同社会经济发展水平地区的情况，从数据上看，张家港市、海安市和淮安市淮安区可以较好地代表这三个地区。

表1-1 2019年全国、江苏及样本点主要社会经济指标

单位：元，万人

	人均地区生产总值	年末常住人口	城镇人均可支配收入	农村人均可支配收入
张家港市	201800	143.20	69243	35453
海安市	131007	87.43	47844	23354
淮安市淮安区	78543	78.53	33677	18856
江苏省	123607	8474.80	51056	22675
全国	70892	141178.00	42359	16021

资料来源：《江苏统计年鉴2019》《中国统计年鉴2020》。

二 江苏人口老龄化情况

（一）江苏老年人口数量与构成

截至2019年底，江苏省户籍人口7865.82万人，其中60岁及以上人口1834.16万人，占户籍人口的23.32%；65岁及以上人口1330.29万人，占户籍人口的16.91%。截至2020年11月，江苏省60岁及以上人口1850.53万人，占全省常住人口的21.84%；65岁及以上人口1372.65万人，占全省常住人口的16.20%。

截至2019年底，60岁及以上户籍人口占比最高的5个设区市为南通、镇江、泰州、无锡和扬州，分别为30.84%、27.11%、26.63%、26.49%、26.00%。60岁及以上户籍人口占比超过30%的县（市、区）有11个，分别是如东县（34.74%）、启东市（32.24%）、海安市（31.76%）、南通市通州区（31.65%）、南通市港闸区（31.56%）、南通市海门区（31.42%）、

常熟市（31.37%）、苏州市姑苏区（31.13%）、太仓市（31.07%）、东台市（31.07%）、南京市秦淮区（30.01%）。

（二）江苏老年人口动态变化

江苏省老年人口的绝对数和相对数都呈现明显的上升趋势，已进入中度人口老龄化阶段，老年抚养比也在不断上升，养老压力逐渐呈现。另外，从抽样调查数据看，江苏老年人口的性别、年龄和地区构成基本稳定，变化不大（见表1-2）。

表1-2 2000~2019年江苏老年人口数量变化

单位：万人，%

年份	老年人口总数	女性老人比例	80岁及以上老人比例	农村老人比例	老年人口在总人口中的比重	抚养比
2000	645.84	—	—	—	8.84	12.36
2010	856.78	—	—	—	10.89	14.31
2015	1115.08	52.61	19.42	43.68	12.69	17.21
2016	1167.55	51.67	19.36	42.00	14.04	19.64
2017	1199.91	52.15	19.10	41.03	15.12	21.35
2018	1256.45	52.76	19.66	41.63	15.76	22.37
2019	1330.29	52.50	21.05	35.24	16.91	25.08

注：老年人口指65岁及以上的户籍人口；抚养比是根据《江苏统计年鉴》中的"全省年龄人口构成情况"数据进行计算的，总人口抽样比为1%或0.42%。

资料来源：《江苏统计年鉴》（2000~2019）、《江苏省老年人口信息和老龄事业发展状况报告（2015~2019）》。

（三）江苏老年人口健康状态

2015年"中国城乡老年人生活状况抽样调查"中江苏15840例样本数据显示：江苏老人患各种慢性病的比例为77.4%，患有3种及以上慢性病的老人比例为17.7%（见表1-3）。在老年群体中，高血压、骨关节病、心脑血管疾病等慢性病发病率较高，排名前三。江苏省失能半失能和失智老人合计占全省老年人口的7.3%。

表 1-3　2015年江苏被调查老人患有慢性病情况

单位：%

慢性病类型	女性	男性	农村	城镇	总体
高血压	43.3	40.5	38.5	47.2	42.0
骨关节病	37.0	27.0	34.1	30.0	32.4
心脑血管疾病	18.7	15.2	15.6	19.3	17.1
胃病	16.9	13.0	16.8	12.7	15.1
白内障/青光眼	15.3	9.8	12.0	14.1	12.8
糖尿病	9.7	7.8	7.7	10.6	8.8
慢性肺部疾病	5.7	8.6	7.2	6.5	7.0
其他慢性病	5.2	5.0	5.1	5.0	5.1
哮喘	3.6	4.1	4.8	2.3	3.8
生殖系统疾病	0.9	2.6	1.6	1.8	1.7
恶性肿瘤	1.2	2.0	1.7	1.4	1.6
以上都没有	20.1	25.6	23.9	20.7	22.6

三　江苏养老事业发展情况

（一）养老保障

1. 社会保障

2019年末，江苏省社会保障基本情况如下。

江苏省企业职工基本养老保险参保人数达3144.89万人，比上年末增加101.1万人；领取基础养老金人数为1098.17万人，比上年末增加1.13万人。

城乡居民基本养老保险基础养老金最低标准为每人每月148元，比2018年增加13元；江苏省低保对象81.3万人，其中60岁及以上低保对象31.3万人，占比为38.5%。城市低保对象12.30万人，其中60岁及以上低保对象4.01万人，占比为32.60%。农村低保对象69.00万人，其中60岁及以上低保对象31.30万人，占比为45.36%。江苏省城乡低保平均保障标准城乡均为725元/（人·月）；实际人均补助水平城乡分别达到493元/（人·月）和384元/（人·月）。

江苏省共有特困老人21.04万人，城市特困老人平均供养标准为每人每年19358元，农村特困老人平均供养标准为每人每年12421元。

江苏省共发放农村部分计划生育家庭奖励扶助金18.48亿元；发放计划生育特别扶助金8.1亿元。

2. 医疗保障

2019年末，江苏省医疗保障基本情况如下。

江苏省老人健康管理率达到72.4%。

江苏省开设家庭病床4000张，143家二级以上综合医院开设老年医学科，占二级以上综合医院总数的57%。医养结合机构达696家，其中80%以上由社会力量创办。

江苏省有7个设区市开展了长期护理保险制度试点，被调查样本点南通市是其中之一，长期护理保险筹资标准是每人每年100元，其中，个人缴纳30元，医保基金筹集每人30元，财政补助每人40元。

（二）养老服务

1. 社区养老

截至2019年底，江苏省已建成街道日间照料中心589家，其中412家具备医疗卫生服务功能，占总数的70%。建成7374个社区老人助餐点，全省共建成居家社区养老服务中心1.82万个。10个设区市、25个县（市、区）全面落实国家和省级居家社区养老服务改革试点任务。

2. 机构养老

截至2019年底，江苏省共有养老机构2412家（含农村五保供养服务机构1034家），其中，公办养老机构达到1303家，民办养老机构达到1090家。有1250家养老机构与医疗机构签署了合作协议。江苏省建成护理型养老机构床位26.69万张，占养老机构床位总数的61.1%。

3. 养老投入

2019年，江苏省各级财政共安排专项补助资金近30亿元，用于城乡养老服务体系建设。截至2019年末，江苏省共建有各类养老床位69.9

万张，较上年同期增加 2.9 万张；社会力量提供或经营的各类养老床位已达到 42.9 万张，占床位总数的 61.4%。每千名老人拥有的养老床位超过 38.1 张。

4. 服务队伍

举办养老服务人才交流对接会。江苏省组织国内外 40 多所院校与养老机构、社区居家养老服务中心、护理院、日间照料中心等交流对接。加强健康养老人才队伍建设，将老年医学、康复、护理、营养等作为紧缺专业纳入卫生专业技术人员教育培训规划。截至 2019 年底，江苏省医养结合机构中的卫生专业技术人员总数达到 2.5 万余人，其中医师 3298 人，药剂师 529 人，护士 5906 人，医技人员 1324 人。

5. 老年补贴

2019 年，江苏省共向 80 岁以上高龄老人发放尊老金 10 亿元以上，其中，80~99 岁老人的尊老金由各地政府负担，100 岁及以上老人的尊老金由省财政发放，每人每月 300 元。在实行尊老金制度的基础上，针对经济困难的高龄、失能老人，继续实行养老服务和护理补贴制度，对 157.7 万名符合条件的老人发放养老服务、护理补贴共计 9.26 亿元。

第二节　研究目标与内容

一　研究目标

联合国多次在老龄化议题中强调推进居家养老服务的最终目的是巩固家庭养老的地位，而与中国有着相近文化的韩国、日本、新加坡等国政府也颁布了一系列旨在加强家庭养老的政策。欧洲国家在大力发展社会养老的过程中，也意识到家庭养老的不可替代性和高效性，转而对家庭养老予以更多的支持。在江苏社会养老资源紧缺、能力有待提升的情况下，也理应更加重视和发挥家庭的养老功能。

本研究将构建居家养老家庭能力评估指标体系，对江苏城乡老年家庭①的居家养老能力现状进行比较分析,并对江苏老年家庭在生活照料、健康支持、精神慰藉、经济支持和居室适老化等方面的养老作用发挥现状及影响因素进行研究,结合对江苏居家养老家庭支持政策的现状分析和对发达国家家庭支持经验的借鉴,为今后江苏居家养老服务和在政策中如何对居家养老的家庭提供有效支持、提升家庭养老作用提出研究建议。为江苏在"十四五"时期乃至更长时间内建设与完善"以居家为基础、社区为依托、机构为补充的多层次养老服务体系"提供科学依据,减少服务中供给与需求不匹配、利用度低等问题,有利于政府和社会更好地帮助家庭提升其居家养老服务能力,降低老年家庭对外部资源,特别是对政府的依赖性,助推"强富美高新江苏"美好蓝图的实现。

二 研究内容

(一)江苏涉老政策家庭支持政策工具、作用对象与预期影响研究

为精准把握当前江苏涉老政策执行情况,并提出完善意见,研究首先对2000年1月1日至2020年12月31日出台的江苏涉老政策进行分析,将政策分为居家养老支持型、替代型和未明确指向型3种,分析这些政策工具的使用情况、政策的作用对象和对老人及其家庭的预期影响。

(二)江苏老年家庭的居家养老能力评估研究

根据家庭功能理论、生命周期理论、结构功能理论等,结合既有研究成果,初步构建家庭居家养老能力评估指标体系,具体包括家庭的经济资本能力和人力资本能力。在江苏进行城乡老年家庭居家养老能力问卷调查,使用因子分析法等统计方法评价所构建指标体系的测量问卷的信度和效度,进一步修正评估标准,并评估江苏城乡家庭的居家养老能力得分差异。

(三)江苏老年家庭的居家养老作用发挥研究

对江苏老年家庭进行问卷调查和入户访问,对家庭中老人自身和其子

---

① "老年家庭"亦可称"老人家庭"。

女/孙子女对老人的生活照料、经济支持、精神慰藉、健康照料和居住环境适老化情况进行全面描述，比较分析江苏不同类型家庭的居家养老作用发挥差异，并采用多元统计方法分析影响家庭居家养老作用发挥的因素。

（四）江苏家庭居家养老能力与作用发挥关系研究

在控制家庭中老人的年龄、性别、收入和受教育程度等基本变量后，采用多因素分析方法分别分析家庭在对老人的生活照料、经济支持、精神慰藉、健康照料和适老化改造5个方面的作用发挥与其能力之间的关系。

（五）发达国家家庭养老支持经验借鉴

采用案例分析的方法，搜集日本和美国等国的家庭政策中对如何提升家庭养老能力、鼓励家庭老年赡养行为和进行家庭适老化改造的相关规定，搜集相关报道和研究，了解日本和美国等国家庭养老支持政策实施效果，分析和提取其中的成功经验，汲取失败的教训。

（六）江苏居家养老的家庭支持研究建议

根据以上的研究结论，为社区、社会和政府今后如何对家庭提供支持，帮助家庭提升居家养老能力，激励家庭居家养老作用的发挥，开展相关服务和完善相关政策提出研究建议。

第三节　居家养老家庭支持相关理论

对于老年人口的支持，学者们提出了正式支持和非正式支持的分类概念，认为老人非正式支持体系的构成通常分为家庭成员、其他亲属和非亲属三类（姚远，2003），张友琴（2001）提出家庭支持是非正式支持中的主体。但也有学者认为应该将家庭支持作为老人第三种支持形式，与非正式支持和正式支持并列，认为在提供支持方面，这三类的支持地位和作用是不同的（肯迪格等，1997）。不管家庭对老人支持的分类与属性如何，其本质都可以看作一种家庭内部的交换。因此可以看到，对有关家庭支持机理与相互作用的理论多基于"交换理论"进行理解，但我国老年家庭的研究和国际社会的研究所基于的理论基础有所差异，中国的老年家庭支持理论更多在传统孝道文化背景下理解"交换"。

一 基于西方社会交换理论的家庭支持理论

社会交换理论由美国社会学家 Homans（1958）创立，他在经济学、人类学、心理学等相关基本原理的基础上，认为社会是以人际关系为基础建立起来的，其将人类的一切社会活动归结为一种交换，这种交换包括情感、金钱、资源、精神态度等，他从个体需要、心理动机即人的理性出发得出社会交换的实质其实就是个人或者为获得报酬或者为减少惩罚而采取的理性行动的结论。Homans 的社会交换理论非常重视人的需要和情感在人际交往与社会交换中的地位和作用，重视理性人的选择性，指明了理性与非理性在人际交往中的作用，并以此为出发点试图探讨整个人类社会的存在机制。但是，Homans 的社会交换理论忽视了人的社会性，也忽视了社会因素在人际交往中的作用，过分夸大了人际交往以及社会交换中个人的目的与动机，没有认识到宏观社会结构对个体活动的制约作用以及个人对于社会结构的能动作用。

（一）家庭权力与协商理论

社会交换理论自 20 世纪 70 年代开始被广泛应用于社会研究领域。老年家庭权力与协商理论是社会交换理论在家庭代际支持领域的具体发展，该理论认为老年父母对家庭资源的控制程度及创收能力，决定着从子女或家庭其他成员处获得支持的程度（Goode，1970）。老人能否得到子女的支持，取决于他们是否能够提供不同类型的帮助作为回报，掌握较多资源的父母，年老时能够得到子女更多的关注与支持（Lillard and Willis，1997）。随着社会经济的发展，年长父母对经济、训练与知识等资源的控制下降，其权威也大为削弱，他们从子女或其他家庭成员处获得的支持也因而减少。与 Homans 的社会交换理论一样，老年家庭权力与协商理论相对忽视了家庭外部系统的可能影响，外部资源的替代性和对家庭成员的约束未能作为影响家庭成员对老人支持的因素来考虑。

（二）家庭互助理论

家庭互助理论同样是基于社会交换理论发展而来的另一微观理论，其对于家庭内部交换的理解更加具体化。该理论认为在家庭成员间存在着广泛的互助与各种类型交换的，最常见的类型是"时间—金钱"的交换，即收入较低的一代以劳务换取金钱或者收入较高的一代以金钱换取劳务，从而形成了财富在代际的转移（Lillard and Willis，1997）。老年父母照料孙子女或者为子女提供家务劳动，并获得子女在经济上的支持就是互助模式的典型表现（Lee et al.，1994）。

我国也有学者用家庭互助理论来解释家庭养老问题，并且不仅考虑了横向时间维度的家庭代际交换，而且有了时间纵向维度的延展，认为我国老人早期对子女的抚养和照顾，是其年老之后子女对其提供代际支持的基础。家庭对老人的赡养是子女将父母的养育之恩以经济支持、日常照顾和精神安慰的形式回报给他们的结果（熊跃根，1998）。家庭互助理论能够帮助我们更为具象地了解与理解代际的帮助，但该理论同样对外部环境的影响缺乏关注，因而对代际并不完全对等交换下的老年支持解释力度不足。

二 基于传统孝道文化的家庭养老支持理论

费孝通（1983）在讨论中国社会亲子关系中子女对父母赡养的问题时提出了"反馈模式"，认为中国社会的亲子关系，特别是亲子关系中子女对父母的赡养责任这一点与西方社会的亲子关系有所不同，中国更强调子女对父母的赡养义务，反馈模式可以说是中国亲子关系的特点。按照费孝通的分析，中国的反馈模式是一种代内均衡，每一代人都既有抚养子女的责任义务又有赡养父母的责任义务。传统孝道文化下的养老责任内化是理解中国家庭养老时被更多学者认同的理论观点。由于几千年儒家文化对孝的强调，赡养老人的义务已经变成了每一个中华儿女内在的责任要求和自主的意识并成为其人格的一部分（张新梅，1999）。陈树德（1990）在研究分析了"尊长敬老"作为一种国家意识形态的产生过程后指出，具有中国特色的尊长敬老确实是中国传统文化的产物，或者说是儒家思想的产物，中国人的家庭观念是由孝道来维持的，这也使得中国社会具有养老敬老的优良传统。魏章玲（1990）指出，中国人极强的家庭观念是"由孝道来维系的，这有好的一面，使中国社会具有养老敬老的优良传统"。

与基于西方社会交换理论的家庭养老支持理论不同的是，基于传统孝道文化的家庭养老支持理论更多强调宏观孝道文化的影响，并且同时将交换从亲子两代人扩大到亲子三代人，即在孝道文化的约束下履行最基本的养老责任，同时中年一代在对"上"（父母）行孝道时，也期望以自己的行为作为表率或示范，到年老时，"下"（子女）也能学习这一行为模式来赡养自己。

三 其他相关理论

（一）家庭功能理论

家庭功能是在家庭与社会的联系和作用中所具有的满足人类生存的各种需要以及适应和改变社会环境的功用和效能（潘泽泉，2005）。郑杭生（1998）认为，家庭功能本质上是个人需求的表现。吃的需求表现为组织生产、积累和消费的单位；性的需求表现为婚姻的缔结与维持以及爱情；生育、抚养和赡养、教育等功能是出于对生命延续等的需求。

学者们对家庭功能的变化趋势观点不尽相同，宋金文（2001）撰文对此有系统介绍。日本学者富永健一（2004）是赞同家庭功能缩小论者，他认为家庭的功能，包括经济功能、教育功能和宗教功能以及亲属相互扶助的功能，这些功能在现代化的过程中被众多社会功能执行主体大幅度取代，按照产业化社会"基础社会衰耗法则"，家庭、亲属的结合功能处于解体和缩小的过程中。但也有研究者认为家庭功能几乎是不变的，即使有变化，也不过是家庭功能重心的部分位移。在老人的赡养方面，除了发展社会保障、社会福利之外，家庭仍然负有责任和义务。如果说家庭功能缩小了，那也是在外部的制度体系对于家庭功能的衰弱没有采取措施，没有使家庭恢复到它能够充分发挥作用的情况下引发的。社会福利之所以能解燃眉之急，正是因为家庭在赡养和护理方面的功能薄弱，不足以依赖。

（二）结构功能理论

结构功能理论认为，环境状态和社会规范是影响行动的两个同等重要的因素，在行动过程中，人们在确定目标和手段时有一定的选择自由，但这种自由受两方面的制约，社会文化中的价值规范对这种选择进行指导和调节，环境状态则为行动提供机会或障碍。帕森斯是结构功能理论的重要代表人物之一。他提出行动系统共涉及4个子系统：文化系统、社会系统、人格系统以及行为有机体系统。帕森斯从对单个行动者的社会行动分析角度入手，对这4个子系统如何相互联系、相互制约进行认识。

对于家庭功能，帕森斯提倡家庭功能专一化，认为家庭外在的传统功能趋于丧失，但养育子女的功能、传递爱情以及使子女形成独立性人格方面的功能却趋于集中。帕森斯虽未专门提及家庭养老功能将如何变化，但根据其理论，当今中国家庭结构的核心化、小型化、空巢化必定会带来家庭养老功能的变化，而国内大部分学者对此变化的理论预期是家庭的养老功能将不断弱化，面临一定的风险和需要社会功能的替代（杜鹏，2000；童星，2015；穆光宗，2016）。

从理论回顾可以看出基于不同的既有理论，对于家庭的养老支持发展趋势，可能会得出不同的判断，对于结构已经发生变迁的江苏老年家庭的养老功能到底会如何发展，更需要基于实证的分析，在江苏孝道文化有所变化的情况下，描述不同家庭结构老年家庭的养老支持作用发挥程度和差异，在控制混杂因素的情形下判断影响程度，才能更加科学地规划江苏养老体系，施以适宜的家庭福利和与有效需求相匹配的居家养老家庭服务支持，使得更多老人可以在家中健康幸福养老。

第四节　研究概念界定

本研究中有三个主要关键词。一是江苏，限制了研究地域，将研究内容和研究对象都锁定在江苏范围内，研究中将问卷调查的对象明确为在江苏居住并有江苏户籍的老人，相关政策、现状和问题都针对江苏这一行政区域而言，无须过多解释。二是居家养老。三是家庭支持，根据本研究的目的和研究内容，家庭支持被细分为家庭内部的养老支持和家庭外部的支持，研究对前者进行了评估，又对居家养老外部支持需求进行了评估。这些概念都相对抽象，没有统一的测量指标或量表，且不同研究中的概念缺乏统一性，因此研究有必要使概念具有可操作性，即明晰本研究中对于概念的理解，并且基于具体的理解将这些概念转化为具体可测量的指标供实地问卷调查或访谈使用。

一　居家养老

居家养老的理念和实践起源于20世纪50年代后期英国政府在老人中推行的社区照顾模式，强调社区照顾的目标是在"自己的家或像家的环境中供养老人"。我国学界最早提出居家养老的是学者袁缉辉（1995），其在文中倡导国家和社会重视对家庭养老的支持，建议把社区为老人提供服务放在重要位置，并发展社区的日间照料服务，使"居家"的养老成为可能。其后，多个相关的名词在学术研究中被使用，主要有家庭养老、居家养老、社区养老和社会养老。

（一）家庭养老

20世纪90年代随着我国家庭逐渐面临结构和功能的变迁，学界也逐渐关注到家庭养老功能的弱化，有学者开始撰文呼吁对家庭进行支持。较早强调发挥家庭养老作用的也是袁缉辉（1992），其在文章中分析了我国家庭养老模式向社会养老模式的转变趋势，强调社会养老与家庭养老并不是互斥关系，而是互为补充，呼吁发展社会养老的同时，支持在家养老。姚远（2000）从养老责任主体的角度出发，将家庭养老定义为由家庭承担养老责任的文化模式和运行方式，家庭养老模式和家庭养老方式是其包含的两个层次。有学者从更为具体的功能角度出发，将家庭养老界定为由子女承担责任，对父母进行物质供养、生活照料和精神慰藉的养老方式，子女向老人提供养老服务的同时，也完成了代际的义务与责任的转移（舒奋，2019）。另有学者认为，家庭养老概念在强调子女对老人提供经济支持与生活服务的同时，也要认识到家庭养老暗含的在家庭居住之意（马姗伊，2021）。

多年来，关于家庭养老的概念，学界仍未统一，但可以明确的一点是，家庭养老是我国传统养老模式，养老支持力的来源为家庭成员（孟皓、王毅杰，2021）。综合来看，家庭养老虽存在不同层次的内涵，但家庭成员、血缘亲情、养老责任等是家庭养老的基本特征。家庭养老作为较为传统的养老模式，目前仍是学术界研究的热点话题，近年来，研究焦点主要围绕"家庭养老功能是否弱化"展开，多数学者认为，家庭养老是中国传统社会的主要养老模式，对解决传统社会的养老问题做出了积极贡献。有的学者在肯定家庭养老贡献的基础上，探讨家庭养老功能的变迁，强调家庭养老具有扎实的社会文化根基和难以替代的亲情价值，家庭养老模式在当代社会仍然重要（黄健元、贾林霞，2019；黄健元、常亚轻，2020）。也有学者认为，家庭养老已不能满足老人的养老需要，需发展居家养老来弥补家庭养老的不足（青连斌，2016）。

（二）居家养老

袁缉辉（1995）在提出居家养老概念，强调以居家养老服务加强家庭的养老功能之后，学界呼应不多。时隔多年，熊必俊（1999）再次在其文章中使用了"居家养老"一词，分析了在家庭规模小型化和结构核心化迅速发展的情况下开展居家养老的必要性，并结合国内外相关实践经验和老年学相关理论，提出促进居家养老的相关建议。社会学家丁建定（2013）专门发文对居家养老服务进行理性分析，认为居家养老概念有着丰富的理论基础，基本公共服务均等化、普惠型福利与福利多元主义等理论均对居家养老概念的产生和发展起到推动作用。综观多年来国内学者有关居家养老概念的不同界定，均无一绕开社会与家庭两大养老服务供给主体，表述上虽存在差异，但均是从社会与家庭在居家养老中扮演的角色和分工展开论述。王锦成（2000）认为，居家养老是老人居住在家，社会来提供养老服务的社会化养老模式。杨宗传（2000）认为，居家养老是指老人分散居住在自己的家庭，而非集中居住在养老机构的养老模式，强调养老地点的差异性。姚远（2001）则认为，与机构养老相比，居家养老地点的差异性的确存在，但在居家养老概念的界定上，不应仅强调居家地点一个问题。陈友华（2012）对居家养老与居家养老服务两个概念进行辨析，认为居家养老是老人在家中养老，而居家养老服务则是老人在家中居住，但由社会（部分）提供养老服务的养老方式。有学者从居家养老服务供给主体的角度出发，认为居家养老的经济负担由家庭成员、政府、社会组织共同承担（王雪等，2019）。在概念界定上，除了将居家养老与机构养老进行对比之外，有学者对居家养老与家庭养老进行辨析。青连斌（2016）认为，居家养老是在传统的家庭养老面临困境时，社区、养老机构以及其他社会力量把养老服务延伸到家庭，为居家老人提供全面的医疗护理、生活照料与精神慰藉的新型养老模式，强调居家养老对家庭养老的补充作用。赵立新（2006）则认为，居家养老只是局部的社会化养老方式，家庭供养仍是核心。

综合来看，学界在界定居家养老概念时，对居家养老与机构养老、家庭养老的区别有所辨析，但并不十分清晰，概念间的交叉较多。有关居家养老概念的界定主要围绕养老地点与服务供给主体展开。另外，居家养老在整个养老服务体系中的地位与作用也是学界讨论的焦点之一。近年来，学界关于居家养老研究的焦点集中在发展现状、需求及发展方向上。既有研究中，有关居家养老需求的研究主要是通过调查数据进行频数分析和交叉分析，在此基础上使用卡方检验和回归分析，分析影响居家养老需求的因素（杨庆芳，2020）。姚兴安等（2021）以 1998~2019 年北大核心期刊与 CSSCI 来源期刊的相关文献为基础，认为以"互联网+"为特色的智慧养老模式将成为居家养老研究的新方向。

（三）社区养老

国内学界最早使用社区养老概念的是顾国权（1994），其在文章中分析了上海社区养老生活服务事业的现状，强调发展社区养老生活服务事业是客观需要，并从老年人口增速、老人家庭情况、养老功能及养老需要等方面进行解释。关于社区养老的概念，从服务供给主体的角度看，穆光宗和姚远（1999）认为社区养老涉及多个养老服务供给主体，是建立在个人、家庭、社区和国家基础之上，以社区养老网络为基础，以国家制度、政策法律管理为保证的养老模式。有学者强调社区作为依托平台的作用，认为社区养老是以社区为依托，由政府和社会机构为老人提供生活照料、家政服务、康复护理、精神慰藉等方面的服务的养老模式（冉晓醒等，2017）。陈友华和吴凯（2008）认为社区养老服务是指社区借助各种社会力量，为老人提供日间照顾、居家入户服务的养老模式。从社区养老与其他养老模式的关系看，穆光宗和姚远（1999）认为，社区养老以居家养老为形式，是家庭养老和社会养老相结合的养老模式，与传统观念上的家庭养老存在本质区别。李学斌（2008）认为，社区养老吸收了家庭养老和机构养老的优势，使老人不脱离所生活的家庭、社区便能享受社区为老人提供的各种服务。王婷和贾建国（2017）认为，社区养老是以社区为平台，整合了居家养老和机构养老资源，社区为居家养老服务与机构养老服务提供依托，使提供养老服务的机构在社区里工作。王海燕（2002）认为，一些在社区内开办的各种托老机构、老人护理中心等设施，也应属于社区养老的范畴。

（四）社会养老

国内学界最早使用"社会养老"一词的是熊必俊（1992），其在文章中分析了我国老龄化的特点，强调了养老保险的重要性，呼吁建立有中国特色的社会养老保险制度。季庆元（1995）最早将家庭养老模式与社会养老模式进行对比，认为在总和生育率下降，家庭成员大为减少的趋势下，家庭养老已不能满足养老需要，需要通过社会养老满足老人日益增长的养老需求。综观多年来关于社会养老概念的界定，社会力量的介入是学界公认的社会养老的关键特性。从养老服务的供给主体角度看，马岚（2019）认为，社会养老是指由家庭成员以外的"社会性"主体提供服务的养老体系。在社会养老模式下，公民可在老年期免费或有偿享受来自社会力量（如政府、社会或市场等）而非家庭成员的服务（王永梅等，2020）。刘晓梅（2012）认为，从本质上看，社会养老就是引入社会服务以发挥市场机制配置资源优势的养老模式。从社会养老的服务供给内容上看，经济供养方面，国家以财政补贴养老金的形式承担全部或部分养老责任；生活照料方面，国家提供必要的养老服务设施、老年文化娱乐服务、老年卫生保健、老年生活服务等，给予老人必要的生活支持。社会养老模式中的服务具有准公共服务性质（武萍、周卉，2018）。多年来，社会养老与家庭养老的关系一直是学界讨论的焦点。马岚（2019）认为，"家庭养老"和"社会养老"是两个相对应的概念，区分标准就在于养老服务的提供者与老人的关系。田北海和王彩云（2014）则认为，社会养老是家庭养老功能弱化后的产物，社会养老服务的需求在很大程度上取决于家庭养老的可替代性。刘一伟（2016）从家庭养老与社会养老的优劣势上进行分析，认为社会养老相较于家庭养老，更加具有长期性与稳定性，因而可最大限度地分摊养老风险，提供更加安全可靠的养老预期。在关于"社会养老是否加速了家庭养老功能的弱化"问题上，不同学者间观点的差异较大。有学者认为，社会养老作为准公共产品，其的介入势必会影响家庭养老作用的发挥，从而导致家庭养老地位的下降。另有学者则持相反观点，认为社会养老具有显著的教育功效，老人参与社会养老的行为将促使子女更深刻地认识到家庭养老的重要性，子女因此将增加对老人的家庭养老资源供给，这将促进家庭养老的重新崛起。

（五）家庭养老、居家养老和社区养老辨析

从文献回顾来看，学者们对于居家养老与社会养老的区分较为清晰，学者们尽管对概念的界定有所不同，但大致能区分二者的主要服务提供者的不同。但是，居家养老与家庭养老、社区养老之间的交叉内容较多，争议也较多，研究认为之所以出现相关名词混用的情况，一方面与不同学者基于不同的研究目的有关，在对养老相关问题进行分析时，存在研究对

象交叉的情况，又因缺少统一权威的概念可应用，所以各自根据自己的理解选择了研究的概念。另一方面，不同分类标准存在概念交叉，即按照什么标准对养老进行区分，是按照养老的场所，还是按照生活照料的主要提供者，抑或是按照养老经济支持的主要来源进行划分，不同的划分标准会产生不同的概念理解，研究在此予以概念的比较（见表1-4）。

表1-4 不同学者的家庭养老、居家养老和社区养老内涵比较

概念	内涵重点	养老服务提供者	养老地点	养老内容
家庭养老	家庭的养老功能	家庭	家中或不在家中	经济支持、生活照料、心理慰藉等
居家养老	养老的地点为家中	家庭或社区、机构	家中	生活照料、健康护理等
	家庭之外的养老服务提供者			
社区养老	养老服务的提供者为社区组织或机构	社区组织或机构	家中或社区	生活照料、文化生活、健康护理等

注：表中灰底部分为不同学者在概念的界定中有争议之处。

总体而言，学者们在使用家庭养老、居家养老或社区养老的概念时有较大的随意性，根据各自研究的侧重点而进行了概念的选择性使用。在使用"家庭养老"概念的时候，概念的内涵和外延差别较大。虽然"居家养老"和"社区养老"在内涵上有各自的侧重点，但都更强调服务的提供者是家庭之外的人或组织，往往是与相关社会养老服务并用。

本研究将居家养老界定为：与机构养老相对应，老人在自己的居所中度过晚年生活。居家养老作为一种按照地点区分的养老模式。问卷调查中样本抽样的范围就直接锁定在社区，不包含养老机构的老人。同时，本研究严格区分居家养老与居家养老服务，前者指限定地点为家中的养老，而不论是谁提供的养老服务。居家养老服务的核心是服务，且特指对在家中养老的老人的服务，且这种服务不包含家庭其他成员对老人的养老行为/活动，仅指家庭外部人员对老人的服务，地点主要在家中，也可在老人所生活的社区/村居。后文对于居家养老服务的需求调查也是为这类在家中养老的老人所提供的服务，以上门服务为主，但不局限于上门服务，包含了部分社区提供的服务，如社区文化娱乐服务、康复治疗服务等。

二 家庭居家养老能力

"养老"有两层含义，一是老年闲居休息，二是奉养老人。前者相对于工作或劳作而言，老人仍然可以照顾自身的基本生活，只是不再忙于生计/创收，此时的养老主体仍然以老人自身为主。后者重点指老人需要外界给予生活照料、经济等支持，此时的养老主体往往需要老人之外的其他人的加入，可以是家庭其他成员，也可以是家庭付费或政府购买服务的对象如家政服务员或养老机构服务人员，还可以是志愿照顾老人的家庭之外的人，如社区社工或志愿服务者。

具体到本研究对家庭居家养老能力的评估，主要基于以上对养老的理解，认为家庭中的养老能力，既包括老人自身的养老能力，也包括家庭其他成员对老人的养老能力。而养老所具体涉及的范围包括生活照料、经济支持、健康照料、精神慰藉和居住环境支持等多方面的内容，但出于对可测量和简单易行等研究可行性的考虑，家庭居家养老能力的测量主要了解老人自身的年龄、健康状况、经济收入和子女的受教育程度、经济收入、可照料时间等信息，具体见后文第三章第四节的家庭养老能力综合评价部分。

三 家庭居家养老家庭支持需求

目前还没有研究直接关注家庭的居家养老的支持需求，因此无论是概念的界定，还是对需求的判断，都缺少能够借鉴的经验。因此，研究对既有研究中家庭养老所涉及的内容进行家庭居家养老支持需求的理解与分类，将家庭对外部的居家养老支持的需求从生活照料、健康支持、精神慰藉、经济支持和居室适老化5个方面进行研究。

同时，家庭居家养老支持需求包括老人及其家庭成员主动提出的支持需求和没有能够主动明示但从专业角度判断确有的需求。因此，研究一方面通过直接提问的方式来了解老人当前养老的需求；另一方面基于家庭居家养老中存在的问题和对家庭居家养老能力的判断进而提出政府和社会需要提供的外部支持。

第五节　研究对象与方法

本研究采用了抽样调查与典型个案研究相结合的方式进行分析，书中第三章至第七章的分析数据均来自抽样调查，因此在本节予以统一说明。而典型个案研究的数据将在第九章中单独予以报告。

一　研究对象

本研究的研究对象为江苏城乡有60岁及以上人口的家庭。

（一）问卷调查对象

问卷调查的抽样分两阶段进行。第一阶段按照苏南、苏中、苏北分层选择了3个县市区（张家港市、海安市、淮安市淮安区），样本点选择标准为：1.在所选区域内具有社会经济的代表性；2.农村居民比例达30%及以上；3.当地卫健委关注老年健康问题，愿意协助调查。第二阶段为老年家庭的抽取：在样本点分别随机选择城乡社区/村居各一，以社区/村居服务中心为圆心，对其半径2公里以内的老年家庭逐个进行调查，最终回收有效问卷共计782份。

（二）入户访问家庭选择

为了解江苏失能半失能老人家庭的特殊困难和居家养老支持需求，进一步进行入户访谈，被访谈家庭的产生办法为：按照方便就近的原则，采用偶遇调查的方式在三地各选出8户失能半失能老年家庭进行入户观察和访问。

二　研究方法

（一）资料收集方法

文献研究法。通过检索国内外有关居家养老的研究文献、政策性文献、研究报告等文献资料，了解国内外的研究动态和实践进展，在此基础上把握家庭居家养老的内涵、特征与问题，分析居家养老中家庭的作用及其实现路径。此外，研究基于政策内容分析，对江苏涉老政策的政策工具、作用对象与预期影响进行了文献研究。

问卷调查法。由受过培训的调查员对江苏苏南、苏中、苏北的城乡共 600 户左右的老年家庭进行入户问卷调查，了解其居家养老的能力和家庭实际作用发挥现状，运用 Logistic 回归模型、结构方程模型和因子分析法、聚类分析法等进行定量分析，揭示家庭居家养老能力与家庭养老作用发挥的影响因素和二者的相关性。

实地调查法。在目标区域，选择 24 户失能半失能老人家庭进行实地调查，通过入户观察和访谈家庭成员及周围邻居的方式，多角度了解和分析家庭的照料能力和实际照料情况。

（二）资料分析法

1. 量化统计分析方法

研究中采用因子分析法提取家庭养老能力因子，并根据因子分析的结果确定各因子权重。另外，根据数据的类型分别采用了单因素方差分析、t 检验、卡方检验等双因素统计推断方法来了解不同特征老人的居家养老能力和家庭养老供给差异，还采用了二分类或多分类 Logit 回归分析模型分析了解了家庭养老供给的影响因素。统计推断的显著性水平 α 取 0.05。

2. 质性分析方法

对访谈和观察所获得的资料主要采用扎根理论进行分析，即在开放式编码的基础上，进一步采取轴心式编码和选择式编码分析老年家庭的外部支持需求和需求形成机制。

3. 个案研究法

一方面，研究将江苏南京时间银行作为互助志愿居家养老服务的典型个案进行研究，对不同的利益相关者进行了问卷调查、访谈调查和实地观察。另一方面，研究搜集了韩国、日本、新加坡等国的家庭养老具体做法及相关社会政策、国内各地家庭养老支持相关社区或地区案例，研究其家庭养老功能的提升效果，了解其成功经验与做法。

第二章　居家养老家庭支持政策：政策工具、作用对象与预期影响

江苏省作为全国最早进入老龄化社会的省份（1986年），政府对老龄问题长期保持着较高的关注。随着国家层面涉老政策发展目标明确指向"以居家为基础"，江苏省政府及相关职能部门也开始针对居家养老事业和产业，进行系统性的政策资源倾斜；经过近20年的探索实践，江苏省已基本形成相对全面的养老公共政策与居家养老支持体系。研究对江苏涉老政策中居家养老的家庭支持政策的发展状态进行了分析，这一方面有利于进一步完善江苏的政策，另一方面对全国其他地区也有很好的借鉴意义。

第一节　江苏省涉老政策文本搜集与研究方法

一　江苏省涉老政策文本主要来源

研究将"北大法律信息网"法律文本数据及地方法规政策文件数据库作为主要数据来源，结合江苏省人民政府网站"政府信息公开"功能模块中所发布的政策文件进行校对和补充，形成了本研究政策样本文献库。本研究所采用的高级检索条件为：（1）检索文献库为"地方法规"系列数据库；（2）检索政策的发文部门是中共江苏省委、省人大、江苏省人民政府及其所属部门，包含各类职能部门、委员会及临时特设领导机构；（3）全文

检索包含以下关键词之一的政策文件："老年""老龄""养老""老人""老年人";(4)发布时间为 2000 年 1 月 1 日至 2020 年 12 月 31 日。经过人工筛选后,研究数据库排除了政府部门之间转发传递中产生的重复的工作通知类文件,获得现行有效的江苏省省级地方性法规 14 份,地方政府规章 6 份,地方规范性文件 178 份,共计 198 份政策文件作为研究样本对象。

二 资料分析方法与政策工具操作化

研究主要利用文本内容分析法,对现行有效的江苏省居家养老政策,就老年家庭养老模式的选择引导、政策自身工具模型使用、政策指向的作用对象及现有政策体系预期家庭影响等问题,进行基于定性方法的定量呈现与分析研究。

(一)以家庭功能视角区分居家养老增强型、替代型、未明确指向型政策

研究根据不同养老政策内容对老年家庭获取居家养老资源能力的作用与影响,将 198 份 2000 年以来现行有效的政策文件,进一步划分为 45 份居家养老增强型[①]、132 份未明确指向型和 21 份替代型政策。居家养老增强型政策通过提升家庭获得和消费居家养老社会资源的能力,引导推动家庭养老资源生产与照料人员行动参与,使得家庭具备更强的居家养老能力。未明确指向型政策通常涉及普惠性的、广适性的老年社会优待或尊老孝老社会氛围营造等内容,对于居家养老无明显的支持效果,亦无明显的替代效果,或两者效果相抵。替代型政策则是指通过措施提高老人机构的养老能力,反向降低居家养老的意愿并取而代之。

(二)X 维度政策工具

研究运用"开放式编码法"填充需求型、供给型、环境型的政策工具模型,用以描述居家养老增强型政策的作用效果。

---

① 居家养老增强型政策、居家养老替代型政策、居家养老未明确指向型政策亦可简称为"增强型政策""替代型政策""未明确指向型政策"。

第二章 居家养老家庭支持政策：政策工具、作用对象与预期影响

Rothwell 和 Zegveld 的环境型政策工具主要包含目标规划、金融服务、管制法规、策略措施等为产业发展提供外部环境因素的内容；需求型政策工具通常包含采购服务、服务外包、消费市场、海外交流等调动内外循环市场需求意愿与购买能力的内容；供给型政策工具主要包含科技支撑、信息支持、资金投入、公共服务等为特定居家养老相关行业发展提供直接靶向性的物质输入、信息传递等内容。本研究则从政策文本内容的实际出发，关注资料自身在不同类型政策工具使用时的现实表述，保持开放的研究心态，为江苏省涉老政策文本资料中呈现的不同主体与工具方案，选配合理的编码与标签。鉴于此，研究以居家养老为锚定视角，根据198份涉老政策实际文本内容对政策工具进行以下分类（见图2-1）。

环境型政策工具细分为：发展规划、养老相关企业税费优惠或扶持、宜居环境建设、基本养老公共服务、老年相关社会保障五类项目。

需求型政策工具细分为：老人现金补贴或服务优惠、家庭补贴或家庭成员就业帮助、家庭成员行为规范与引导、政府公共采购四类项目。

供给型政策工具细分为：人才培养、设施建设、信息与技术支持、资金管理与支持、服务人员待遇提升与补贴、市场引导六类项目。

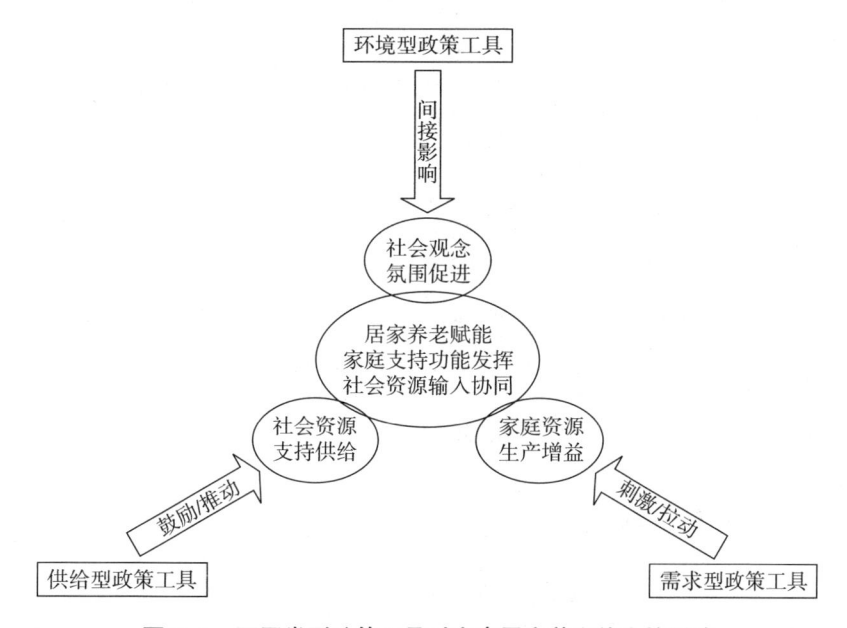

图 2-1 不同类型政策工具对家庭居家养老能力的影响

（三）Y 维度作用对象

研究根据涉老政策实际内容梳理归纳政策文本指向的作用对象，将作用对象分为老人、家庭、地方政府与社会组织三大类，以此分析居家养老现有政策体系的预期影响。

"老人"方向作用对象进一步细分为普通老人、农村老人、患病老人（含失能半失能老人）、特殊身份（优待）老人（主要包含军队转业或机关单位退休人员）五个小类。

"家庭"方向作用对象进一步细分为普通老人家庭（含独生子女家庭）、特殊困难家庭（如无嗣、失独、空巢、贫困家庭）。

"地方政府与社会组织"方向作用对象进一步细分为地方政府、医疗机构及从业者、养老相关社会组织/团体（含营利、非营利）（见图2-2）。

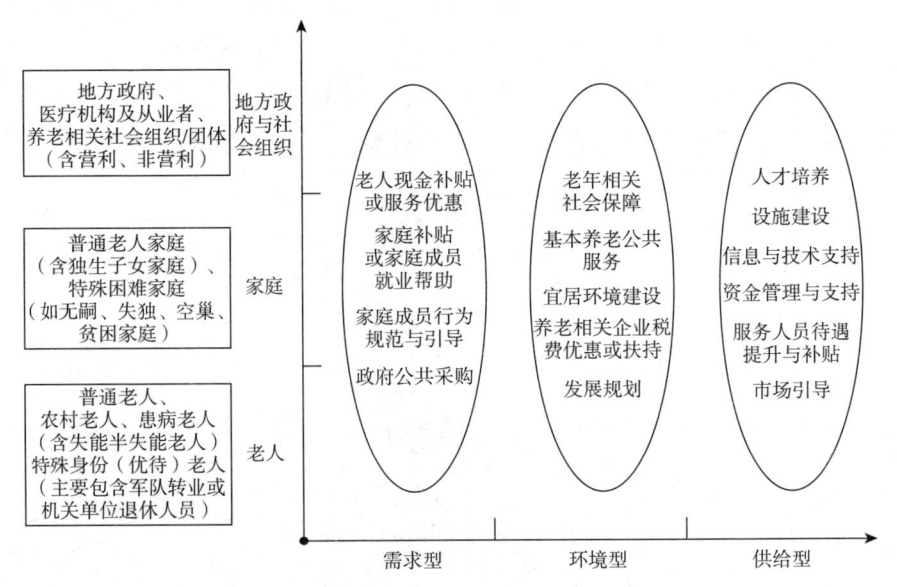

图 2-2 研究政策工具与作用对象 X、Y 分析维度

（四）家庭支持内容

为全面反映现有江苏省居家养老增强型政策对于家庭养老功能发挥的赋能导向，研究对居家养老支持能力维度进行如下细分和定义阐述。

第二章 居家养老家庭支持政策：政策工具、作用对象与预期影响

生活照料，指的是在居家老人的饮食就餐、活动起居、洗浴清洁、排泄协助等方面提供帮助的行为；政策文本中通常以引导激励子女照料行为与发展社区居家养老服务业等方式予以支持。

经济支持，分为直接货币形式与间接可折抵货币的形式；政策文本中通常以为老人照料人员提供税费减免、居家养老服务老人补贴等方式予以支持。

精神慰藉，主要指通过沟通交流、参与活动、提供咨询等方式为老人提供精神支持，排解老人的孤独感和预防老人在居家生活中可能产生的心理问题；政策文本中通常以要求子女履行精神赡养义务、提供居家养老精神慰藉服务、开展老人参与的居家／社区敬老孝老活动等方式予以支持。

健康照护，指的是为患慢性病的老人提供用药指导、疾病陪护、健康行为引导或为失能半失能老人提供长期医疗照护、家庭病床看护等内容；政策文本中经常以子女照护患病老人的鼓励性补助、"喘息制度"的探索以及"家庭医生制度"的推广、社区就近医疗、分级诊疗与上门医疗服务的完善等方式提供支持。

适老化改造，指的是对老人居所及其所在社区环境空间进行功能性改造，使之能够保障行动力较弱的老人自主地在空间内进行安全、便利的活动；政策文本中通常以提供家庭适老化改造补贴、进行适老化改造宣传、社区适老化设施配套规划建设等方式予以支持。

研究在数据预处理过程中发现，少数法律法规和政策规章中的具体条款，受本书设计条款细分精度或文本自身限制，该类政策文本条款在技术上不宜或无法拆分，如《江苏省老年人权益保障条例》的第十二条、第十三条均包含多维度家庭支持的行动规范要求；再如，部分政策中关于孝老精神文明建设、道德宣传引导等措施可能对居养家庭功能产生多维度的潜在影响。鉴于此，研究将这类能够对两种及两种以上居家养老家庭能力维度产生影响和作用的政策文本条款统一纳入"综合性维度支持"进行分析。

第二节　江苏省涉老政策及其对居家养老家庭的支持

本节对 2000 年以来江苏省涉老政策，以及政策中对居家养老家庭支持的情况进行分析，探究老龄化背景下江苏省政府如何逐步建立面向居家养老家庭的公共政策支持体系，分析其内容导向的演变、发文效力的构成与动议发展的特征。

一　江苏省涉老政策及养老家庭赋能政策演进

自 1986 年起，江苏省 60 周岁及以上人口在总人口中的比重达到 10.34%，并保持逐年增长。这标志着早在三十多年前，江苏省在人口结构上就已跨越老龄化门槛，迈入轻度老龄化社会。但是，20 世纪八九十年代，地方政府的工作重心高度集中在提升本地区生产总值、开展招商引资活动等经济建设指标上。东南沿海一带，特别是江浙地区的主要城市，正沉浸在人口红利（即周边欠发达地区青壮年劳动力跨区域流入江浙地区）所带来的社会、经济的跨越式发展之中。即便当时中央相关部门曾出台《关于老龄工作情况与今后活动计划要点》（1983 年）、《关于加强我国老年医疗卫生工作的意见》（1985 年）等涉老问题政策文件，江苏省政府在当年相关老龄工作中也未采取积极的行动来贯彻上级精神。

2000 年 8 月，中共中央和国务院联合发布了《关于加强老龄工作的决定》。当年 9 月，江苏省委、省政府联合发文要求贯彻中央加强老龄工作相关决定，并结合江苏省老龄化实际情况，对养老保险金、老年医疗保障、老年服务行业等涉老领域进行工作安排。自此，江苏省老龄事业正式启动并进入政府公共政策议程。本书根据江苏省涉老政策对居家养老家庭支持能力作用的变化，将江苏省涉老政策发文年限依据内容特征分为以下三个阶段。

（一）社会化养老政策启动：养老机构设施建设阶段（2000~2005 年）

由图 2-3 可知，2000~2005 年的江苏省涉老政策年均发文数量在 5 份以下，且总体的政策导向尚未明确；在同一份政策文件中，通常在养老的政府、家庭、社会责任的承担上给予有限支持并维持"雨露均沾"的平衡姿态。

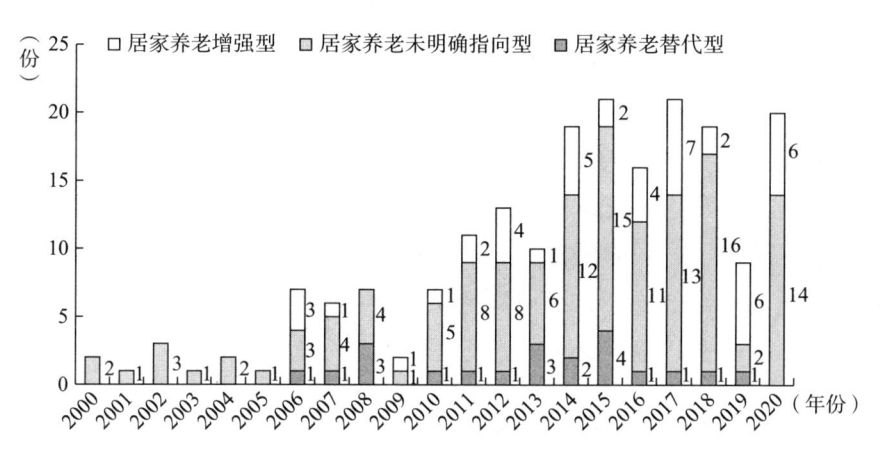

图 2-3　2000~2020 年江苏省涉老政策类型及其数量

政府在土地划拨、税费减免和床位补贴等方面给予社会民办福利性质组织扶持，推进公办养老院建设以增强社会化机构养老的能力，发展社会服务机构。

通过开展社区精神文明建设、孝道宣传及《老年人权益保障法》普法等基层文化建设活动，维系巩固子女的养老责任。

通过政府购买、财政兜底为部分家庭特别困难的老人提供养老服务，并为老年群体出入公共场所提供门票减免、礼让优先等社会优待，创造良好的尊老爱老社会氛围。

此阶段"居家养老"的概念尚未明确，在政策中的影响更是微乎其微。江苏省政府仍然希望通过传统的子女赡养来解决遗老、弃老和孤老的社会问题，并试图通过积极推进社会养老机构床位建设等手段，分阶段地实现家庭养老问题的社会化解决。受国家层面政策《关于加快实现社会福利社会化的意见》中提出建设以公办社会福利机构为示范、民办机构为骨干的养老福利建设路径的影响，江苏省"2000年后新建的民办养老机构占养老机构总数的85.5%"（2011年数据）。而"老年人口平均机构床位数"等指标在一段历史时期内的政府老年民生建设考核中占据重要地位。同时，此阶段养老政策中社区的地位和作用也并不明显，社区处于家庭养老与机构养老的交叉重叠边缘。但是，在《中共江苏省委办公厅转发〈省委组织部、省委宣传部关于在全省基层党组织和党员中深入开展创先争优活动的实施意见〉的通知》、《江苏省政府关于加快发展服务业的意见》及《中共江苏省委、江苏省人民政府关于加强城乡建设工作的意见》等其他促进社区建设、服务行业发展的政策中，开始涉及增进社区对居养老人及家庭的服务能力的内容，这在一定程度上体现了居家养老"以社区服务为依托"的理念。

总体而言，这一阶段江苏省养老政策对居家老人或养老家庭的子女并未提供实质性的支持，而政府购买社会养老资源也仅限于机构养老兜底性替代，未能助力养老家庭提升供养能力。

（二）支持维度拓展：以机构为重点兼顾社区养老服务发展阶段（2006~2014年）

《江苏省民政厅关于加快发展民政服务业的意见》明确指出，要研究制定"十一五"期间老年事业发展规划，将政策制定和配套措施设计的重心放在构建"以家庭为基础的……老年福利服务体系"上。研究认为，2006~2014年正是江苏省自轻度老龄化社会向中度老龄化社会快速发展的关键节点，江苏省老龄办《人口信息及老龄事业发展报告》统计，至2013年底，江苏省60岁及以上人口占比，已由2006年的15%左右快速跃升至19.65%。在涉老政策内容层面，涉老政策中家庭与社区的地位虽明显上升，但机构养老相关建设指标因受发展规划、政策行动惯性等因素的影响，政策资源投入的重点方向仍然是社会机构养老，针对居家养老家庭的赋能措施相对有限。实践中，社会机构养老问题的凸显迫使政策资源开始向社区养老和居家养老家庭倾斜。此阶段，江苏省对居家养老家庭的相关支持政策在发文数量、内容支持广度等方面都较第一阶段（2000~2005年）有较大提升与拓展。

第二章 居家养老家庭支持政策：政策工具、作用对象与预期影响

首先，此阶段江苏省涉老政策在数量上显著增加，年均发文数量在7份以上；自2011年《中国老龄事业发展"十二五"规划》发布以来，江苏省年均涉老政策发文数量更是突破10份，并于2012年达到阶段峰值13份。

其次，此阶段涉老政策对于居家养老的支持维度大幅拓展，民政、卫生及财政部门在居家养老政策发文中的参与程度也在逐步提高。①"老有所养"领域。随着《江苏省民政厅关于加快发展民政服务业的意见》《关于对发展社会福利事业实行政策扶持的意见》《江苏省人民政府关于加快完善社会保障体系实现人人享有基本社会保障的实施意见》等政策文件的出台，政府扩大了对兜底性养老机构的采购范围。对于愿意留在家中养老的困难家庭老人，政府采购则转向将"社区居家养老服务""居家日间照料"作为居家养老家庭的支持手段。②"老有所依"领域。此阶段发布的《江苏省老年人权益保障条例》明确了在推进社会化养老的大背景下，不能够违背老人意愿迫使老人进入养老院；同时，还规定对于分居老人"赡养人应当经常看望、问候"等。③"老有所乐"领域。这一阶段政策重点推进不同城市区域、城乡之间基本公共文化服务均等化，强化了社区居家养老中社区公共文化产品与服务的生产功能，为居家养老提供良好的社区生活氛围。此外，江苏省物价局和旅游局也加大对剧院、景区的老人门票优惠政策的落实力度，进一步丰富老年群体精神生活。④"老有所安"方面。《江苏省城市社区卫生服务条例》《江苏省卫生厅关于建立家庭医生制度的指导意见》等政策，对居家养老老人健康管理与慢性病预防相关机制建设提供一定的政策支持。同时，社区基本老年医疗服务能力在政策工具的持续资源供给下也得到了相应的提升，初步形成了为居家养老家庭提供健康照护支持的现实能力。

最后，结合此阶段政策文本内容及居家养老增强型和居家养老替代型政策数量对比，研究认为自2011年《江苏省"十二五"老龄事业发展规划》发布以来，社区专业化养老服务机构、老年日间照料中心等设施逐步受到重视并使得居家养老社区服务得以兼顾发展。一方面，政策重点促进社会福利供养机构的发展，积极鼓励民间资本及外资投资建设老年公寓、托老所等社会养老设施；将"每千名老人机构养老床位数""年

度新增养老床位数"等作为老龄民生工作的重要指标，并进行量化考核（如要求翌年机构床位增长率达到特定百分比）。另一方面，政策将发展社区服务机构和日间照料中心等指标，作为服务产业转型升级和公共设施建设工程的一部分，并予以资源倾斜。2006~2014年，居家养老增强型政策和居家养老替代型政策数量分别为18份和13份，两类政策对居家养老的作用相反，居家养老替代型政策在政策目标明确程度和执行力上要远超居家养老增强型政策。故总体而言，此阶段江苏省涉老政策的影响作用维度不断扩展，在适老化体制机制和设施建设方面整体上取得较大成果。推进养老机构建设的政策行动惯性对居家养老功能虽起替代作用，但是该时期协同发展的社区养老服务业也为选择居家养老的老年家庭提供了有效的家庭支持。

（三）家庭支持力度加大：居家养老基础地位巩固阶段（2015~2020年）

至2014年底，江苏省60岁及以上人口数量占比达到20.57%，正式进入了中度老龄化社会。自《江苏省"十二五"老龄事业发展规划》发布以来，省级涉老政策响应国家应对人口老龄化问题的相关部署，开始重视家庭与社区在居家养老模式中的角色定位与功能发挥。社区居家养老服务政策着力点，逐步由"社区照护机构""日间照料中心"转向"居家养老服务站""社区老年活动中心"，居家养老的"家庭"空间属性得到增强，但居家养老模式及养老"家庭"的基础性地位尚未稳固。随着2015年初《江苏省养老服务条例》的颁布，以居家养老为核心，为养老家庭提供赡养规制、社会支持、政府保障的居家养老家庭支持政策体系逐渐显现，居家养老家庭支持的政策地位得以有效巩固和发展。

在原有"家庭"生活空间下，居家养老政策体系对于传统家庭功能中日渐弱化的生活照料、健康照护等能力，通过社区养老照料服务、居家医养结合等手段予以补充与赋能。相关政策也积极推进老年家庭生活环境的适老化改造，在确保源自家庭内部"不可替代"的精神慰藉、经济支持不中断的前提下，使家庭整体居家养老综合能力保持稳定。2015~2020年，江苏省涉老政策对居家养老模式的引导以及居家养老家庭的支持力度、广度都显著提升。

首先,居家养老模式的实现高度依赖社区养老服务的有效性与可及性。2015~2020年,江苏省省级涉老政策在养老服务体系建设、服务价格指导、行业资本引入、服务规范化等各方面,均保持着高强度的发文频次,政府市场引导、公共采购、价格补贴等措施的力度也不断加大。结合"互联网+"服务新业态,江苏省内部分发达城市(如南京)在养老服务智慧化与公共养老资源大数据平台管理方面也取得了较大的实践进展。

其次,相关政策对居家养老家庭的支持与赋能,既离不开对老人子女等直接照料人员的行为规制与引导,也离不开对老人家庭养老生活环境的适老化改造。现有政策中对子女的支持更多体现在:①为高龄、特困家庭中负有赡养责任的子女在就业、住房、户口迁入、最低生活保障待遇等方面提供优先支持;②向患病、失能半失能老人家庭的子女提供长期看护与照料知识培训、技能训练等支持,如《江苏省养老服务条例》;③对子女赡养责任落实、居家老人权益保护提出法律法规层面的具体要求。但是总体而言,相关政策对于居家养老照料人员物质支持的普惠性水平仍然较低。适老化改造方面,自2017年7月《江苏省既有住宅适老化改造指南》发布以来,从各地级市根据自身财政能力开展特困、五保老龄家庭兜底改造试点,发展到"低水平、广覆盖"式推广;该适老化改造指南在城市地区取得较好的社会反响,但在激发子女改造意愿、推动家庭照料人员主动开展家庭适老化改造方面尚有完善空间。同时,受限于地方政府的财政水平与基层宣传能力,该指南在乡镇地区推进相对缓慢。

最后,居家养老家庭支持政策的实现,也离不开全社会居家养老制度认同、社区内老人生活氛围的综合塑造。2015年以来的江苏省涉老政策,在老年继续教育、老年健康膳食、社区活动设施建设、老年服务行业人才培养、尊老孝老宣传等多个领域都发布了实质性的补助政策,政策支持与落实的力度都较前两个时间阶段有所加大,具体可量化考核指标在政策文本中出现的频率明显提高,环境创建类政策的执行效能得以增强。

总体而言,在2015~2020年江苏省涉老政策中。对居家养老家庭支持的力度有明显增强;居家养老家庭增强型政策数量逐年增长,而居家养老替代型政策数量减少至完全消失,居家养老未明确指向性政策执行力度的加大改善了居家养老的社会氛围和生活环境，适老化改造能让家庭和社区更加适宜老人日常活动。社区资源向"居家养老"倾斜，原有机构养老模式同老人长期护理、医养结合逐步融合，在社会和社区资源调用与养老目标人群上同居家养老形成明显区分。居家养老支持体系建设在家庭支持力度与维度方面取得较大进展，家庭的基础地位得到有效巩固和提升。

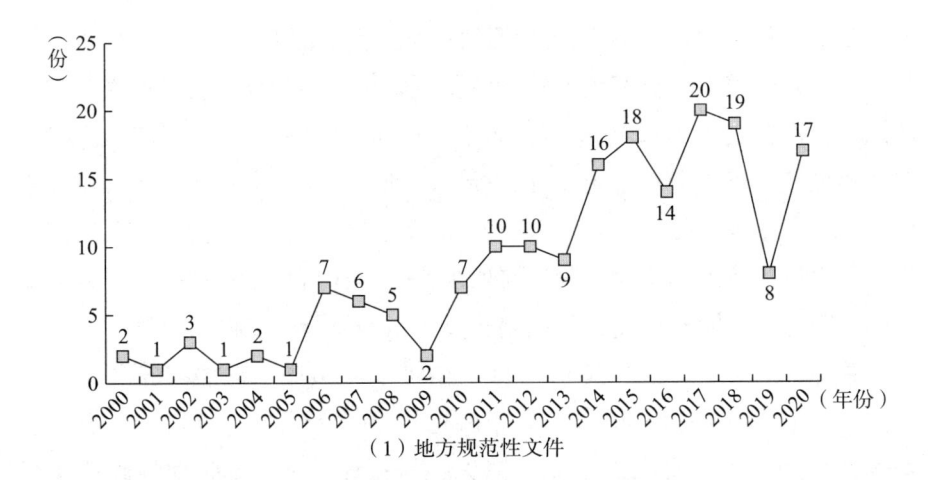

二 江苏省涉老政策发文效力级别分布

如图2-4所示，江苏省涉老政策在效力上以省级政府或部门的"地方规范性文件"（178份，89.90%）为主，而"省级地方性法规"（14份，7.07%）及"地方政府规章"（6份，3.03%）两类效力级别的政策文件数量虽少，但其发文趋势总体上同地方规范性文件保持一致。同国家层面既往涉老政策发文效力级别的趋势进行对比后可以发现，自国务院发布《中国老龄事业发展"十二五"规划》之后，中央层面涉老政策文件发文数量快速增长，这带动了江苏省政府以"贯彻…意见""印发…通知"为主题进行响应的地方规范性文件发文数量的增长。《社会救助暂行办法》《中华人民共和国经济和社会发展第十三个五年规划纲要》《公共文化服务保障法》《老年人权益保障法》等一系列国家发展规划、法律、行政法规的颁布也带来省级地方下位法规的修改。

（1）地方规范性文件

（2）地方政府规章

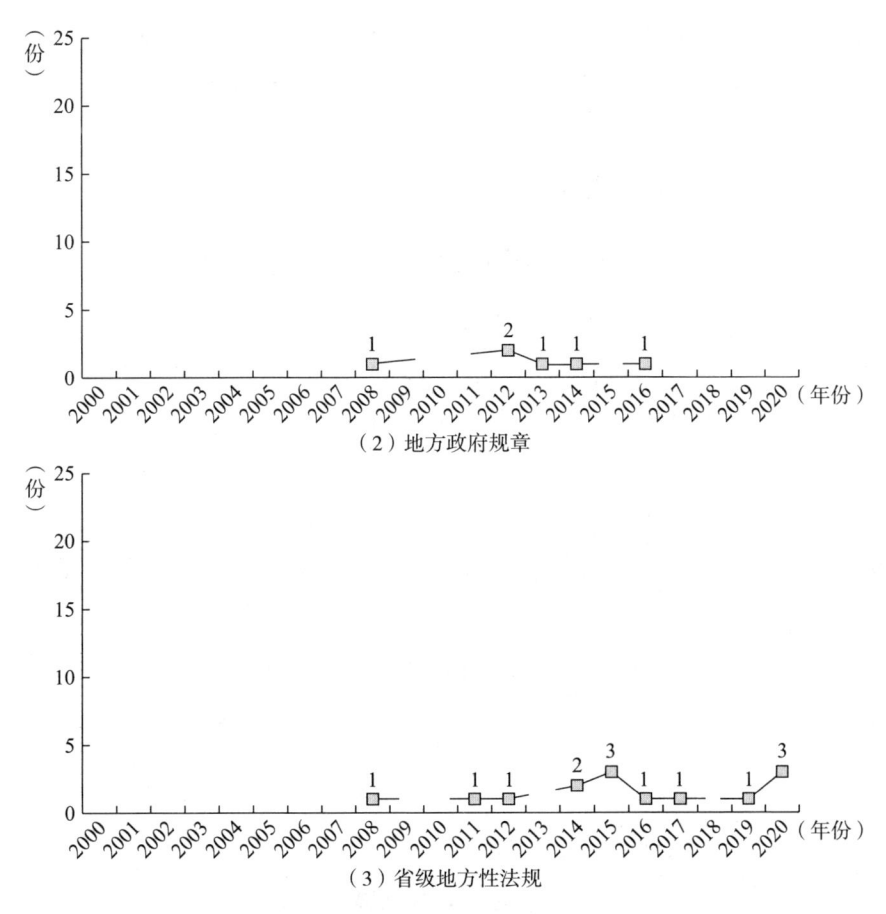

（3）省级地方性法规

图 2-4 2000~2020 年江苏省涉老政策发文数量与效力级别

2006年以前，江苏省涉老地方规范性文件年均发文量不足2份，省级地方性法规与地方政府规章效力级别的发文数为0份，表明此阶段江苏省涉老政策尚处于初步探索阶段，灵活性较强但缺乏有效的法律强制力规范。2006~2013年，地方规范性文件的发文数量呈现快速增长态势；2008年后，涉老政策中开始出现以提供养老用地支持、公共服务指导为内容的省级地方性法规与地方政府规章。同时，江苏省是全国最早制定并发布保护老年人权益相关法规的省份，2011年发布的《江苏省老年人权益保障条例》为市、县两级地方政府制定相关下位法和政策提供了法理依据。2014年江苏省进入中度老龄化社会后，江苏省涉老地方规范性文件发文数量维持在每年15份左右的高位；在省级地方性法规与地方政府规章中也更重视对老年妇女权益、消费者权益及其不动产权益的保护，并在旅游、公共设施使用等方面基本实现"有法可依"。

三　江苏省居家养老政策发展特征

（一）涉老政策导向同国家政策保持高度一致

江苏省省级涉老政策中对居家养老模式的态度与家庭支持指向性，同国家级政策文件保持相对一致，总体上形成"一文一响应"的发文模式。在具体政策文件层面，由表2-1可知，在江苏省省级涉老政策导向方面，主要有以下三次重要的响应性发文及政策支持方向性改变。

首先，2000年以前江苏省尚未建立应对老龄化社会系统的公共政策体系与机制；政府在具体施策方面以宣传教育巩固传统家庭养老模式为主，在公共资源配给方面未给予具体指标性、量化性的扶持。

表2-1　江苏省省级涉老政策对国家级涉老政策的响应及所受的影响

省级涉老政策名称	发文主要内容	国家级涉老政策名称	原省级涉老政策的导向	现省级涉老政策的导向
《中共江苏省委、江苏省人民政府关于贯彻〈中共中央、国务院关于加强老龄工作的决定〉的意见》	制定老龄工作整体目标规划与权益保护的纲领性文件规范	《中共中央、国务院关于加强老龄工作的决定》《老年人权益保障法》	无明确养老公共政策与社会支持，以巩固传统家庭养老为导向	"建立老年保障与服务体系"，以实现养老社会化为总体目标和发展导向
《江苏省政府批转省民政厅等部门〈关于对发展社会福利事业实行政策扶持意见〉的通知》	为建立养老院、老年公寓、临终关怀医院、护理院等社会养老机构提供政策扶持与审批便利	《关于加快实现社会福利社会化的意见》《财政部、国家税务总局关于对老年服务机构有关税收政策问题的通知》《社会福利机构管理暂行办法》（现已失效）	"建立老年保障与服务体系"，以实现养老社会化为总体目标和发展导向	为兴办各类公办和民办的养老机构提供土地、贷款、床位补贴等实际支持，以"建立机构养老为骨干"的老年社会福利体系为导向

续表

省级涉老政策名称	发文主要内容	国家级涉老政策名称	原省级涉老政策的导向	现省级涉老政策的导向
《江苏省政府办公厅关于印发〈江苏省老龄事业发展"十一五"规划〉的通知》	将社区养老服务设施建设与养老服务网络作为主要发展目标，对未来老年事业规划进行全面部署调整	《全国老龄工作委员会关于印发〈中国老龄事业发展"十一五"规划〉的通知》《中共中央、国务院关于加强老龄工作的决定》《老年人权益保障法》	为兴办各类公办和民办的养老机构提供土地、贷款、床位补贴等实际支持，以"建立机构养老为骨干"的养老社会福利体系为导向	居家养老在社会养老福利体系中的地位被充分明确和强调，自此之后，在未来"十二五""十三五"老龄规划中巩固了居家养老的基础地位，加大对家庭的政策支持力度，相关施策措施涌现

随着《中共中央、国务院关于加强老龄工作的决定》的出台，江苏省涉老政策对于建设老年社会保障体系的重要性有了更加清晰的认识，养老社会化发展的大方向初步明确。

其次，2002年江苏省政府对于《关于加快实现社会福利社会化的意见》等以构建机构养老体系为主要目标的政策文件的批复和转发，促使江苏省从2000年起至2008年前后为打造机构养老模式投入了大量的资源。在公办养老院设施建设和对私立养老院床位进行补贴的过程中，机构社会化养老模式的高资源消耗、低可负担性、缺乏长效运行的市场机制等问题不断暴露（周云、陈明灼，2007；刘红，2009）。此外，江苏省省级涉老政策在响应国家层面的养老政策，转变政策导向的过程中，难免受自身既往政策发文效力和执行惯性的掣肘。

最后，直至2013年的《省政府办公厅关于印发〈省有关部门和单位支持苏南现代化示范区建设目标任务〉的通知》中仍然保留了针对养老机构床位数与增长率的考核指标；而随着居家养老政策导向的明确与家庭支持政策的增多，养老机构床位建设指标才逐步转化为"护理型床位比例""医养结合机构床位建设""社会力量建设床位比例"等与居家养老社区服务、家庭支持有明显功能性区分的指标。这在一定程度上表现出省级涉老政策对于国家层面宏观老龄规划目标落实的滞后性。

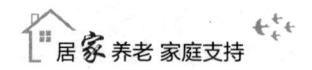

（二）创新建构设计省级家庭支持政策内容

我国是民主集中制下的单一制国家，江苏省也是东部地区改革开放前沿的先进省份。因此，江苏省在积极执行、落实中央老龄事业和工作各项安排和指导的同时，也结合本省人口学特征、自然社会资源禀赋，运用自身法律授权创造性地制定涉老家庭支持政策。此外，江苏省还对部分中央涉老家庭支持政策进行再生产，提出更高的执行要求与落实对策。研究在江苏省涉老政策家庭赋能演进的三个阶段中各取两例在家庭支持方面具有内容创新或再生产的政策文件，并就这些政策文件对于居家养老家庭支持制度建设的意义做出评价（见表2-2）。

表2-2 不同阶段江苏省省级涉老政策内容创新与再生产

江苏省省级涉老政策	政策内容改进类型	创新之处或再生产内容	意义
社会化养老政策启动：养老机构设施建设阶段（2000~2005年）			
《中共江苏省委、江苏省人民政府关于贯彻〈中共中央、国务院关于加强老龄工作的决定〉的意见》	地方政策内容再生产	将"发挥家庭养老的积极作用"更改为"大力推进居家养老工作，继续发挥家庭在精神慰藉、生活照料等方面作用"	体现了对于养老社会化、居家养老和家庭养老关系的认识，反映出养老社会化多元福利主义的倾向
《中共江苏省委办公厅、省政府办公厅关于加强城市社区建设的意见》	地方政策内容创新	明确社区服务的目的是为老年人、贫困群体等提供社会救助与福利，并增强基层医疗能力，发扬社区家庭美德、孝道文化	明确了社区和家庭在养老社会化中的功能和作用，为居家养老提供了社区政策落脚点
支持维度拓展：以机构为重点兼顾社区养老服务发展阶段（2006~2014年）			
《江苏省民政厅关于加快发展民政服务业的意见》	地方政策内容再生产	将养老服务福利体系建设的目标明确为"以家庭为基础、社区为依托、机构为骨干"	更改了国家层面相关政策中将公办示范、机构骨干置于优先地位的做法，赋予养老家庭服务更高优先级
《中共江苏省委、江苏省人民政府关于加快我省老龄事业发展的意见》	地方政策内容创新	在"加快推进社会化养老服务"一节中将居家养老服务体系建设置于首要位置并用32.11%的篇幅进行论述；明确政府在服务供给、环境创建方面的具体任务与指标	在地方自主制定（无引用中央文献）的政策中设计了对于居家养老服务的全面支持的内容，并在服务标准化、服务产业规划等方面予以配套措施支持

第二章　居家养老家庭支持政策：政策工具、作用对象与预期影响

续表

江苏省省级涉老政策	政策内容改进类型	创新之处或再生产内容	意义
家庭支持力度加大：居家养老基础地位巩固阶段（2015~2020年）			
《省政府关于进一步推进养老服务高质量发展的实施意见》	地方政策内容再生产	到2022年，省本级和地方各级政府用于社会福利事业的彩票公益金，55%以上必须用于支持发展养老服务	在高标准执行国家机构养老床位指标的同时引导机构养老与居家养老实现定位与适用群体的差异化
		扩大老年人能力综合评估范围，到2022年全省80周岁以上老年人能力综合评估实现全覆盖；到2022年底，全省特困人员供养服务机构护理型床位占比达到50%以上；每个县（市、区）至少建有1所以失能（失智）、部分失能特困人员专业照护为主的县级特困人员供养服务机构；全省所有特困人员供养服务机构符合二级以上养老机构等级标准	将提升居家养老服务能力作为核心施策目标并围绕养老家庭生活环境在医疗介入、适老化与技术引用上予以环绕支持
《江苏省养老服务条例》	地方政策内容创新	自主发布的省级地方性法规，对于居家养老、社区和机构服务都进行明确的定义并提出具体政府行动要求；同时明确了老人子女或其他家庭成员在居家养老中的作用与行为引导	全国第二个颁布省级养老服务条例的省份（北京第一，2015年；河北第三，2017年）；标志着居家养老政策的稳定性与效力性进一步提升省级地方性法规的出台为地级市颁布相关政府规章和县、乡等出台相关行政支持措施提供法理依据
		在地方法规中明确了人才激励策略与扶持政策，为市、县地方政府规章制定提供上位法律依据	

由表2-2中的政策示例可知，江苏省涉老政策相较于国家层面的涉老政策，较早地出现了对居家养老服务及家庭支持的内容。同时，江苏省在涉老地方立法方面行动超前，在国家上位政策指标的地方再生产过程中通常取指标上限，并针对居家养老相关设施建设、人才培养、覆盖效能提出具有地域特色的引导与量化要求。总体而言，江苏省对于居家养老服务与家庭支持的制度设计与行动安排都在一定程度上超前于国家

政策导向，这为江苏省迅速适应国家涉老政策的变化提供了制度条件与物质准备。

（三）省级职能部门参与度逐步提高

江苏省涉老政策的执行与落实离不开政府部门间的协同与调动，本研究将江苏省人大（含常委会）、中共江苏省委和江苏省人民政府三个单位发文统一归入"省级党委和政府发文"；同时，研究将"省级党委和政府发文"数量同这三个发文单位以外的其他"省级职能部门"发文量进行横向比较。

由图2-5可知，在2000~2005年，江苏省省级职能部门未参与涉老政策发文，此阶段的涉老政策文献中有八成是由江苏省人民政府和中共江苏省委员会主导发出的，省其他机构或临时领导小组仅产生少量涉老发文。

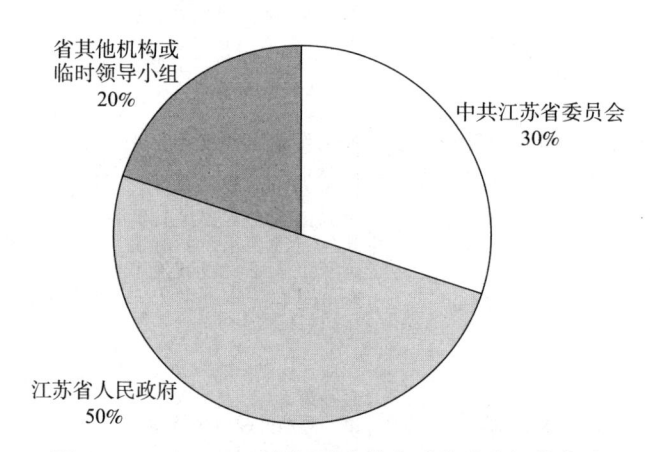

图2-5　2000~2005年江苏省涉老政策发文机构占比

2006~2014年，省级职能部门涉老政策发文数量占涉老政策总数的30.77%~71.43%[①]，总体上平均占比达到38%（见图2-6）。在省级职能部门发文的内部构成上，江苏省卫健委（时称卫生厅/卫计委）、民政厅与财政厅三者为主要发文来源，年平均发文数量占比为80.21%。由此可见，

---

① 该数据范围为各年度综合情况，与图2-6所示内容不同。

第二章 居家养老家庭支持政策：政策工具、作用对象与预期影响

此阶段虽然其他省级职能部门开始参与涉老政策发文并提供财政、民政与医疗保健方面的信息与资源支持，但参与部门种类仍然较少。

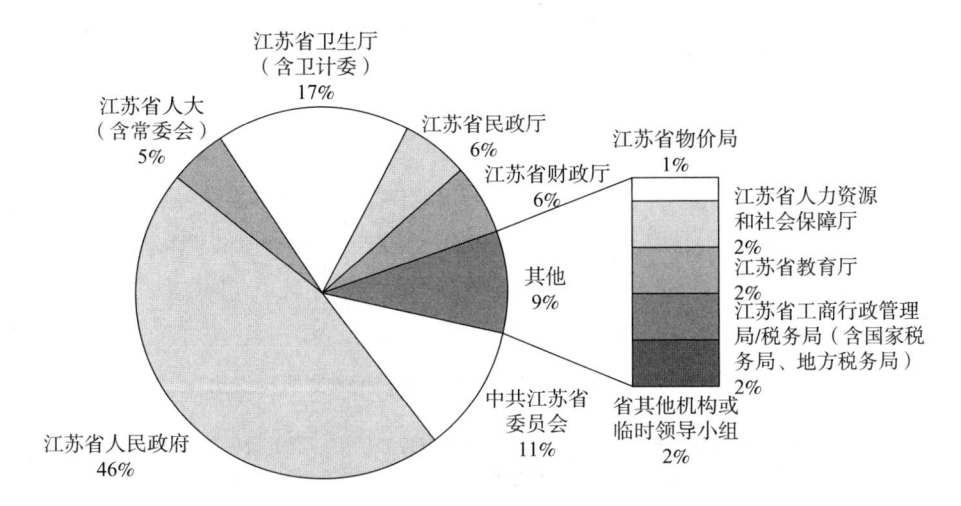

图 2-6　2006~2014 年江苏省涉老政策发文机构占比

2015~2020 年，由于江苏省人民政府发文数量的快速增长，带动其在涉老政策总数中的比例呈逐年上升趋势。而其他"省级职能部门"的占比则相应下降，该阶段的年均发文量占比降低至 35%（见图 2-7）。从内部构成上看，省卫健委、民政厅不再是主要发文来源部门，省体育局、省住房和城乡建设厅、省人力资源和社会保障厅等各个职能部门共同参与到涉老政策的制定与发布中来，就居家养老市场定价、环境创建、设施建设、人才培养、税收减免等相关问题提供协作支持；但是，从数量上看，省级职能部门年均发文数量比上一阶段年均发文数量增长了 1.30 倍，由平均 2.67 份/年升至 6.14 份/年。鉴于此，研究认为自 2000 年以来江苏省各个职能部门的涉老政策参与度逐步提高，围绕政府主导的居家养老支持方向提供对应的政策配套。

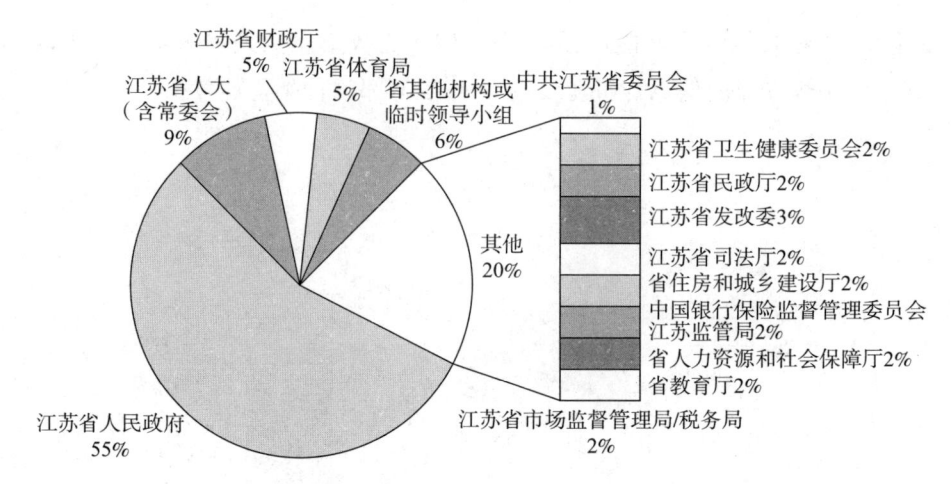

图 2-7　2015~2020年江苏省涉老政策发文机构占比

说明：2018年全国机构改革后，部分机构拆分、撤并、重组，如原省物价局并入省发改委，在此统一使用最新机构名称，下同。

第三节　江苏省居家养老增强型政策工具使用分析

居家养老增强型政策是指通过多种途径对老人、子女及老年相关社会组织进行引导使家庭获得支持老人在家中养老的能力和条件的政策。其区别于"未明确指向型"和"替代型"政策的关键点在于资源集中指向以居家养老家庭为核心的资源交换系统。以植物的生命状态做比附，居家养老中的"家庭"是具有开放耗散状态的"植物本体"；供给型政策工具构成植物生长的"土壤"，表现为政策积极提高居家养老家庭可获得和享用的客观存在的社会公共资源之上限；环境型政策工具是维持植物生存的"空气、阳光"等要素，表现为政策营造社会风气、发展氛围，为居家养老模式的家庭选择、市场支持、社会认同提供支撑与保障；需求型政策工具是让"家庭"（植物本体）自身具备将居家养老社会支持持续引入的能力，表现为家庭自身资源生产功能增强并同社会支持资源进行可持续的购买交换。

一 江苏省居家养老增强型政策基本情况

在198份2000年以来江苏省现行有效的涉老政策中,居家养老增强型政策共45份,占比22.7%;从时间分布上看,江苏省在1986~2006年极少出台指向居家养老的增强型政策与家庭支持条款,居家养老模式及家庭作用尚未得到重视。2006~2011年,居家养老增强型政策数量较少,且以地方规范性文件为主,相关政策影响力和实际社会作用的发挥相对有限(见图2-8)。

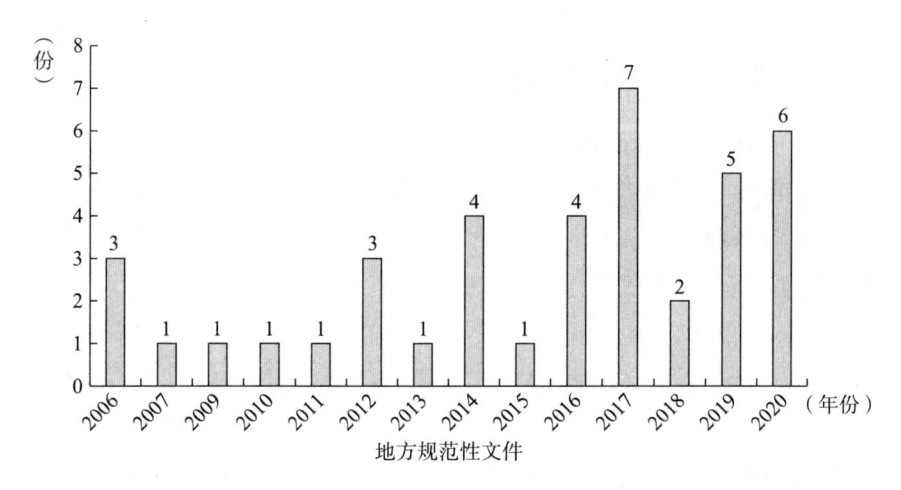

图2-8　2006~2020年江苏省居家养老增强型政策数量(地方规范性文件)

说明:2008年无居家养老增强型政策文件,故隐去,下同。

自《中国老龄事业发展"十二五"规划》颁布以来,"以家庭为基础"的居家养老的社会支持模式日益受到重视。如图2-8所示,2012年起居家养老增强型政策数量快速增长并于2017年达到历史峰值,在2017年出台的政策中,共有7份涉及不同类型和领域的政策文件,在公共服务、医疗卫生、法律保障等方面对居家养老提供支持。

同时,省级地方性法规《江苏省养老服务条例》和《江苏省保护和促进香港澳门同胞投资条例》中也对促进家庭充分获取社区和医疗机构的照料、看护服务,提供产业基础和设施建设方面的明确支持;此类支持在客观上增强了家庭获取优质社区养老服务和医疗看护资源,以改善居家养老条件的能力。但不可否认的是，目前省级地方性法规仅在居家养老的服务领域形成较为系统的家庭支持政策，而对于老人和子女在经济支持、健康支持等方面的相关规定，都分散在不同地方规范性文件中，呈现碎片化特征，在客观上增加了政策执行的难度。同时，相关地方规范性文件的标准稳定性较弱，这一定程度上削弱了政府资源投入的持续性。

二 江苏省居家养老相关政策工具的使用

（一）居家养老增强型政策工具使用分析

在 Rothwell 和 Zegveld 的模型工具使用构成方面，如表 2-3 所示，需求型政策工具共计使用 63 份次，占增强型政策工具总数的 19.15%，处于相对弱势地位；而供给型政策工具使用 138 份次、环境性政策工具使用 128 份次，两类工具合计使用达八成，分别占增强型政策工具总数的 41.95% 与 38.91%。政策工具使用类型的数量差异表明，当前居家养老政策处于社会资源增量与居家养老模式行为促进阶段，居家养老模式仍有较大发展空间。

在使用供给型政策工具的居家养老增强型政策中，信息与技术支持（31 份次，9.42%）、资金管理与支持（28 份次，8.51%）、设施建设（27 份次，8.21%）三类工具使用较多，这反映出江苏省政府在落实应对老龄化政策中除传统的基础设施建设与财政支持外，更加重视新兴技术领域同老龄产业的融合。政策文本中智慧化养老、"互联网+"养老服务业、远程健康诊断与看护指导等内容，体现了智能穿戴技术、互联网技术对居家养老家庭生活照料、健康照护维度的技术支持。同时，供给型政策工具注重对以养老服务为核心的涉老相关产业进行市场化引导和监管，促进形成可持续的市场机制。供给型政策工具在居家养老人才培养与行业工作者待遇提升方面投入偏少，虽力度受限但有助于维持供给质量。

在环境型政策工具方面，提供基本养老公共服务（29 份次，8.81%）、提出居家养老家庭支持发展规划（28 份次，8.51%）是环境型政策工具采用的首要手段；江苏省政府及其职能部门在居家养老政策上层建筑规划上，展现出积极应对中度老龄化挑战的主观能动性；近年来，江苏省政府充分认识到在推进养老市场化运作的同时，维持基本养老服务公共产品属性的重要性，并出台相关增进公共服务均等化的政策，重点保障和发展农村和经济较弱的市县地区的老年群体公共服务。同时，环境型政策工具为养老相关企业提供税费优惠与扶持（25份次，7.60%），为社会资本进入养老行业及"公办民营"模式提供了良好的市场发展环境。环境型政策工具的各个子工具使用份次差距较小，老年相关社会保障与宜居环境建设工具（含适老化改造、各类社会优待）也发挥了培育尊老孝老社会氛围的作用。

表2-3 居家养老支持政策工具使用情况

单位：份次，%

政策对居家养老的影响类型		增强型		替代型		未明确指向型	
政策工具类型	工具名称	计数	构成	计数	构成	计数	构成
需求型	家庭补贴或家庭成员就业帮助	8	2.43	3	2.34	10	2.05
	老人现金补贴或服务优惠	18	5.47	8	6.25	26	5.34
	家庭成员行为规范与引导	17	5.17	2	1.56	11	2.26
	政府公共采购	20	6.08	8	6.25	12	2.46
需求型总计		63	19.15	21	16.41	59	12.11
环境型	老年相关社会保障	25	7.60	12	9.38	42	8.62
	基本养老公共服务	29	8.81	10	7.81	61	12.53
	宜居环境建设	21	6.38	8	6.25	38	7.80
	养老相关企业税费优惠或扶持	25	7.60	10	7.81	30	6.16
	发展规划	28	8.51	13	10.16	40	8.21
环境型总计		128	38.91	53	41.41	211	43.33

续表

政策对居家养老的影响类型		增强型		替代型		未明确指向型	
政策工具类型	工具名称	计数	构成	计数	构成	计数	构成
供给型	人才培养	12	3.65	4	3.13	15	3.08
	信息与技术支持	31	9.42	8	6.25	54	11.09
	设施建设	27	8.21	12	9.38	42	8.62
	资金管理与支持	28	8.51	16	12.50	37	7.60
	服务人员待遇提升与补贴	14	4.26	1	0.78	8	1.64
	市场引导	26	7.90	13	10.16	61	12.53
供给型总计		138	41.95	54	42.19	217	44.56
政策工具使用总计		329	100.00	128	100.00	487	100.00

注：因同一政策可能使用了多个政策工具，故总计数超过了政策数；表中部分数值因四舍五入只保留小数点后两位，故总值可能存在些许误差，下同。

需求型政策工具虽然总体使用较少，但是该类政策工具对于居家养老家庭支持能力的提升是最为直接和显著的。老人现金补贴或服务优惠（18份次，5.47%）和政府公共采购（20份次，6.08%）是需求型政策使用的主要政策工具。政府公共采购是对选择居家养老模式的特殊困难老年群体进行的"兜底性"保障，以满足其日常生活需要。对家庭成员赡养老人的行为进行规范与引导的需求型政策工具共计17份次，其主要内容是强化居家养老模式下子女应尽的照护和探望义务，促进家庭精神慰藉支持作用的发挥。但是，居家养老增强型政策中对居家养老家庭整体进行经济补贴或对家庭成员提供就业帮助的需求型政策工具仅有8份次；从工具使用数量的角度看，江苏省居家养老增强型政策中对于老年家庭非正式照料人员的关注与帮扶力度可能相对不足。

（二）不同家庭影响类型的涉老政策工具使用对比

研究为进一步明确江苏省居家养老增强型政策与替代型政策、未明确指向型政策的使用差别，对三者的政策工具构成进行了比较与分析。三类政策工具中需求型政策工具使用普遍偏少，数量未超过使用政策工具总数的16%；居家养老增强型政策中需求型政策工具的使用（19.15%）要远高于未明确指向型政策中需求型政策工具的使用（12.11%），而替代型政策中需求型工具使用（16.41%）虽然与增强型政策中需求型政策工具的使用占比差距不大，但是其文本的主要内容是通过补贴和引导来增强家庭获得机构养老的能力，政策作用与增强居家养老家庭支持能力完全相反（见表2-3）。鉴于此，研究认为居家养老增强型政策在撬动老人、子女和家庭整体养老资源需求方面的作用比未明确指向型和替代型政策更加直接和有力，但增强型政策体系有待进一步完善拓展。三种类型政策在环境型政策工具和供给型政策工具的使用上差距较大，其中未明确指向型政策的供给型政策工具使用占比最高，达44.56%，并较多地使用市场引导和信息与技术支持等手段以增强公共养老服务供给水平。因居家养老替代型政策文件整体出现的时间较早，其环境型、供给型政策工具所指向的作用对象和预期目标同当前居家养老发展方向相反，其影响将在第五章进行讨论。

三 不同居家养老家庭支持维度的政策工具使用比较

研究对45份居家养老增强型政策内容逐条进行拆分与分析，将当前政策文件中最小一级标题后整段落的条款视作1项，共整理得到141项对于居家养老家庭支持能力起到直接或间接赋能作用的具体条款。如图2-9，其中生活照料维度家庭支持条款最多（60项，43%），健康照护维度家庭支持条款数量居第二（31项，22%），经济支持维度家庭支持条款数量居第三（23项，16%）。居家养老增强型政策在精神慰藉（7项，5%）、适老化改造（9项，6%）和综合性支持维度（11项，8%）施策具体条款的数量较少，表现了在居家养老增强型政策内部家庭支持维度的不同侧重。研究进而以家庭支持能力六维度模型对具体条款政策工具的使用情况进行分类统计，分析不同支持维度下政策工具使用差异，以期了解政策资源在不同居家养老家庭支持维度间的投入差异与传递路径。

健康照护
31项，22%

综合性支持
11项，8%

经济支持
23项，16%

适老化改造
9项，6%

其他
27项，19%

生活照料
60项，43%

精神慰藉
7项，5%

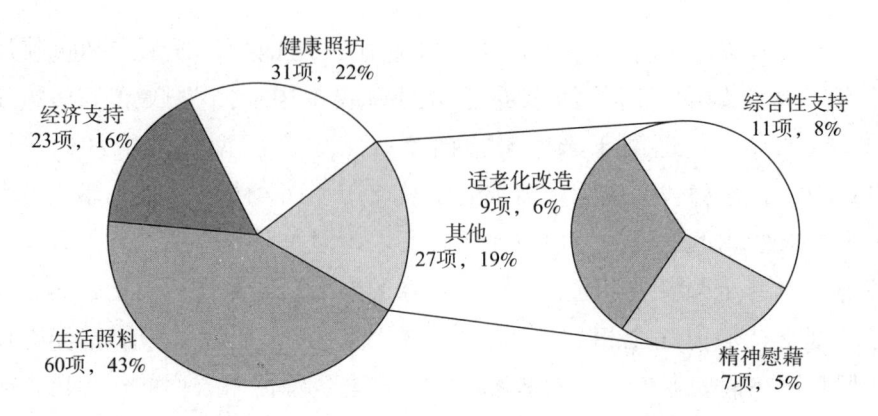

图2-9 居家养老增强型政策中不同家庭能力维度具体条款数占比

（一）生活照料维度政策工具使用

在45份居家养老增强型政策中，含有直接或间接提升居家养老家庭生活照料能力的措施条款共60项，累计政策工具使用频次达159次，平均2.65次/项。

由表2-4可知，家庭支持条款主要利用供给型政策工具（85次，53.47%）；其中以政府牵头针对养老服务产业进行市场引导（31次，19.50%）和以"互联网+大数据"手段积极推进养老服务实现智慧化、标准化的信息与技术支持（20次，12.58%）工具占据生活照料家庭支持政策的核心。江苏省政策制定主体通过使用"市场引导"和"信息与技术支持"两类供给型政策工具，降低居家养老服务企业市场准入门槛，激励养老服务企业推广和应用智慧化技术等手段，间接增加了居家养老家庭获得社会化生活照料的机会。通过鼓励养老服务企业开展多元化的家庭服务、促使家政和物业管理企业提供标准化照料等方式，直接提高了居家养老家庭可获得的生活照料服务质量。同时，家庭支持政策条款在生活照料维度的供给型政策工具方面，也使用设施建设（12次，7.55%）和资金管理与支持（13次，8.18%）工具，通过建设社区居家养老服务站、老年社区生活服务中心等方式，为居家养老家庭生活照料创建社区外部资源环境。

政府财政划拨、福利专项资金投入、"PPP模式"、"公建民营"等市场融资管理措施的实施，间接保障了居家养老生活照料市场供给发展的

第二章　居家养老家庭支持政策：政策工具、作用对象与预期影响

持续性与稳定性，为家庭长期获取和购买生活照料服务提供可行选项。此外，生活照料维度家庭支持政策条款中环境型政策工具占比接近四成，以给予养老相关企业税费优惠或扶持（22次，13.84%）为主要支持方法，减轻了社会力量长期持有、运行居家养老服务项目的压力；同时，居家养老的设施建设、服务标准化目录等发展规划（14次，8.81%）的落实，为生活照料服务覆盖率与质量的提升提供了政策指引。

　　但是，研究发现生活照料维度的家庭支持政策条款，在需求型政策工具的使用方面相对欠缺，存在较大提升空间。在生活照料维度家庭支持政策中，需求型政策工具使用占比仅为9.44%。居家养老生活照料服务等社会支持在性质上，必须在末端有效地进入家庭，家庭主动选择购买消费或接受政府采购支援，才能填补当前养老家庭生活照料功能存在的空缺。当政府予以老人家庭成员（主要是子女）足够的赡养行为引导和规范时，家庭无论是直接参与照料还是利用经济支持转化为居家养老生活照料，都能够满足其获取社会资源支持居家老人日常生活的需求。目前，生活照料维度的需求型政策工具内部以"政府公共采购"工具使用的最多，为6次，但仅占该类支持维度工具总使用次数的3.77%，其政策条款的客体主要集中在极度贫困、高龄空巢、失能失智老人的兜底性生活维系层面，在满足普惠性需求方面支持不足。研究将生活照料维度的补贴和经济支持维度的家庭经济支持与服务优惠以"是否为满足刚性家庭经济需求"为标准做出统计区分，发现在生活照料维度中，实际提供给一般老人家庭用以改善其获得居家服务能力的"老人现金补贴或服务优惠"工具仅使用3次，占比1.89%。家庭支持条款中供给型政策工具使用较多而需求型政策工具使用不足，这虽然能够对宏观上"供不应求"的居家养老生活照料公共服务起到资源补充和发展激励的作用，但是因市、县地方公共建设资源禀赋与老年群体消费能力的分布差异，在输出端可能出现社区、家庭微观层面上局部的"供过于求"或"供求对接困难"的现象。综上，研究认为居家养老政策在生活照料维度对于家庭需求型政策工具的使用与支持亟待改进。

（二）健康照护维度政策工具使用

　　健康照护维度的家庭支持政策条款在环境型政策工具（42次，

44.20%）与供给型政策工具（43次，45.26%）的使用上数量基本相当，两类政策工具的使用合计占健康照护维度家庭支持政策条款工具使用数量的近九成。在供给型政策工具内部，其对于健康照护维度提升的传导路径同生活照料维度相当，主要依赖市场引导（13次，13.68%）与信息与技术支持（12次，12.63%）；前者鼓励基层医疗机构与医养结合服务企业进入家庭提供看护支持，后者则推动建立老年群体健康档案和提供居家医疗监测等技术手段，提升居家养老家庭对老人预防未病、慢性病管理的认知水平与行动意愿。在环境型政策工具的类别下，基本养老公共服务工具（17次，17.89%）占据环境型政策工具使用的大头；家庭医生签约服务不断试点与推广以及老年群体社区体检服务等公共卫生服务的常态化运作，为养老家庭提供了相对普惠的社会支持，辅助家庭成员对老人进行日常疗养和健康情况判断决策。而老年相关社会保障（9次，9.47%）和发展规划（9次，9.47%）工具也对促进居家养老家庭健康照护能力的提升及其社会支持环境的创建发挥了相应的作用，对于高龄老人（80岁及以上）的长期护理制度也在探索中。

虽然健康照护维度需求型政策工具实际使用仍然较少，但是其在家庭成员支持方面正开展有力的制度探索。在家庭补贴或家庭成员就业帮助（4次，4.21%）工具中，针对子女的"带薪假陪护"与"短期健康照护纾困"政策能够为患病状态的高需求老人的家庭健康照料提供行动激励。而对于家庭成员行为规范与引导（2次，2.11%）工具的使用，则主要体现在对于家庭照料人员的医疗照护知识宣传与照护技能培训上。研究推断，随着相关健康制度探索逐渐走向成熟，此类政策行动的需求型工具使用频率将在未来一段时期逐年提高。

（三）经济支持维度政策工具使用

研究在上文中提及，生活照料维度的补贴采购同经济支持维度的家庭经济补助在性质上有着显著的差异。前者是利用政府资金补贴老人、家庭成员等手段，满足居家养老家庭获取改善生活与服务条件的需求；而经济支持维度的需求型政策工具的使用则是政府把财政作为保障兜底手段，为居家养老家庭解决刚需性、紧缺性的物质匮乏或功能缺口问题。例如，政策规定同样是向养老家庭提供支持,为"居养老人家庭购买日常生活照料服务提供现金补贴"本质上是在需求端激励家庭从社会获取更多照料资源,现金补贴带来的结果是家庭生活照料能力的增强。而"为(无人照料)失能、高龄的经济困难老人,采购生活照料、健康照护与经济救助服务"的本质是向困难家庭提供转化性经济补助,其结果是老年家庭经济状态的改善。在23项经济支持维度具体的家庭支持条款中,累计使用政策工具57次,平均2.48次/项。其工具使用构成具体如下。

以需求型政策工具为主要施策手段(27次,47.37%),其中老人现金补贴或服务优惠的使用高达12次,占需求型政策工具使用总数的21.05%,其补助对象主要为经济困难家庭老人、失能失智老人、高龄老人等群体。同时,经济支持维度需求型政策工具中"家庭补贴或家庭成员就业帮助"和"政府公共采购"工具使用次数相当,为需要赡养老人的经济困难家庭提供更高的低保金额度,并在服务、护理层面额外予以支持。整体而言,政府财政资金在经济支持维度提供了"补缺性"支持以满足特殊家庭维系基本养老功能的物质需求。区别于居家养老替代型政策中需求型政策工具为特困老人集中购买机构供养服务,家庭支持政策条款中的政府经济支持政策更强调家庭参与,如"经济困难老人若由子女提供足够的生活照料,则将本用于购买服务的补贴部分转移支付给家庭照料人员"。

同时,在经济支持维度的环境型政策工具(19次,33.34%)与供给型政策工具(11次,19.29%)方面,老年相关社会保障(9次,15.79%)和资金管理与支持(6次,10.53%)工具使用相对较多,对于需求型政策工具中经济补助的落实起到一定的辅助支撑作用。总体而言,家庭支持政策条款在经济支持维度的各类政策工具使用情况与效果符合其政策导向,但是其在受益对象的覆盖率与需求满足方面存在局限性,有待进一步发展拓展。

(四)精神慰藉维度政策工具使用

研究发现居家养老增强型政策的家庭支持政策条款在精神慰藉维度、适老化改造维度方面实际提供的支持项数相对较少,分别仅有7项与9

项具体政策条款。部分家庭支持政策条款属于"倡导宣传型"而非常规的"行动发展型",因此被纳入独立的"综合性维度支持"以保障分析的准确性。

目前,精神慰藉维度的家庭支持政策条款主要使用环境型政策工具中的"基本养老公共服务"工具(4次,26.67%),为老人提供心理咨询与疏导服务。整体上,居家养老政策对于老人心理问题的重视和帮助相对不足,家庭关怀行为的引导与支持力度也相对薄弱,而上门问候与逐月探访指标等措施产生的具体精神慰藉效果也有待商榷。

(五)适老化改造维度政策工具使用

在适老化改造维度方面,目前居家养老增强型政策中已经出现了对宜居环境建设(6次,16.67%)、设施建设(8次,22.22%)及发展规划(6次,16.67%)工具的使用,为居家养老家庭带来较好的外部生活环境。但是,结合调查访谈结果可知,地方政府在推进家庭内部适老化改造时,受益范围仅限于高龄、空巢等特殊老人家庭;而处于其他适龄改造段的老人及其家庭成员,对"家庭适老化"改造事项本身认知程度较低,部分老人家庭对于适老化改造家庭支持政策存在误解。虽然目前省级涉老政策具体条款中需求型政策工具中使用了家庭补贴或家庭成员就业帮助(2次,5.56%)、家庭成员行为规范与引导(3次,8.33%)及政府公共采购(2次,5.56%)等政策工具,但支持力度整体偏弱且对居家养老家庭适老化改造的作用有限,这需要下一级政府在落实时进行补充和完善。

(六)综合性维度支持政策工具使用

综合性维度支持是指那些对居家养老家庭支持能力提升不具备直接支持作用,但是具有潜在影响的原则倡议、社区行动等。例如通过弘扬孝老爱亲的文化促使老人子女履行家庭赡养义务;全方位推动老年相关服务产业发展的原则性论述等。不可否认,综合性家庭支持政策虽然不具备直接影响居家养老社区、家庭资源要素的行动机制,但是宣传倡导、原则倡议与社区行动对于社会形成支持居家养老的文化氛围、道德规范等非正式行动准则具有积极的现实意义。

第二章 居家养老家庭支持政策：政策工具、作用对象与预期影响

表 2-4 居家养老增强型政策工具在各个家庭能力维度中的使用情况

单位：次，%

政策工具类型	家庭支持条款作用维度 工具名称	生活照料维度 计数	生活照料维度 构成	健康照护维度 计数	健康照护维度 构成	经济支持维度 计数	经济支持维度 构成	精神慰藉维度 计数	精神慰藉维度 构成	适老化改造维度 计数	适老化改造维度 构成	综合性维度支持 计数	综合性维度支持 构成
需求型	家庭补贴或家庭成员就业帮助	4	2.52	4	4.21	6	10.53	0	0.00	2	5.56	2	6.90
需求型	老人现金补贴或服务优惠	3	1.89	3	3.16	12	21.05	0	0.00	0	0.00	2	6.90
需求型	家庭成员行为规范与引导	2	1.26	2	2.11	3	5.26	2	13.33	3	8.33	6	20.69
需求型	政府公共采购	6	3.77	1	1.05	6	10.53	2	13.33	2	5.56	2	6.90
需求型总计		15	9.44	10	10.53	27	47.37	4	26.67	7	19.45	12	41.39
环境型	老年相关社会保障	6	3.77	9	9.47	9	15.79	2	13.33	3	8.33	1	3.45
环境型	基本养老公共服务	10	6.29	17	17.89	4	7.02	4	26.67	1	2.78	3	10.34
环境型	宜居环境建设	7	4.40	3	3.16	2	3.51	2	13.33	6	16.67	2	6.90
环境型	养老相关企业税费优惠或扶持	22	13.84	4	4.21	2	3.51	0	0.00	0	0.00	1	3.45
环境型	发展规划	14	8.81	9	9.47	2	3.51	1	6.67	6	16.67	2	6.90
环境型总计		59	37.11	42	44.20	19	33.34	9	60.00	16	44.45	9	31.03
供给型	人才培养	5	3.14	4	4.21	1	1.75	1	6.67	0	0.00	3	10.34

续表

家庭支持条款作用维度		生活照料维度		健康照护维度		经济支持维度		精神慰藉维度		适老化改造维度		综合性维度支持	
政策工具类型	工具名称	计数	构成	计数	构成	计数	构成	计数	构成	计数	构成	计数	构成
供给型	信息与技术支持	20	12.58	12	12.63	1	1.75	0	0.00	1	2.78	2	6.90
	设施建设	12	7.55	7	7.37	2	3.51	0	0.00	8	22.22	1	3.45
	资金管理与支持	13	8.18	5	5.26	6	10.53	0	0.00	3	8.33	1	3.45
	服务人员待遇提升与补贴	4	2.52	2	2.11	0	0.00	1	6.67	0	0.00	0	0.00
	市场引导	31	19.50	13	13.68	1	1.75	2	13.34	1	2.78	1	3.45
供给型总计		85	53.47	43	45.26	11	19.29	15	100.00	13	36.11	8	27.59
政策工具使用总计		159	100.00	95	100.00	57	100.00	15	100.00	36	100.00	29	100.00

注：因细分政策条款的同一段落中可能多次使用不同政策工具，故政策工具总数可能超过条款数。

四 省级居家养老增强型政策工具分析研究主要发现

（一）社会供给端和环境端政策增加显著，家庭需求端工具施策不足

从宏观层面观察江苏省涉老政策中的居家养老增强型政策工具使用可知：目前需求型政策工具使用数量，要远少于环境型政策工具使用数量和供给型政策工具使用数量。这表明目前江苏省居家养老增强型政策仍然处于"社会行为引导促进"与"养老资源生产发展"的阶段，涉老公共政策在居家养老社会化运行供给端与环境端，具有较强的政策影响与资源增益，但居家养老公共资源总体的供不应求与局部供需不匹配的现象仍然存在。

目前，宏观政策体系在居家养老社会资源家庭消费端的子女行动规范引导、社会服务购买资金补助、政府采购福利输送等方面的政策工具使用相对不足；围绕家庭照料人员在照料过程中可能遇到的"照料人员倦怠""照料挤占性失业""照料人员健康隐患""社会发展机会丧失""代际公平心理压力"等现实客观存在的各类困难，给予的支持和保障措施极为匮乏。此外，居家养老增强型政策在使用供给型政策工具的过程中可以进一步推动居家养老相关产业的人才培养与服务待遇提升，在扩大供给总量的同时能够保证质量。

（二）精神慰藉、适老化改造维度家庭支持相对薄弱

从微观层面细分这45份增强型政策中的141项家庭支持具体政策条款，并以居家养老家庭支持能力"五维度"[①]对政策工具使用数量进行统计后可知。

江苏省现行有效的居家养老增强型政策，在家庭生活照料、健康照护功能发挥上出台了较多具体支持条款并使用了更多的政策工具；但在经济支持、精神慰藉与适老化改造支持方面相对不足。在生活照料维度，供给型与环境型政策工具的大量应用，直接提升了家庭能够从社会资源中获得家庭养老照料补充的可及性、可选择性与可负担性。但是，需求

---

① 不包括"综合性维度支持"。

型政策工具使用的相对欠缺与覆盖对象的局限性，表明当前生活照料家庭支持的普惠性不足，虽然部分政策中已经包含了家庭参与要素，但对家庭成员行动的精神鼓励、激发和物质驱动、补偿要素的政策考量与设计较少。在健康照护维度，探索为失能半失能老人进行长期护理的可行方案；家庭医生也将为居家养老家庭，提供更好的疾病风险监测、用药依从与看护技能方面的科学指导。但上述需求型政策工具及其制度的覆盖率和普惠性有待进一步提高。另外，环境型与供给型政策工具，保障了社区基层医疗资源能够"下沉"进入家庭，提升了居家养老环境医疗资源交互的便捷程度。经济支持维度主要使用需求型政策工具，以刚性需求为导向，在整体上实现了经济困难养老家庭的兜底救助，环境型政策工具、供给型政策工具与需求型政策工具配合紧密，结构较为合理。但是，其对经济困难老年家庭成员的就业、住房保障等进行支持的手段相对匮乏，行为规范与引导工具的使用效果有待商榷。精神慰藉维度与适老化改造维度的政策关注度不足，居家养老家庭对于这两种维度的需求认知度较低，参与意愿不强，是增强型政策中社会介入支持与家庭行动参与的薄弱环节。

第四节　居家养老增强型政策作用对象及预期家庭影响

　　江苏省政府在综合运用不同工具手段，对不同的政策对象进行供给注入、环境创建与需求调动的过程中，若政策措施实际影响的作用对象同目标政策客体出现错位，将影响政策目标的实现。本节中，研究将聚焦江苏省居家养老增强型政策作用对象的分布，并结合具体政策条款中关于居家养老家庭能力支持措施的作用对象构成，探讨分析现有政策预期产生的实际家庭影响。

第二章　居家养老家庭支持政策：政策工具、作用对象与预期影响

一　居家养老增强型政策作用对象分布

根据文本内容及传导路径可将 45 份居家养老增强型政策作用对象分为以下三类（见表 2-5）。

第一类以老人自身为主要作用对象。其中政策作用指向普通老人的有 36 份，占比 17.91%；指向农村老人与患病老人（含失能半失能老人）的政策占比分别为 7.96% 和 10.95%，而针对特殊身份（优待）老人（主要包含军队转业或机关单位退休人员）仅有 1 份政策提供特别支持。这体现了居家养老增强型政策以普惠性为基础，对普通老人基本实现全覆盖，又对农村老人（可获得的居家养老家庭支持较少）和患病老人（居家养老支持需求较高）的居家养老活动提供关键性的资源倾斜和辅助。

第二类以家庭整体或家庭照料人（以子女为主的家庭成员）为主要作用对象，占总作用对象数的 16.92%。该类政策对老人配偶、子女等核心家庭成员通过家庭行为约束、行动激励等方式促使赡养义务的履行。行为约束和引导手段主要通过法律法规宣传子女赡养和夫妻扶助义务、开展"老年日"等敬老孝老活动实现。家庭养老行为激励和引导手段则主要通过个人所得税减免、同居购房、就近就业优惠补贴等方式促使赡养人同老人共同居住生活并提供关照。

第三类以地方政府与社会组织等为主要作用对象，该类作用对象在总的作用对象类别中占比最高，达 45.77%。以地方政府为作用对象（18.41%）政策的主要内容是，要求完成分配的养老基础设施建设任务或公共服务发展既定目标。而在以养老相关社会组织/团体（含营利、非营利）为作用对象（18.91%）的政策中，营利性养老企业组织有 27 份、非营利性养老社区组织有 25 份，表现出政策对市场、社会力量运作与发展的共同支持；作用对象为医疗机构及从业者（8.46%）的政策主要是要求基层医疗机构开展长期照护、子女健康照料培训等服务，为居家养老家庭提供健康照护方面的家庭支持。

表 2-5　居家养老增强型政策的作用对象分布

单位：份，%

对象类型	具体身份	数量	比例	合计比例
老人	普通老人	36	17.91	37.31
	农村老人	16	7.96	
	患病老人（含失能半失能老人）	22	10.95	
	特殊身份（优待）老人	1	0.50	
家庭	普通老人家庭（含独生子女家庭）（主要包含军队转业或机关单位退休人员）	16	7.96	16.92
	特殊困难家庭（如无嗣、失独、贫困、空巢家庭）	18	8.96	
地方政府与社会组织	养老相关社会组织/团体（含营利、非营利）	38	18.91	45.77
	医疗机构及从业者	17	8.46	
	地方政府	37	18.41	

注：数据比例为响应百分比，响应百分比=某类别作用对象数/所有政策作用对象次数合计×100%；每份政策中可能会同时涉及多个作用对象。

二　不同居家养老家庭支持维度政策条款作用对象比较

研究对这45份居家养老增强型政策中所包含的141项具体的家庭支持条款，在不同居家养老能力维度政策上的作用对象构成进行拆分统计，分析政策在不同维度之间作用对象与传导路径的差异，其结果如表2-6所示。

第二章 居家养老家庭支持政策：政策工具、作用对象与预期影响

表2-6 居家养老政策家庭支持条款在家庭功能维度的作用对象分布

单位：项，%

对象类型	具体身份	生活照料支持条款（60项） 数量	比例	合计比例	经济支持维度条款（23项） 数量	比例	合计比例	健康照护支持条款（31项） 数量	比例	合计比例	精神慰藉支持条款（7项） 数量	比例	合计比例	适老化改造支持条款（9项） 数量	比例	合计比例	综合性支持条款（11项） 数量	比例	合计比例
老人	普通老人	13	10.66	16.39	10	17.54	43.86	6	8.00	28.00	3	23.08	46.15	3	15.00	30.00	4	13.79	31.03
	农村老人	4	3.28		6	10.53		2	2.67		1	7.69		2	10.00		2	6.90	
	患病老人（含失能半失能老人）	3	2.46		9	15.79		13	17.33		1	7.69		1	5.00		3	10.34	
	特殊身份（优待）老人（主要包含军队转业或机关单位退休人员）	0	0.00		0	0.00		0	0.00		1	7.69		0	0.00		0	0.00	
家庭	普通老人家庭（含独生子女家庭）	4	3.28	8.20	4	7.02	21.05	8	10.67	17.33	0	0.00	7.69	3	15.00	30.00	5	17.24	27.59
	特殊困难家庭（如无嗣、失独、贫困、空巢家庭）	6	4.92		8	14.04		5	6.67		1	7.69		3	15.00		3	10.34	
地方政府与社会组织	养老相关社会组织/团体（含营利、非营利）	47	38.52	75.41	3	5.26	35.09	10	13.33	54.67	5	38.46	46.15	1	5.00	40.00	5	17.24	41.38
	医疗机构及从业者	5	4.10		1	1.75		17	22.67		0	0.00		1	5.00		2	6.90	
	地方政府	40	32.79		16	28.07		14	18.67		1	7.69		6	30.00		5	17.24	

注：数据比例为响应百分比，响应百分比=该条款下某类作用对象数/该条款下所有政策作用对象次数合计×100%；每项条款中可能会同时涉及多个作用对象；表中"生活照料支持条款"为"生活照料维度家庭支持条款"的简称，余同。

59

(一)生活照料支持条款作用对象分布

在生活照料支持条款中,家庭支持具体政策条款集中指向地方政府与社会组织,占比为75.41%,而仅有16.39%、8.20%的政策条款分别指向老人与家庭。这从侧面印证了江苏省政府在试图提高居养家庭养老能力的过程中,使用大量的供给型政策工具与环境型政策工具,作用于市县两级地方政府和社区中的养老服务机构,以期通过提高社会居家养老生活照料服务总供给能力,最终间接地提高家庭从社区组织、市场化服务机构获取补充性生活照料的资源总量。在养老相关社会组织/团体(含营利、非营利)政策条款作用对象的内部构成方面,以营利法人组织或服务机构为作用对象的具体政策条款,同以非营利社区组织为作用对象的数量大致相当,两类作用对象总共占比为38.52%,体现了提供生活照料服务的市场力量与社会力量。而以地方政府为作用对象的政策共计40项,占比32.79%,可以看出江苏省居家养老增强型政策以政府力量为重要的行动主体,要求下级地方政府切实采取具体措施,发展和壮大政府对养老家庭生活照料维度的综合支持能力。

(二)健康照护支持条款作用对象分布

在健康照护支持条款中,以地方政府与社会组织为主要作用对象。其中,以医疗机构及从业者为作用对象的政策条款共有17项,占比最高为22.67%。地方政府(14项,18.67%)仍然作为提高健康照护家庭支持能力的公共行动主体,而受到省级养老家庭支持具体条款的指导与关注。在老人类作用对象方面(21项,28.00%),健康照护家庭支持具体条款的指向性较为明确,以患病老人(含失能半失能老人)为作用对象的条款共有13项,占比为17.33%。在家庭类作用对象层面以普通老人家庭(含独生子女家庭)为主(8项,10.67%),兼顾特殊困难家庭(如无嗣、失独、贫困、空巢家庭)(5项,6.67%)。

(三)经济支持维度条款作用对象分布

在经济支持维度条款中,家庭支持条款明显更多地指向老人群体和养老家庭整体;在兼顾普通老人(10项,17.54%)的同时,重点强化

第二章 居家养老家庭支持政策：政策工具、作用对象与预期影响

了针对农村老人（6项，10.53%）和患病老人（含失能半失能老人）（9项，15.79%）的经济补助措施。在家庭类作用对象中，具体家庭支持政策条款更多倾向于支持特殊困难家庭（如无嗣、失独、贫困、空巢家庭）（8项，14.04%）；在各个条款家庭类作用对象的横向比较中，以特殊困难家庭（如无嗣、失独、贫困、空巢家庭）为作用对象的条款中经济支持维度条款的数量也最多。同时，经济支持维度条款中的具体家庭支持条款也以地方政府为重要作用对象（16项，28.07%），这表明地方政府财政、税务部门是养老家庭和老人群体的经济支持主体。

（四）精神慰藉支持条款作用对象分布

在精神慰藉支持条款中，由于增强型政策在具体家庭支持条款中整体使用较少，其政策的作用对象及影响力较为有限。政策部分作用于养老相关社会组织/团体（含营利、非营利），为居家老人提供心理咨询与社会关怀服务（5项，38.46%）。

（五）适老化改造支持条款作用对象分布

在适老化改造支持条款中，家庭支持政策条款在普通老人家庭（含独生子女家庭）和特殊困难家庭（如无嗣、失独、贫困、空巢家庭）的政策条款数量相当（3项，15.00%），这表明适老化改造家庭支持政策条款基本做到了普惠性与纾困性相结合。而家庭适老化改造指标、老年宜居社区建设率等具体发展目标任务，集中由地方政府部门负责，要求其提供相应的配套资源并采取行动确保相关量化指标的完成。

（六）综合性支持条款作用对象分布

在综合性支持条款中，有赖于社会氛围与环境创建活动，老人、家庭、地方政府与社会组织在政策条款数量上大致相当，作用对象整体特征不太显著。

综上所述，目前居家养老增强型政策的家庭支持具体条款在各维度中以地方政府与社会组织为主要作用对象，以家庭和老人个人为作用对象的政策相对不足。生活照料、健康照护支持条款主要作用于地方政府

与社会组织，通过提高相应老年家庭获得服务的能力从而间接提升家庭在对应条款的支持能力。经济支持维度条款大多直接作用于家庭、老人，并重点为经济困难、致贫因素复杂的家庭提供经济补助。精神慰藉、适老化改造与综合性支持的条款因整体数量较少，其作用对象的特征难以准确定性；但是，精神慰藉与适老化改造的家庭支持政策都向市县两级地方政府提供相应的指标与规划的行动要素；综合性支持条款因为支持手段的间接性展现出作用对象覆盖广的特征。

三 居家养老增强型政策的预期家庭影响分析

研究基于老年家庭支持能力维度视角，根据 45 份增强型政策及其所包含的 141 项居家养老家庭支持具体细分政策条款，分析了江苏省居家养老增强型政策在宏观特征与微观层面政策工具使用构成、作用对象等内容。研究将结合政策文本具体内容，梳理政策在各个家庭支持维度的支持项目、手段与传递路径，并分析其预期产生的影响（见表 2-7）。

（一）优先保障家庭生活照料与健康照护赋能

研究发现，目前 45 份江苏省居家养老增强型政策文件中，共包含 141 项不同家庭养老能力维度层面的具体家庭支持条款，且不同家庭支持能力维度的条款数量差异显著。生活照料支持条款数量最多为 60 项，其数量是健康照护支持条款数的约 2 倍。数量排名第三的经济支持维度条款具有 23 项，甚至超过精神慰藉支持（7 项）与适老化改造支持条款（9 项）数量的总和。这表现出江苏省居家养老支持制度优先保障普遍性的养老家庭生活照料需求与相对紧迫性的健康照护需求，兼顾对具有特殊困难的老人和家庭进行经济纾困。而对于特殊性较强、需求概率分布随机的精神慰藉（主要指心理疾病预防与疏导、特殊群体计划性探望与看护措施等），在政策微观层面上则较少提出有针对性的具体措施与条款予以支持。部分相对泛化的居家养老家庭及老人的精神慰藉需求被纳入广义上的生活照料支持条款与措施中，并预期能够为养老家庭提供潜在的精神慰藉支持。而对于适老化改造这一相对"重要不紧急"且具备较强改善性与发展性特征的居家养老家庭支持能力维度,政策具体条款则提出改造刚需家庭的具体指标与措施,再进一步推进其他适合改造的老龄家庭自主开展家庭内改造行动。

(二)受益对象以老人为主,对家庭照料人员支持有限

研究认为即使在45份居家养老增强型政策之间,不同具体政策条款直接作用对象也存在较大差异,但无论差异有多大居家老人都是最终的受益对象。同时,研究发现以老人为受益对象的政策在城乡单位的细分上,实际以城市社区老人为核心受益对象群体,而农村老人则处于相对边缘的地位。大部分政策中虽然并未对城市或农村老人加以主体条件限制,但是如提供智慧化服务调度等信息手段、提供居养照料服务等补贴支持、老年健康档案管理等医疗支持的措施和手段,在缺乏居家养老服务基础设施和人力资源的江苏省农村地区难以发挥作用,农村老人从中受益更是无从谈起。

同时,江苏省居家养老增强型政策中的家庭支持条款为家庭照料人员提供的支持和扶助不足;目前仅在《江苏省人民政府关于进一步推进养老服务高质量发展的实施意见》《江苏省养老服务条例》《江苏省残疾人保障条例》等6份政策文件中,提及为老人子女等家庭照料人员提供一定的行动激励与极为有限的物质帮助。而这6份政策文件中有4份更是以特殊困难家庭为限定要件,支持覆盖范围相当有限。此外,从居家养老家庭支持条款中包含的家庭照料人员支持手段的角度进行分析,有且仅有鼓励子女同老人共居(普惠性,效力不明确)、培训子女老年照料技能(普惠性,效力不明确)、提供长期护理保险试点(限定80岁及以上老人家庭与困难家庭,效力不明确)和提供子女照料老人家庭额外经济补助(限定经济困难家庭,效力较明确)4种方式。故整体而言,江苏省现有居家养老政策体系对于家庭照料人员支持的覆盖范围、工具手段与操作方法都亟待拓展和丰富。

(三)普惠性支持为主,兼顾特殊老人及家庭的纾困需求

目前江苏省居家养老增强型政策以实现普惠的老年家庭福利提升为

目标导向,利用供给工具提高一般居家养老家庭从以老人居所为中心的社区环境中获得社会化养老资源的能力;利用环境工具手段,促进养老家庭自身老年福利生产和居家养老模式获得普遍的社会认同。对于居家养老家庭外的社会化养老资源的生产者和分配者,要通过政策引导,保护和支持此类生产者与分配者能够持续获益且实现有效分配。在家庭内部,大部分政策选择给予目标范围内所有老人及家庭普惠性的资源支持并引导家庭内部资源更多流向自家老人。同时,部分政策条款在较为前沿的居家养老家庭支持制度试点、物质资料保障层面,优先为高龄、失独、患病等特殊老人及经济极度困难、子女残疾无生活能力的家庭提供经济支持和服务采购,确保此类特殊老人、困难家庭优先享用社会化养老福利资源以满足自身需求。

(四)以引导型政策内容为主,家庭支持力度较小

研究发现,无论是对这45份增强型政策工具的使用情况进行宏观梳理,还是对其中141项具体家庭支持条款进行微观拆分,居家养老增强型政策及其家庭支持具体条款所使用的支持项目和具体支持手段,对于家庭支持能力的提升大多是间接的。这表明目前江苏省居家养老政策体系,对家庭的直接增能是相对有限的,例如《江苏省人民政府关于进一步推进养老服务高质量发展的实施意见》中对于能够提供直接增能的长期护理(保险)制度、适老化改造家庭采购等福利,需要满足特定年龄段的政策要件才能享用。整体而言,现有政策体系涉及提高居家养老家庭能力的内容不多、覆盖范围相对较小,对家庭的资源支持在可持续性上存在潜在的风险,在调动家庭资源与消费社会化居家养老资源过程中的责任分担方面仍有待优化。

部分能够直接提升家庭居家养老支持能力的手段和措施,如提供上门医疗服务、为家庭照料人员提供培训与指导等,仍然停留在引导与倡议阶段,以"鼓励""促进""推进"等非量化方式为条款的具体阐述模式,缺乏具体指标支撑和配套措施支持,此类政策工具对增强居家养老能力的指向性极强但是作用力度却较弱,家庭能够从此种政策工具中获得支持的期待可能性总体上仍然较低。同时,政策内容在资源供给和环

境创建方面设定的指标,其执行效果虽然是可以被量化和测量的,但是其对家庭自身养老能力的提升以及家庭资源转化的"挤入"效果的政策关注与助力相对不足。省级政策效力下的地方政府之间,由于资源禀赋与市场发展环境的不同,在服务给付、信息支持、设施建设等"落地效果"方面可能存在差异性。直接增能性的政策内容能够让政府有针对性地提高资源弱势的居家养老家庭的支持能力,但是间接挤进性政策工具所产生的"落地效果"差异,加上市场化资源定价的客观因素,可能会导致省内不同区域的居家养老福利水平不平衡;局部地区社会化养老资源供求失衡,农村或其他弱势地区的家庭以同样的价格仅能获得相对较少且低质的资源。

表 2-7 江苏省居家养老增强型政策家庭支持项目、手段与预期家庭影响分析

受益内容	支持项目、具体手段及其概念	家庭支持影响 直接增能	家庭支持影响 间接效应	代表性政策举例	最终受益对象
生活照料（如家庭生活照料行为激励或获取社会生活照料服务增益）	服务给付：政府采购,由政府财政向服务机构购买服务并提供给居家老人	√		《江苏省养老服务条例》	所有老人,根据政策差异,困难家庭老人优先
	农村设施建设：农村社区综合服务中心建设,提供居家养老服务		√	《江苏省实施〈中华人民共和国村民委员会组织法〉办法》(2019 修正)	农村村居老人
	信息支持：建设智慧化居家养老服务调度管理系统,便于家庭呼叫上门服务		√	《关于加快新型信息基础设施建设扩大信息消费的若干政策措施》	城市社区老人
	人才培养：鼓励专业培训,开展养老服务人员在岗培训,推行持证上岗与服务能力定级待遇差异制度		√	《江苏省老年人权益保障条例》	所有老人
	城市设施建设：建设社区生活服务中心、日间照料中心,提供居家养老服务、日间照料等		√	《省政府关于进一步推进养老服务高质量发展的实施意见》	城市社区老人

续表

受益内容	支持项目、具体手段及其概念	家庭支持影响 直接增能	家庭支持影响 间接效应	代表性政策举例	最终受益对象
生活照料（如家庭生活照料行为激励或获取社会生活照料服务增益）	跨界养老业务：鼓励物业、家政等服务企业兼营居家养老照料服务业务		√	《省政府办公厅关于促进家政服务业提质扩容的实施意见》	所有老人
	服务补贴：为居家养老老人提供照料服务补贴，以"补人头"形式支付给提供服务的机构与个人	√	√	《中共江苏省委、江苏省人民政府关于完善促进消费体制机制进一步激发居民消费潜力的实施意见》	所有老人
	共同生活激励：为迁户同居的子女或老人，提供落户、医保结算等配套支持	√	√	《江苏省养老服务条例》	所有老人
健康照护（如推广家庭医生制度、基层社区医疗进家庭等）	信息支持：建设智慧健康养老平台，利用"互联网+"技术实现健康信息共享、集中管理与服务供给		√	《关于加快新型信息基础设施建设扩大信息消费的若干政策措施》	所有老人
	健康公共服务：提供健康管理、查体等服务，加强疾病预防宣传、自我管理；提供膳食指导、营养调整等服务		√	《江苏省"十三五"时期基本公共服务清单》	所有老人
	上门医疗：鼓励和要求基层医疗机构、老年康复机构为居家养老老人提供巡诊、查体等健康服务	√	√	《省政府关于全面放开养老服务市场提升养老服务质量的实施意见》	所有老人，特别是患病老人
	家庭医生：通过家庭医生制度，进行疾病管理、用药指导		√	《江苏省卫生厅关于建立家庭医生制度的指导意见》	所有家庭成员
	子女照护培训：由政府组织社区或医疗机构，向子女科学普及照料特定疾病或管理慢性病技能与知识	√		《江苏省养老服务条例》	患病老人，特别是患慢性病、失能失智的老人

第二章 居家养老家庭支持政策：政策工具、作用对象与预期影响

续表

受益内容	支持项目、具体手段及其概念	家庭支持影响 直接增能	家庭支持影响 间接效应	代表性政策举例	最终受益对象
健康照护（如推广家庭医生制度、基层社区医疗进家庭等）	长期照护（保险）制度：为特定年龄段老人提供护理补助与短期健康照护，试点照料人员喘息制度	√ 需要满足政策要件	√	《省政府关于进一步推进养老服务高质量发展的实施意见》	80岁及以上老人；家庭照料人员
	健康消费补贴：探索为经济困难、低收入群体提供直接健康补贴方案	√		《省政府关于加快健康服务业发展的实施意见》	参保老人；特困家庭和低保老人
	健康服务体系：建立多元差异化的日间、全托、半托等照料服务，提供保健、护理咨询等照料支持		√	《省政府关于加快健康服务业发展的实施意见》	所有老人
经济支持（如税收补贴、就业支持行动、家庭救助待遇提升等）	直接经济补助：对经济困难家庭的老人予以直接经济补贴和服务护理补贴等	√	√	《江苏省养老服务条例》	经济困难家庭老人（地方政策可能扩大覆盖范围）
	特困残疾家庭补助：针对子女伤残依赖老年父母供养的家庭，或残疾独生子女无力供养老人的家庭	√		《江苏省残疾人保障条例》	子女残障家庭的老人；残障独生子女
	法律服务减免：对老人追索赡养费、抚恤金、养老金等诉讼费用以及遗嘱、公证等公共服务费用减半、或全部减免		√	《江苏省老年人权益保障条例》	所有老人，特别是发生家庭赡养纠纷的老人
	紧急经济援助：对于发生意外的困难家庭老人，由政府兜底承担紧急救助		√	《江苏省养老服务条例》	经济困难家庭老人（发生意外时）
	低保家庭养老增益：对积极赡养老人的低保家庭按照一定比例增发低保金	√		《江苏省居民最低生活保障工作规程》	低保家庭的老人；赡养老人的低保家庭成员

续表

受益内容	支持项目、具体手段及其概念	家庭支持影响 直接增能	家庭支持影响 间接效应	代表性政策举例	最终受益对象
精神慰藉（如社会关爱、居家探访、心理医疗等）	社会关怀服务：提供居家心理咨询服务、进行社区定期探访，优先确保特殊、困难、失独老人的探访覆盖	√ 需要满足政策要件	√	《省政府关于进一步推进养老服务高质量发展的实施意见》	所有老人；优先保障困难、失能、独居、空巢、失独家庭老人
	敬老爱亲活动：开展社区关怀和家庭敬老活动，鼓励志愿者参与居家养老服务项目		√	《中共江苏省委、江苏省人民政府关于加快我省老龄事业发展的意见》	所有老人
	增强社会参与：鼓励老年群体参与公益活动以保障老人心理健康和提供人际支持		√	《江苏省老年人权益保障条例》	所有老人
	心理疏导：培养专业心理支持人才，为居家养老老人提供心理疏导服务等		√	《中共江苏省委、江苏省人民政府关于加快我省老龄事业发展的意见》	所有老人
适老化改造（如家庭改造采购、社区适老化等）	家庭改造采购与补贴：政府为各类困难老年家庭直接采购公共服务进行适老化改造，对符合年龄段主动改造的家庭提供一定的经济补贴	√ 需要满足政策要件	√	《省政府关于进一步推进养老服务高质量发展的实施意见》	需要适老化改造的家庭和老人
	基础设施建设：在社区内通过占补均衡手段，补足老年活动空间、基础用地等公共建设指标；新建社区、村居需要配套建设相关老年基础设施		√	《省政府关于印发〈江苏省设立镇标准〉〈江苏省设立街道标准〉〈县乡人民政府驻地迁移申报审核工作办法〉的通知》	所有老人
	居住区改造：通过增加无障碍坡道、扶手、电梯设施满足适老化的现实需要		√	《江苏省"十三五"物业管理行业发展规划》	所有老人

续表

受益内容	支持项目、具体手段及其概念	家庭支持影响 直接增能	家庭支持影响 间接效应	代表性政策举例	最终受益对象
综合性全方位潜在影响	社会风气塑造：弘扬社会孝老、敬老文化，促使农村地区改造落后的风俗习惯，推崇"厚养薄葬"观念	具备潜在可能性	√	《中共江苏省委、江苏省人民政府印发〈关于决胜高水平全面建成小康社会补短板强弱项的若干措施〉及5个专项行动方案的通知》	所有老人

第五节　国内外居家养老家庭支持政策经验

我国各级地方政府结合自身资源禀赋与治理理念，在实践中形成了各具特色的养老家庭支持思路与方案；国际上，西方国家基于自身制度模式与文化特征在应对老龄化问题的过程中，也探索出社区居家养老家庭支持的有效制度逻辑。在本节中，研究将立足于国内外居家养老家庭支持经验与方案的特殊性，归纳和总结江苏省在提升居家养老家庭基础性地位中可以借鉴、移植的经验。

一　国内地方政府居家养老家庭支持政策经验

（一）上海：基层"养老顾问"对接社会服务供给与家庭需求

要想实现智慧化的居家养老服务资源调度和管理，就必须通过老人提出诉求或家庭主动申请、人工资质审核与信息录入等流程，对社区内有服务需求的老年家庭及时建档立卡并保持信息更新。社区作为社会化居家养老资源进入老年家庭的"最后100米"，应积极发挥桥梁纽带作用。

上海市虹口区于2018年起开始试点社区养老顾问制，并取得较好社会效果。随后在2019年颁布的《上海市深化养老服务实施方案（2019—2022年）》（以下简称《方案》）中，上海市以地方规范性文件的方式，

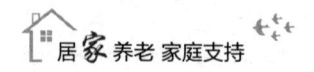

确认将"基层养老顾问"制度向全市范围内推广。

养老顾问一般设在街道或社区服务中心，主要为老年家庭提供政策咨询、资源介绍与供需对接。《方案》规定，在社区或村居养老服务中心、街道内办事部门和村委会中应设尽设"养老顾问"服务站点。由所在中心或街道内熟悉各类养老公共福利政策、社区服务站点布局与补贴申请流程的工作人员兼任"养老顾问"，额外提供经费并视服务数量、满意度等计算薪资报酬。鉴于不同年龄段老人养老服务需求的非线性，"养老顾问"团队需要结合前来咨询的老人或家庭照料人员现状与实际需求，整理并提供"养老政策包"，对老人可以办理和享用的社会养老公共福利政策，"养老顾问"协助进行申请与办理。同时，"养老顾问"团队还推出"服务自选包"，为居家养老家庭提供充分、中立和客观的信息；此外，"养老顾问"还需承担社区内养老政策宣传的工作。

"养老顾问"需经培训才能上岗，统一建档并分类管理，建立退出机制。《方案》要求上海市民政局等部门结合街道、乡镇、村居、机构内咨询群体的差异化特征，为"养老顾问"设计培训教材、典型案例比对库与知识信息库，建立定期的全岗和分级培训机制。保障担任养老顾问的人员掌握最新的政策知识与辖区内服务机构变化的信息；同时，《方案》提出设立"养老顾问"定岗规范化评级制度，根据经验、等级设立经费与额外薪酬标准；选拔"养老顾问"中的骨干分子授予"金牌顾问"先进称号，对应对老人与家庭照料人员咨询有推诿、搪塞或有因利益、人情关系选择性推荐等情节的养老顾问进行淘汰。

（二）四川：患病老人子女"护理假"制度助力家庭健康照护

四川省早在2017年发布的"十三五"老龄事业发展规划中就明确指出要设立照料人员支持制度并鼓励子女同老人共同居住，让居家老人的家庭照料人员获得就业、用工和假期方面的实质性资源倾斜。随着《四川省老年人权益保障条例》（以下简称《条例》）的颁布，上述家庭支持制度具备了执行量化的要件。

设立患病老人子女护理假制度，并要求用工单位提供配套措施。《条例》第三十条明确规定，当老人因罹患疾病住院无人照料时，用人单位每年应当至少为独生子女家庭照料人员提供"累计不超过 15 日的照料护理时间";非独生子女家庭鼓励通过轮岗方式交替照料,每年提供不超过 7 日的护理假期。该政策为子女照顾患病老人提供了法律层面的明确保障。同时,在独生子女与非独生子女家庭的健康照护假期时长上的差异化设计,既延续了对独生子女家庭养老优待的社会政策,也促使非独生子女家庭老人主要照料人员和次要照料人员之间能够共同充分履行赡养责任。

《条例》的第三十条为用人单位执行该政策提供了明确的上位法底线支持。护理假期长短应当由单位与劳动者集体协商并通过组织内规定的方式予以确认,而不是由劳动者个人同单位管理部门协商。这在一定程度上确保了照护假期不受用人单位的克扣和削减。同时,《条例》中明文规定"护理照料期间工资福利待遇不变",确保了子女在照顾老人的过程中依然有稳定的收入。

支持高龄老人随子女迁移户口,迁入老人享受当地公共服务。《条例》对于"十三五"老龄规划草案中,鼓励老人同子女同居制度在地方法规层面予以明确的规定和阐述,其第二十三条明确规定,80 周岁以上老人可以无条件迁到子女户口所在地并与子女共同生活和居住;60 周岁以上的孤寡老人投亲靠友迁户不受条件限制。《条例》第二十条也规定"子女不得令老人迁入低劣的居住环境中"。

(三)深圳:政府规章明确多路径实现居家养老家庭支持

《深圳经济特区养老服务条例》已于 2021 年 3 月 1 日正式实施,作为社会主义先行示范区,深圳充分整合国内外较为主流的家庭支持措施和手段,以政府规章的形式明确了多种社会化的家庭支持手段。

明确核心养老模式为居家养老,重申赡养、抚养老人的法律义务。该条例在第十五条中明确指出"老人养老以居家养老为基础",并论述了老人配偶和子女在承担扶助与赡养义务中应满足《老年人权益保障法》的相关规定。

提出多模式养老的衔接措施,为失能老人家庭照料人员提供法律支持。该条例第十八条、第十九条中明确指出通过多样的引导、激励手段开展家庭病床建设，并促成居家养老、社区养老与机构养老间资源的联动和衔接，最终形成家庭可获取、可负担的长期照护体系，让专业化照料与家庭日常照料形成有效互补。第十九条还明确了通过"政府采购"形式，为失能老人家庭照料人员提供法定支持，如提供家庭照护服务技能培训、心理健康咨询和干预服务、替代老人家庭照护者为重度失能老人提供临时或者短期照护。同时，广东省还出台了《老年人照顾需求等级评定规范》对于老人失能半失能状态对应的健康照护等级进行标准化设计评级。

明确适老化补贴覆盖老年家庭，为家庭无照料能力的老人提供援助，可以选择机构养老。该条例在第二十条中规定，依据老人是否失能或是否属于困难家庭，由区政府财政部门予以家庭适老化改造补贴或全额资助；同时，该条例第二十六条明确规定，对于低收入且无力赡养失能老人的家庭，应当由民政部门在一个月内安排该家庭老人入住公立养老机构。

二 国际社会居家养老家庭支持经验

东亚地区受儒家文化的影响，在居家养老政策制定中大都十分重视家庭功能的发挥，重视养老社会化中传统家庭养老功能的沿革与再造，形成对家庭和家庭照料人员一系列支持政策。区别于部分东亚国家对居家养老的支持，欧美国家因其文化底蕴与国家福利制度发展差异，其"居家养老"模式更多指代"社区照护"体系下的社会供养。但随着福利体系"刚性"特征下政府负担的加重与老龄产业市场化带来的养老公共产品属性的减弱与丧失，同"社区照护"互为补充的家庭及照料人员支持政策也被重新提及。研究以日本、韩国及福利制度相对健全的德国、美国为例，以期为江苏省居家养老政策提供借鉴。

（一）日本：介护保险促进居家与机构家庭养老支持的无缝对接

"自立支援"理念下日本介护保险以社会专业化照料介入居家养老，为应对居家养老老人家庭照料的"能力缺口"，设计了从居家生活补充、日间照料替代到全天候护理替代的，相对平滑、供需契合度较高的服务模式。老年家庭成员在未经过专业培训的前提下，一般能够在日常生活照料与相对基础的健康管理与照护中发挥关键作用，子女的家庭养老功能发挥主要以生活照料形式体现。以《介护保险法》为例，老人及家庭照料人员可以选择以下几个方案。①"在家接受服务"方案，该方案以较低的经济成本（例如可选择直接从年金中扣除保险额）并根据评定的"需要支援等级"，获得上门生活服务、巡访探视、健康问题咨询与指导等养老家庭支持。②随着老人"需求支援等级"的提升，居家养老家庭与老人可以选择"日间居家看护服务"方案，即在家庭照料人员白天外出工作无法提供照料看护时，由护理人员上门进行专业化陪护，弥补了家庭照料功能在特定时段的不足。③一旦老人"需要支援等级"进一步提升，子女或其他家庭照料人员提供的常规照料已经无法满足需要时，家庭照料人员可以申请"去护理设施处接受服务"的方案，子女需负担更高额度的保险费用，可以选择"日间在家庭和护理设施处往返"或"短期离开家庭在护理设施处居住（连续不得超过30天）"，并获得生活护理、疗养护理、康复训练、痴呆症日间应对看护、行动机能训练等服务。此类服务通常适用于"通过短期的护理和技能训练，有望恢复居家自理能力或能够由家庭照料生活的老人"。④老人罹患重大疾病需要随时专业护理，家庭日常照料已无能为力时，老人及家庭照料人员可以选择"由子女、家庭等购买生活照料服务"，支付老人在康养机构内的居住费、伙食费及经补贴后剩余的服务保险金，使老人在生命末期获得尽可能好的照料与护理环境。以上四种介护保险服务方案，从居家养老到机构看护提供了全面的家庭支持，家庭功能发挥的方式由提供日常的生活照料到提供一定的健康照护再到最终以经济支持手段获取专业化的护理照料，实现了社会化养老多模式衔接下全程的家庭引导、支持与参与。

（二）韩国：立法规范与引导家庭成员养老行为

2015年5月，"柳昌灿诉其子未尽赡养义务请求返还赠与房屋、公司股权"一案，直接促成当年8月韩国《不孝之子防止法》草案的制定与出台，其中规定"接受财产赠与后的子女未尽赡养义务或伤害、虐待老人，无论当初赠与时是否约定条件，父母均可以追回赠与财产"。此外，韩国秉承"家庭照顾第一，公共照顾第二"的养老政策，涉老法律法规中的家庭行动要素与照料人员规范、引导规定众多。如《支援赡养父母者法案》中规定，当子女使用医保个人账户为父母支付医疗费用时，可实报实销而非限额补助。《老年人福祉法》中规定，"国家和人民应当依照敬老孝亲的善良风俗巩固和发展健全的家庭支持制度"。《老年长期护理保险法》中鼓励支持家庭照料人员提供护理照料，若家庭未积极应对而产生额外老人救助、护理服务费用，需由子女或赡养人承担。在韩国的住房、贷款及遗产税政策中，为赡养老人而购买改善性住房者可享优先购买权；与老人同居者申请房屋贷款时额度提高；家庭三代同居满五年，所住房产的遗产税最高减免九成。

（三）美国：特色化州立居家养老家庭的支持项目

自 2011 年起，美国社会的老龄化程度日益加深；预计到 2038 年，美国 75 岁及以上老人家庭数量将达到 2820 万户。因此，美国联邦政府与地方州政府正在根据自身资源情况，大力推广适用于不同老年人群的居家养老项目，以期覆盖更多的目标老年群体。

"社区居家就地老龄化——促进老人更好的生活"（CAPABLE）是一个由约翰霍普金斯大学护理学院创立的项目，其主要目标是帮助低收入人群中轻度失能的老人继续住在自己的家里养老。在社区职业看护人员、心理治疗师和家庭杂务协助者（社区义工）的介入下，该项目能够以相对较低的家庭经济成本，做出"小改变"而在较大程度上提高老人居家养老的生活质量。对于那些不愿直接居住在护理之家或者养老院，却需要更多帮助的居家老人，有一些项目可以帮助他们协调资源并获得社区上门护理服务来维持其居家生活能力。"老人全包式护理计划"（PACE）通过预防护理、膳食服务、交通预约、专业医疗与心理治疗，以及居家家庭护理等一系列服务，为高照料需求的居家老人提供服务。佛蒙特州的"家庭支持和服务"（SASH）项目通过向当地居家养老社区服务组织（如家庭护理健康机构与老年诊所）派遣服务协调员和健康护士的方式，协助老人制订个性化的健康生活计划并提供护理指导。为居住在低密度人口地区和中等收入老年群体提供SASH项目，可以帮助他们通过健康行为管理，节省医疗保健费用并保持身体健康。此外，美国部分州政府尝试利用"联邦住房和社区发展计划"的资金，支持帮助低收入老人开展居家适老化改造，并将受益人群范围扩大到老年租房者。

（四）德国：多元福利主义下的居家养老家庭全面支持体系建构

德国社会保障制度的悠久历史与实践促成了其在福利供给方面的多元化。

《护理保险法》《护士职业法》等法律为建构专业化、规范化的居家养老社区供给提供制度支撑。德国的护理人才培养、待遇补助等制度，以及社区照料组织与机构充分的竞争淘汰，共同促成专业且经济的居家养老社区供给模式。

利用经济杠杆支持家庭照料人员行动。德国政策中对于居家照料行为的各类鼓励手段与照料人员的经济支持使得居家养老本身成为最为"经济"的养老方式。德国相关政策规定，子女积极照料居家老人可以获得税收优惠与补贴，因临时照料退出劳动岗位的可获得劳动时间减免，"照护者可以同用人单位协商获得最低每周15小时的劳动时间减免"，以确保家庭照料人员收入预期稳定。

时间银行制度、"多代屋"模式等激励社会照料资源的生产与参与。"储蓄个人时间计划"鼓励青年人和中老年社会义工参与居家老人的照料与关爱行动，促进家庭照料资源互补。"多代屋"模式通过建构"跨家庭"的社会代际互动模式，在使老人就近获取各类照顾资源的同时也能获得价值实现与潜在的心理慰藉。

三 国内外经验对江苏居家养老家庭支持的借鉴与启示

（一）丰富家庭支持政策工具并充分激励家庭养老参与

通过借鉴国内外经验可以看出，国内外地方政府都在居家养老公共政策中尝试进一步扩大家庭养老参与。与江苏省政策中较为单一的资源供给支持及政策工具使用不同，日本、韩国和德国在促进家庭参与时都更加重视经济手段、需求杠杆工具、分级补助手段的应用。日本的《介护保险法》中规定，地方政府为老人报销居家养老服务设施使用费，但食宿费用由家庭自理。如"护理老人福祉设施"在评估老人所需护理负担等级为1级的情况下，家庭每30日共需要支付护理服务费15000日元（政府补贴90%，家庭实际支付1500日元），伙食费11700日元和住宿费24600日元。仅投入作为"经济杠杆"的公共政策补贴13500日元，就撬动了家庭资源在此项社会养老福利中进一步投入，家庭的实际负担比达到了70.76%。

此类手段同时作用于养老服务机构或企业等家庭外部对象，与对家庭起到间接支持作用的政策工具相比，其更能够促进居家养老家庭对社会资源的购买和消费。"家庭养老参与"虽然在一定程度上增加了需要投入的政策资源与财政经费，但实际上带来了家庭更多的投入和消费。江苏省政府应当借鉴国内外先进经验与做法，充分激励家庭养老参与，丰富家庭支持杠杆类工具以保障家庭资源对居家养老老人的基础性投入。

（二）高度重视并多途径支持居家养老老人的家庭照料人员

借鉴四川省、深圳市的经验并结合德国、美国家庭支持制度可以看出，对家庭照料人员提供支持在国内部分地区与国外政策中占据着重要的地位。区别于居家养老政策中"激励家庭养老参与"的手段，"照料人员支持"政策更多地是令家庭主动承担养老责任。此类照料人员支持措施通常会产生两个方面的影响。

第一，增加居家老人在家庭空间内可享用的资源总量。前述居家养老中具有激励"家庭养老参与"功能的政策工具促使子女等非正式照料人员以经济支持等手段，购买社会照料服务替代自身日常照料；照料人员支持措施实际上令居家老人子女等群体部分"回归"传统家庭养老模式中"养老家庭福利主要生产者"的角色，并同社会化的居家养老社会支持资源相互融合和补充，最终使居家老人可获得的福利资源总量得到提升。

第二，照料人员支持措施和手段本身也将巩固居家养老的基础性地位，并降低家庭对于社会照料资源的总需求。例如，德国家庭相关照料人员物质性鼓励政策促使养老家庭放弃中、高社会资源消耗且低效率的社区看护与机构养老；子女等赡养人直接照料的高效率、低中间浪费、低交易成本等现实优势，令政府在理性层面更愿意采取措施，促使老年家庭选择居家养老模式并最终实现多元福利下责任分担的动态均衡。

（三）专项立法规范并激励家庭成员养老行为

研究通过对比国外日本、韩国及国内深圳在老年居家养老相关领域专项立法的经验可知，江苏省地方政府结合中央上位法制定的老人家庭行动相关法律规范，目前仍处于"倡议性规范"阶段而非"强制性规范"阶段。法律文件中规定的家庭成员赡养义务执行标准相对模糊，即使家庭成员不积极履行相关养老义务，除非老人主动起诉或达到刑事违法公诉标准，大部分家庭照料人员除了受到社会道德层面谴责外并无实际损失。不可否认的是，虽然对家庭成员养老行为进行规定的大部分地方性法规和政府规章，在执行中普遍缺乏惩戒措施与强制力保障，但是，政府仍能够主动介入和处置其职能监管之手"够得着"的养老服务、健康护理、家政托老等产业的相关问题，通过专项立法的形式制定准入门槛、执行监管标准与末位淘汰机制，促进相关领域人头补贴、转移支付等机制长期有效运行。

法谚有云："清官难断家务事。"长期以来强制性法律规范都避免对市民家庭生活的介入；差序格局下老人人际关系圈层的复杂性也意味着不能试图通过强有力的惩戒措施，迫使家庭成员履行赡养义务。因此，在老年相关专项立法中，一方面在地方性涉老专项立法中要尝试明确家庭成员养老行为的法律底线标准，为民事自诉提供充分的法律依据；另一方面，要把握"以行为激励为重点，民事补偿为核心，行政惩罚为补充"的立法技术，通过建立老人赡养行为与子女税收减免、征信记录等"利益关系纽带"，推动家庭成员主动积极履行赡养义务。

第六节　江苏省居家养老家庭支持政策优化与完善建议

江苏省省级涉老政策自2000年以来在支持导向、效力级别、工具使用、家庭支持条款颁布上经历了较长时间的摸索变迁，形成新旧交织的局面。在本节中，研究将总结江苏居家养老家庭支持政策的主要问题，论证优化现有政策体系所需要把握的发展目标与基本原则，最后借鉴国内外先进地方经验与方案，就江苏省居家养老家庭政策如何克服资源瓶颈、改善居家养老家庭作用效果，进一步实现普惠性发展提出政策优化与完善建议。

一　江苏居家养老家庭支持政策体系主要问题小结

（一）涉老政策效力整体级别不高，居家养老家庭支持指向不够明晰

研究发现2000年以来至今仍有效的江苏省涉老政策中，省级地方规范性文件（政府及职能部门发文）有178份，相比省级地方性法规的14份与地方政府规章的6份，省级地方规范性文件的发文数量处于绝对优势。在对市县两级地方政策的影响方面，省级地方规范性文件的稳定性、执行力度与强制力效果相对有限，其现实落地效果受下级地方政府资源、信息、人为条件影响较大。同时，在198份省级涉老政策文件中仅有45份政策明确指向巩固居家养老模式的基础性地位、提高家庭居家养老的能力，而非增强型政策发文占比高达72.27%。上述两个问题的叠加造成地方政府在进一步落实和推进居家养老家庭支持措施的过程中，缺乏统一强制的最低执行标准，扩大了省内区域间执行差距；同时政策指向较为分散，资源投入效益相对低下。

（二）需求型工具使用较少、家庭行动促进与资源杠杆作用不强

以家庭为视角，居家养老增强型政策在整体上理应实现社会供给

支持充分、居养风气创建有效和家庭需求购买有力的政策工具使用效果。但是，现有的江苏省政策工具中需求型政策工具使用占比仅为19.15%，而供给型与环境型政策工具使用则分别占比41.95%与38.91%。这反映出目前江苏省居家养老增强型政策仍然处于"社会行为引导促进"与"公共养老资源生产"发展阶段。同时，增强型政策整体上对居家养老社会化支持供给端与环境背景高度关注的特征，可能导致以下情景的发生：虽然分布在老人及居家养老家庭周围空间的生活服务、医疗护理、社区探访、慈善公益等社会公共资源，及其居家养老环境正外部效益相对充裕，但是家庭仍然可能缺失或不具备将外部资源引进家庭居家养老环境的信息条件、经济条件与行动要素，最终导致家庭对居家养老资源的实际需求未产生或被抑制，在整体上社会资源供给小于预期居家养老家庭需求的大环境中，省内局部地区表现出"供过于求"的矛盾景象。

同时，江苏省居家养老增强型政策面临家庭养老参与过少、资源杠杆手段不足等问题。居家养老增强型政策的预期目标是让社会支持措施"挤进"家庭支持资源，通过财政补贴等手段促成政府与家庭在养老资源责任上实现"双赢"。但是，家庭参与要素设计过少与家庭资源杠杆手段缺失的问题，一方面会放大政府财政对于居家养老老人及家庭的投入损耗；另一方面可能会导致居家养老社会支持手段对家庭养老资源本身的"挤出"和"替代"。两个问题的叠加可能造成家庭对公共资源的高依赖与供给的不可持续。

（三）对心理慰藉与适老化改造家庭能力维度关注度有待提升

以家庭为视角，研究发现在45份居家养老增强型政策包含的微观家庭支持具体条款中，各个居家养老家庭支持能力维度的政策支持关注度差距较大。

从数量比例上看，141项家庭支持具体政策条款中指向直接或间接增强生活照料维度的条款有60项，占比43%；指向促进健康照护维度的条款有31项，占比22%；指向养老家庭经济支持维度的条款有23项，占比16%，上述三个维度家庭支持具体条款合计占比超过八成。而居老人家庭（包括老人与家庭照料人员）的精神慰藉维度支持条款仅有7项，占比5%；推进社区和家庭内部的适老化改造维度支持措施仅有9项，占比6%。

从文本内容力度规定看，生活照料维度与经济支持维度中包含更多量化的操作指标，如社区内居家养老服务机构建设比例、城乡照料中心服务覆盖率、低保家庭赡养老人额外补助比例等内容。而健康照护维度除了家庭医生签约、家庭病床指标之外，其他对于基层医疗机构的家庭服务仍以引导和鼓励为主，精神慰藉与适老化改造措施集中指向患病老人与特殊困难家庭，具体措施条款中对于调动老人子女及家庭自主改造积极性的宣传手段较为缺乏。

（四）居家养老家庭能力支持手段与政策工具组合模式较为单一

以家庭为视角，研究发现微观家庭支持具体条款与政策工具组合模式较为单一，支持手段主要集中在供给型政策工具与环境型政策工具的组合中。例如，在生活照料、健康照护维度支持政策中，供给型与环境型政策工具使用合计占比近九成，两者在供给型政策工具内部都是以信息与技术支持、设施建设和资金管理与支持为核心手段；而留给供给型政策工具的家庭支持手段极少，操作空间较小，其中还是以市县地方政府的"政府公共采购"工具为行动主体。研究认为不同居家养老家庭能力维度单一支持手段与政策工具的固定组合，通常存在以下两个弊端。

1. 不是所有居家养老家庭能力维度都能够通过单一的环境和供给"组合拳"，就能够实现家庭资源响应与社会资源均衡流入。例如，城市社区中广泛铺开的老年餐补、服务补贴等政策，其实际需求被供给补贴手段虚位拉高；同时，供给对象狭窄、运营成本高昂等问题，令市场化运营的助餐点难以维系；对老人和助餐运营方两头进行补贴，给政府造成长期给付的财政压力。再如，老年消费市场的扩大同样依赖消费习惯的养成，而不仅仅是供给端的资金补贴。如果将大量补贴直接利用供给工具提供给社区老年服务提供者，虽然能降低市场服务价格并提升老人消费生活照顾服务的期望，但现实中老人对于市场信息低知晓度与服务价格的低敏感性，导致该手段不能有效激发需求；

如果将居家养老服务补贴以消费券、专属红包等形式直接发放到老人或居家养老家庭照料人员手中，对于相关服务需求端的提升效果可能更持久有效。

2.居家养老增强型政策过度注重政府行动与社会供给，可能导致社会化资源进入老年家庭时对原有生活照料、经济支持等功能的"过度挤出"，造成家庭支持行动缺位与领域空白。现有家庭支持具体条款政策工具使用的组合手段过于单一，大多依赖财政投入、设施建设与信息支持的供给"三板斧"，未能结合家庭支持能力维度不同的需求进行调整和布局。例如，生活照料维度政策更应放大需求型政策工具与家庭照料人员支持措施的作用，发挥家庭日常照料功能减少社会照料资源消费；而健康照护维度政策应当考虑其专业性特征，一方面提供家庭技术指导，另一方面要积极为家庭引入专业化医疗照护社会资源。

（五）政策作用于家庭及照料人员偏少，家庭直接增能型政策覆盖面较小

以家庭为视角，研究发现无论是居家养老增强型政策，还是其中具体的家庭支持政策条款都更多地以地方政府和养老相关社会组织/团体（含营利、非营利）为主要作用对象；政策作用影响及实施行动主体高度集中，对于家庭及照料人员的政策作用数量偏少。同时，作用对象指向特征也带来了增强型政策预期家庭养老功能的变化，大部分居家养老增强型政策的作用对象与行动主体是地方政府或企业，其相关措施对于家庭养老功能的预期支持效果与实际影响以"间接挤进"为主。同时，政策中虽然包括部分直接作用于家庭整体及照料人员的条款，对于家庭居家养老能力有着直接赋能的效果，但此类政策对于家庭适用范围大多有着较为严格的限制，如经济特困、完全失能等。

二 江苏省居家养老家庭支持基本原则与政策发展目标

（一）基本原则

江苏省居家养老家庭支持政策应把握"社会保障、家庭分担、政府兜底"的福利生产基本思路并以"当前可接受、未来可持续"为标准进行制度建构。

普惠为主，巩固居家养老基础性地位。要把握居家养老模式是"社会养老"的本质，优化政策工具结构，发挥需求型政策工具对家庭资源的"挤进"作用；形成具有普惠性的"家家可享用"的公共资源体系，提高老年社会公共福利制度执行的最低标准，确保欠发达地区获得合理转移支付，巩固全社会居家养老基础。

以老年家庭为基本单元完善居家养老家庭支持。要运用政策工具杠杆激发居家养老模式家庭赡养的功能，扩大社会化养老中家庭行动参与。撬动并"促进"家庭自生产养老资源总量。以家庭需求为导向，打通家庭内部资源交换社会公共资源的通路，并使家庭在居家养老中有能力承担更多福利生产份额。

政府、社会、家庭多元共担居家养老。要进一步明晰居家养老家庭支持方向，对特殊困难家庭及时进行兜底保障与发展赋能，对困难家庭及特殊困难老人进行经济救济与生活纾困。对于困难家庭的非正式照料人员，政府有责任保障其就近工作就业，并督促其主动承担家庭赡养义务。

量力而行，可持续发展。社会养老福利的"刚性特征"及对地方政府实际资源禀赋的依赖，要求政府在公布支持政策"做出社会承诺"之初，就应充分考虑到各方面承受能力。要建立全省家庭支持可选政策工具组合，在制定统一最低标准的同时赋予各地方政府执行裁量权，循序渐进推进老年民生保障。

（二）政策发展目标

江苏省居家养老家庭支持政策的完善目标是：有效建立均等普惠、中高水平、可持续的养老社会保障体系与制度，发挥家庭资源充分对接需求、主动高效的作用，构筑家庭、社会与政府养老福利生产责任共担的局面。

建立多元化居家养老社会支持体系。围绕老人家庭生活空间布局建构社会支持系统，将居家养老模式"养老资源的社会性"和"养老空间的家庭性"充分结合，把握养老公共资源的"非排他性"与"非竞争性",尽可能提高福利基础和平均供给水平。

建构养老家庭参与照料人员支持制度。扩大家庭居家养老参与、提高照料人员福利水平,促进家庭非正式照料人员购买和消费市场化的社会养老资源,以期在一定程度上减轻区域养老公共资源负载压力,提升老人获得的居家养老资源总量,保障老年家庭福利的持续与发展。

形成老年全生命周期社会支持衔接模式。逐步提质扩面,提高机构对居家养老家庭的补充支持能力;在坚持不打破"居家为基础"原则的前提下,满足社会化家庭支持在老人不同生命阶段、资源时空的分异与互补,实现福利效益最大化。加强从居家养老到机构护理"中间过程"平滑衔接制度建设,通过行动规范与经济杠杆等手段,始终保持养老家庭参与,实现社会福利效益生命周期全覆盖。

制定老年服务、护理等领域地方标准。建立全省口径标准统一的居家老人生活服务、护理需求与健康管理档案,出台老年照护评级标准化地方性规范,逐步建立"因级定补"的家庭服务消费补贴制度,根据老人不同照料需求等级,结合实际差异化地予以照料人员不同的支持措施。

试点信息化居养资源调度管理平台。利用"互联网+大数据"手段推动"社会为支撑"作用的发挥,逐步试点推广设立社区内"养老服务顾问"岗位,增强居家养老服务资源峰谷平抑及跨区调配能力,保障居家养老公共资源供求动态平衡。

三 江苏居家养老家庭支持政策发展建议

(一)提高地方性法规规章占比,进一步明晰居家养老家庭支持方向

针对"江苏省涉老政策效力级整体不高,居养家庭支持指向不够明晰"的问题,研究建议江苏省人大、省政府及其职能机构要充分利用"十四五"时期老年事业发展具体规划、"2035年远景目标纲要"的制定与设计机遇,根据江苏省未来老龄事业发展的实际需要,废止、淘汰一批同时代脱节、做法相对落后的未明确指向型政策与替代型政策;修订、改进一批居家养老家庭替代性、欠普惠性法律规章与历史政策;制定、

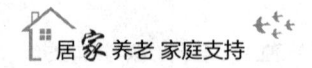

创立一批前沿的居家养老家庭支持法律制度、试点规章。要通过新发政策逐步解决居家养老增强型政策内容与家庭支持政策体系中存在的问题，不断提高增强型政策与家庭支持措施在现行有效政策中的整体比重，让居家养老的导向和趋势更加明确。

（二）建立全省家庭支持可选政策工具组合，设定省级最低执行标准

研究建议江苏省地方政府借鉴国内部分地区及国外地方政府在居家养老领域内的立法经验，充分利用强效力发文，梳理现行实践中较为成熟、可持续的政策工具组合方案，以省级法律明确居家养老社会支持与家庭支持具体的政策工具内容。进行政策工具制度试点，从兜底保障覆盖逐渐向普惠发展全面覆盖推广演变。政策要通过统一规范或专项立法手段，明确地方政府执行的下限与发展目标期望值，引导地方政府结合本地区经济社会发展阶段与公共资源禀赋选择合适的家庭支持组合方案，从供给发展阶段逐步向需求导向阶段过渡。

（三）优化政策工具结构，发挥需求型政策工具对家庭资源的"挤进"作用

研究发现"江苏省宏观居养增强型政策中需求型政策工具使用较少、家庭行动要素与资源杠杆手段不足"，现有需求型政策工具大多仅针对老人及少数特殊家庭进行兜底性保障，而供给型、环境型政策工具对居家养老家庭直接影响较小，对于提高家庭资源利用率的效用不明显。鉴于此，研究建议应当优化和改进江苏省居家养老增强型政策的政策工具使用与构成结构，进一步明确现有供给型与环境型政策工具的执行目标与考核标准，减少以"鼓励、弘扬、促进"等模糊化定性词语在政策文本中的使用，尽量增加具体数量、建设指标、服务家庭户数等可量化指标在政策工具表述中的数量，从而提高政策的可操作性。

同时，研究建议江苏省人大及省政府有关部门应当出台措施，向增强型政策的需求侧进一步发力，逐步修正需求型政策工具使用严重不平衡的局面。在政策设计与建构中，借鉴日本、韩国的经验融入更多养老

家庭整体性补贴、子女照料支持、同居住房与税收优惠条件等"家庭要素",提高家庭资源在居家老人福利资源享用中的占比,确保居家养老家庭支持政策能够"挤进"家庭资源。

(四)重视不同家庭能力维度的施策数量与力度,合理匹配政策手段

研究发现微观家庭支持具体条款中,各家庭能力维度支持力度差异较大,政策工具使用效果同部分家庭功能维度提升目标矛盾,不同家庭能力支持维度政策工具组合模式较为单一。鉴于此,研究认为应当重视家庭支持具体条款在不同家庭能力维度支持措施中的施策数量与力度,在大力推进生活照料与健康照护家庭支持施策的同时,兼顾经济支持、精神慰藉与适老化改造维度的家庭能力支持,在解决养老资源主要矛盾的同时兼顾次要矛盾的应对与处置。同时,研究建议要结合居家养老家庭能力维度自身属性与差异,根据不同的能力维度提供差异化的政策工具组合包,确保各维度支持政策能够达到既定的家庭支持效果。

(五)进一步增加普惠型、发展型居家养老家庭支持政策数量

研究认为江苏省居家养老政策体系应当进一步增加普惠型、发展型政策的数量,在具备家庭参与属性的居家养老社会化支持领域,尽可能地发挥家庭初始作用,调动家庭资源直接投入。一方面,普惠性政策为更广泛的老年家庭提供居家养老社会化公共资源,带来家庭福利自生产的发展性提升;另一方面,发展性政策通过提高家庭自身老年福利生产与引进总量,减少了居家养老社会福利的总体消耗进而又保障了普惠性。两者相互促进与提升,居家养老家庭支持政策如果能够兼具两种特性,将比传统兜底性、保障性政策的运行效率更高,社会产出回报更佳。

(六)切实增强面向家庭及照料人员的行动激励与物质赋能

研究认为应当综合多种手段与方式,在居家养老政策体系中融入更多家庭行动要素与照料人员促进措施。①通过信息支持手段,提升家庭健康管理参与性和适老化改造自主性;基层医疗机构在提供家庭医疗服务的同时，向子女等家庭照料人员传授疾病预防、用药管理、看护技能等知识，提升家庭参与老人健康事务管理的能力。借鉴上海市的"养老顾问"制度，社区及适老化改造机构在进行特殊家庭适老化改造的同时，也应当积极利用社区平台向老人及其家庭照料人员宣传适老化改造的意义与回报。省级政府对于积极自主进行家庭内部适老化改造的普通老人家庭，可以考虑提供一定比例（例如总改造费用的30%）的财政补贴。②发挥经济手段、杠杆效应在促进家庭购买、消费社会养老资源，落实老人与子女同居政策的作用。借鉴我国四川省及日本、德国的经验，研究认为应当结合就业帮助、税收减免、劳动者福利、落户优先等政策工具，为家庭照料人员提供更为直接有效的行动激励；增加普惠性的家庭服务补贴方案并始终保留家庭费用承担额度，维系家庭经济支持、生活照料功能的发挥。

第三章 家庭养老能力：现状分析与综合评价

目前以家庭为整体考察养老能力的综合性定量研究文献相对较少，本章将在文献回顾的基础上，基于既往研究中所分析的影响家庭代际养老支持的显著因素，对江苏省居家养老老人的经济能力和照顾人力分别进行描述，继而在因子分析的基础上，构建家庭的养老能力指标体系，对家庭的养老能力进行综合评价。

第一节 家庭养老能力研究文献回顾

目前对家庭养老能力的研究多为经济学视角，且以对家庭的代际养老分析为主，即家庭中子女的养老能力因素，只有少量的研究关注了老人的自我照料能力。

一 子女的养老能力研究回顾

从父母的角度来看，他们能否从子女那里获得某种类型的支持取决于家庭网络中可以利用的资源，诸多研究在这方面进行了探讨与验证。首先，家庭中的子女数直接关系到家庭养老资源的多少，如果家庭中子女的数量越多，那么家庭养老的负担就越小，相关的家庭养老能力就有所提高，在许多研究中都有类似的发现（张文娟，2012；郭志刚、张恺悌，1996；Zimmer and Kwong，2003；Pei and Pillai，1999；胡仕勇、李佳，2016）。其次，子女的经济能力直接影响老人的生活质量，相较而言，经济条件比较好的子女能够为老人提供更多的货币支持和劳务购买，慈勤英和宁雯雯（2013）的研究表明子女的经济能力对老人的养老状况影响显著。另外，居住方式也直接影响家庭养老功能的发挥。王硕（2016）的研究显示，是否与子女同住会影响老人获得各类家庭支持。另外有研究发现，家人在不同生命历程中的陪伴和保护有益于老人身心健康（Antonucci，2001；张友琴，2001），因此子女依然是老人的依靠，应在指标中有所反映，但在实际生活中，如果老人和子女之间的生活居住距离较远，那么子女在家庭养老中耗费的时间和精力就会增加，随之而来的家庭养老成本也会提高（何晖、刘卓婷，2015），从而导致家庭养老能力的减弱。此外，子女的工作性质、子女的照顾能力、子女与父母关系的融洽程度都显著影响家庭的养老能力（Neuharth et al.，2000；Thompson，2000；Kalmijn and Saraceno，2008）。因此，在家庭养老体系中要注意子女数量、子女收入以及居住方式等因素的影响。此外，中国夫妻间的互相照顾也是养老支持力的重要来源（周云，2000），这提示我们需要考虑代际交换之外配偶对养老的作用。

二 老人自身的养老能力研究回顾

尽管已有对家庭养老的研究多聚焦于家庭提供的以代际交换为主的养老支持，但也有研究表明，掌握较多资源的父母，年老时能够得到子女更多的关注与支持（Lillard and Willis，1997）。而随着父母年龄的增长，年长父母与子女进行交换的资源逐渐减少乃至消失，老人在家庭中对子女的吸引力也随之减弱，其权威因此大为削弱，从而影响子代对父母的支持（王跃生，2009；阎云翔，2000；曾富生、滕明雨，2019）。因此，老人本身的经济资源，不仅决定着自身的经济状况，更是维系家庭养老的重要因素，因而需要将其纳入评价体系。此外，随着老人退出劳动场所，他们的经济收入一般会相应地减少，甚至出现无经济来源的情况，这就需要由其之外的行动主体来提供经济支持，因此经济供养是老人的主要养老需求之一（周兆安，2014）。另外，马忠东和周国伟（2011）发现父母的实际需求是家庭支持的"拉动力"，因此老人的经济需求，既是养老负担的组成部分，又对家庭提供的支持力有很强的影响。

三　家庭养老能力研究简要述评

目前既有的研究文献中，直接关注家庭养老能力评价的较少，大多是对某个角度或对某个方面的分析，因此在对家庭的老年照料和老年经济支持的分析中，探寻可能影响家庭经济能力和家庭照料人力的因素，有助于我们进一步探寻家庭养老能力评估的基本组成要素，现有研究可以在以下方面进一步拓展。

家庭养老能力的综合评价指标体系构建。已有文献中以家庭整体养老能力为出发点的研究不多。在当前中国老龄化的快速发展和多种相关因素消长的形势下，有必要从家庭整体出发，对养老能力进行综合评价，并重点分析养老能力相对不足的人群和如何给家庭赋能，全面提升家庭的养老能力。

家庭养老能力的现状及影响因素。已有文献多将家庭的养老能力相关指标作为家庭养老行为的影响因素进行分析，而不是将其本身作为因变量进行分析，不能进一步精准分析家庭能力的发展趋势，对实践中如何进行家庭养老赋能，支持老人在家庭中养老还不能提供很好的决策依据。

第二节　居家养老老人的个人经济资源

老人的经济供养状况直接影响家庭养老能力及养老质量，是家庭养老的主要影响因素。为了反映家庭对老人现有的经济支持力，本节主要对江苏居家养老老人年收入与支出状况以及老人子女收入状况进行描述性分析，并按照不同性别、不同年龄段、不同地区进行比较分析。

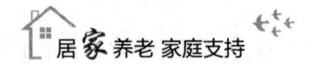

一 江苏居家养老老人年收入状况

（一）总体情况

问卷调查结果显示，江苏居家养老老人年收入差异明显。其中，年收入在0.5万元以下的老人占总数的10.78%（见图3-1）。年收入0.5万~1万元的老人占11.82%。年收入1万~3万元的老人数量最多，占总数的30.52%，近1/3的老人年收入处于此区间内。年收入3万~5万元的占22.34%。年收入5万~10万元的占18.96%。年收入10万元及以上的老人最少，仅占总数的5.58%。

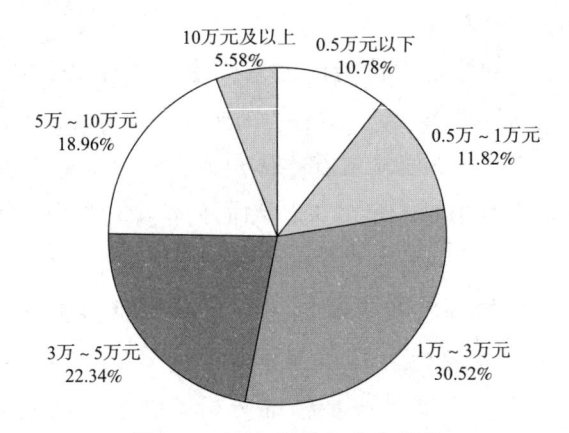

图3-1 老人年收入分布状况

（二）不同性别的老人年收入差异

如表3-1、图3-2所示，在年收入的分布中，性别差异在部分收入区间表现明显（χ^2=11.208，p=0.047）。年收入0.5万元以下、1万~3万元以及3万~5万元的群体中，男性老人与女性老人的比例基本持平，其中1万~3万元群体中女性老人比例最高，不同性别老人比例均在30.00%左右。年收入在0.5万~1万元的老人群体中，男性老人的比例为14.09%，而女性老人仅为9.80%；年收入在5万~10万元的老人群体中，男性老人占15.75%，低于女性老人的21.81%；年收入在10万元及以上的老人群体中，男性老人（7.46%）的比例超过女性老人（3.92%）。

表 3-1 不同性别的老人年收入比较

单位：人，%

	男	女	χ^2值（p值）
0.5万元以下	39（10.77）	44（10.78）	11.208（0.047）
0.5万~1万元	51（14.09）	40（9.80）	
1万~3万元	107（29.56）	128（31.37）	
3万~5万元	81（22.38）	91（22.30）	
5万~10万元	57（15.75）	89（21.81）	
10万元及以上	27（7.46）	16（3.92）	

注：括号内为百分比，括号外为该项样本数量，χ^2值（p值）栏除外。

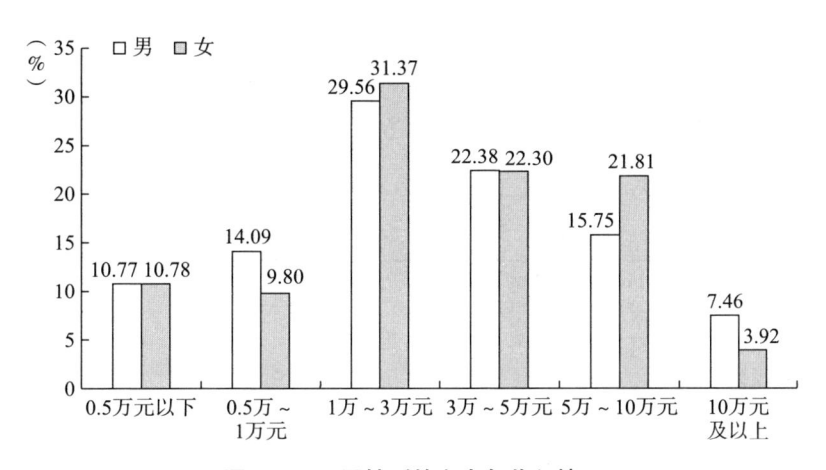

图 3-2 不同性别的老人年收入情况

（三）不同年龄段老人年收入差异

如表 3-2、图 3-3 所示，各年龄段的老人年收入状况存在较大差异（χ^2=54.203，p=0.000），其中高龄老人年收入水平较高，但同时高龄老人群体之间收入差异也是最大的。60~69 岁、70~79 岁老人的年收入主要集中在 1 万~3 万元，分别占各自年龄组总人数的 35.01%、31.82%，而 80 岁及以上老人年收入占比最高的区间为 3 万~5 万元，占比为 26.17%。此外，80 岁及以上老人中有 33.65% 的年收入低于 1 万元。高龄老人群体的收入相对较高，可能与他们有高龄老年补贴有关。江苏全面落实了尊老金制度，每月为80周岁以上的老人发放高龄津贴，按照《关于向80周岁以上老年人发放尊老金的通知》，江苏从2011年3月1日起，对具有江苏省户籍且年龄在80周岁以上的所有老人发放尊老金。其中，80~99周岁老人的尊老金发放标准，由各地方政府确定；100周岁及以上老人的尊老金，按照每人每月不低于300元的标准确定。根据《江苏省老龄事业发展报告（2020年）》，"十三五"期间江苏省尊老金支出达到46.4亿元。

表3-2　不同年龄段老人年收入对比

单位：人，%

	60~69岁	70~79岁	80岁及以上	χ^2值（p值）
0.5万元以下	27（7.16）	41（14.34）	15（14.02）	54.023（0.000）
0.5万~1万元	29（7.69）	41（14.34）	21（19.63）	
1万~3万元	132（35.01）	91（31.82）	12（11.21）	
3万~5万元	91（24.14）	53（18.53）	28（26.17）	
5万~10万元	83（22.02）	45（15.73）	18（16.82）	
10万元及以上	15（3.98）	15（5.24）	13（12.15）	

注：括号内为百分比，括号外为样本数量，χ^2值（p值）栏除外。

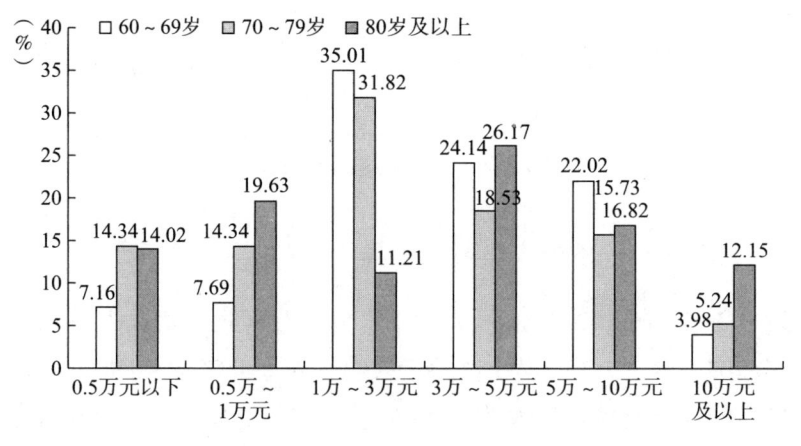

图3-3　不同年龄段老人年收入情况

（四）不同地区老人年收入差异

如表3-3、图3-4所示，城市老人年收入明显高于农村老人年收入，尤其在高收入群体中城乡老人占比差异明显（χ^2=50.944，p=0.000）。农村老人中年收入处于1万~3万元的比例最高，高达38.64%，而城市老人年收入处于该区间的比例仅为21.93%。在年收入3万~5万元的群体中，城市地区占比（22.73%）略高于农村地区（21.97%）。在高收入群体中，城市地区老人占比显著高于农村地区老人，其中，年收入5万~10万元的群体中，城市地区老人占比24.06%，农村地区老人占比14.14%；年收入10万元及以上群体中，城市地区老人占比9.63%，而农村地区老人占比仅有1.77%。

表3-3 城乡老人年收入对比

单位：人，%

	农村	城市	χ^2值（p值）
0.5万元以下	40（10.10）	43（11.50）	
0.5万~1万元	53（13.38）	38（10.16）	
1万~3万元	153（38.64）	82（21.93）	50.944（0.000）
3万~5万元	87（21.97）	85（22.73）	
5万~10万元	56（14.14）	90（24.06）	
10万元及以上	7（1.77）	36（9.63）	

注：括号内为百分比，括号外为样本数量，χ^2值（p值）栏除外。

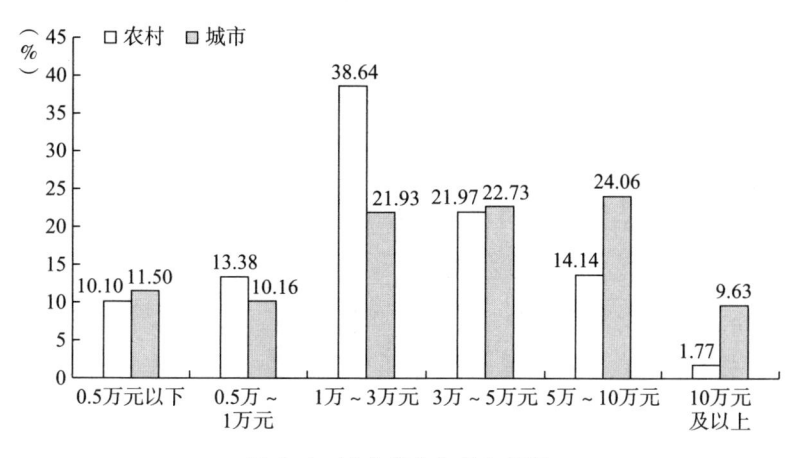

图3-4 城乡老人年收入情况

从表 3-4、图 3-5 可以看到，海安市、张家港市以及淮安市淮安区三个不同地区间老人年收入水平差异极大（χ^2=139.601，p=0.000），其中以海安市老人年收入最高，淮安市淮安区老人年收入最低。淮安市淮安区老人中年收入低于 1 万元的比例高达 43.04%，即淮安市淮安区四成以上的老人仍是社会困难群体，与此同时海安市以及张家港市这一比例仅为 13.19% 和 13.88%。在年收入 1 万~3 万元的群体中，张家港市老人占比最高，为 38.37%，其次为淮安市淮安区，占比 31.22%。在年收入 3 万~5 万元、5 万~10 万元、10 万元及以上等高收入群体中，海安市老人占比最高，张家港市老人次之，淮安市淮安区老人最低。

表 3-4 不同区市间老人年收入对比

单位：人，%

	海安市	张家港市	淮安市淮安区	χ^2 值（p 值）
0.5 万元以下	10（3.47）	10（4.08）	63（26.58）	139.601（0.000）
0.5 万~1 万元	28（9.72）	24（9.80）	39（16.46）	
1 万~3 万元	67（23.26）	94（38.37）	74（31.22）	
3 万~5 万元	79（27.43）	63（25.71）	30（12.66）	
5 万~10 万元	82（28.47）	40（16.33）	24（10.13）	
10 万元及以上	22（7.64）	14（5.71）	7（2.95）	

注：括号内为百分比，括号外为样本数量，χ^2 值（p 值）栏除外。

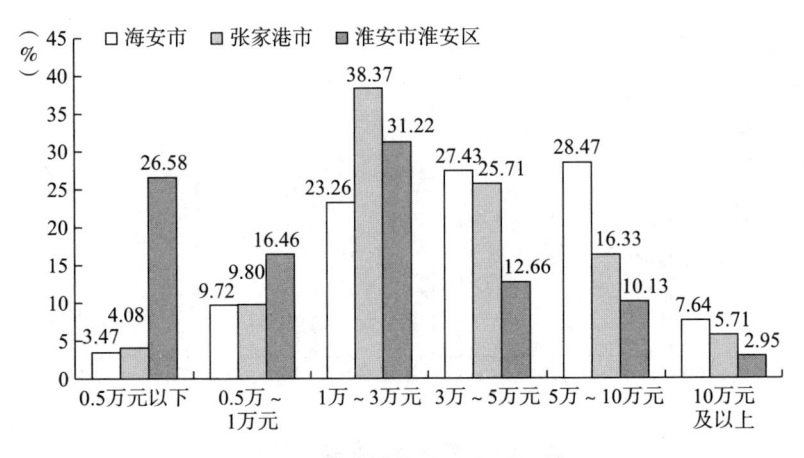

图 3-5 不同区市间老人年收入情况

二 江苏居家养老老人年支出状况

(一)总体情况

问卷调查结果显示,江苏居家养老老人总体年支出差异明显。其中,年支出在0.5万元以下的老人占总数的12.52%,年支出0.5万~1万元的老人占13.27%,由此可见超过1/4的老人年支出总额低于1万元(见图3-6)。年支出1万~3万元的老人最多,占总数的37.10%,接近四成的老人年支出处于此区间内。年支出3万~5万元的老人占19.31%。年支出5万~10万元的老人占13.57%。年支出10万元及以上的老人最少,仅占总数的4.22%。

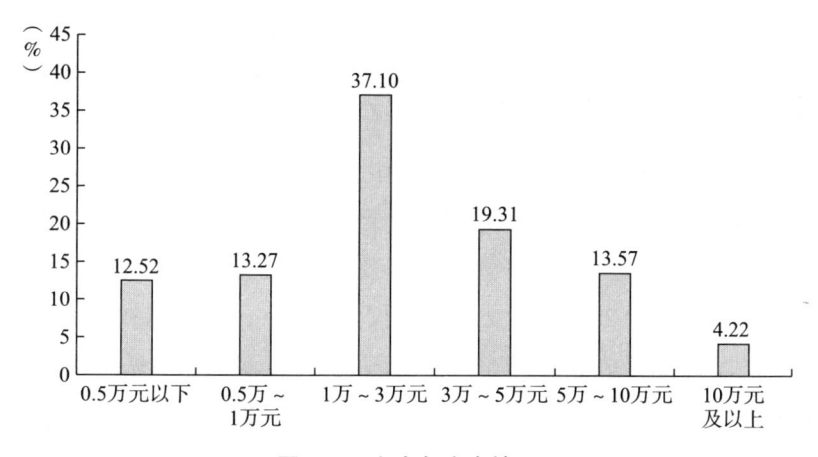

图3-6 老人年支出情况

从支出的具体来源来看,老人的支出主要分为日常生活支出、医疗保健支出、人情往来支出(指随礼、份子钱等)、文体娱乐支出、家庭转移支出(给子女/媳婿、孙子女/孙媳婿钱或物)、其他支出(如雇用保姆、房屋租赁等)6类。

问卷调查结果显示,江苏老人年均总支出为31965.72元,其中,日常生活支出最多,为14825.60元,占46.38%;医疗保健支出为6312.56元,占19.75%;人情往来支出为5261.49元,占16.46%;文体娱乐支出最少,为392.92元,占比1.23%;家庭转移支出为4729.11元,占14.79%;其他支出为444.04元,占比1.39%(见图3-7)。

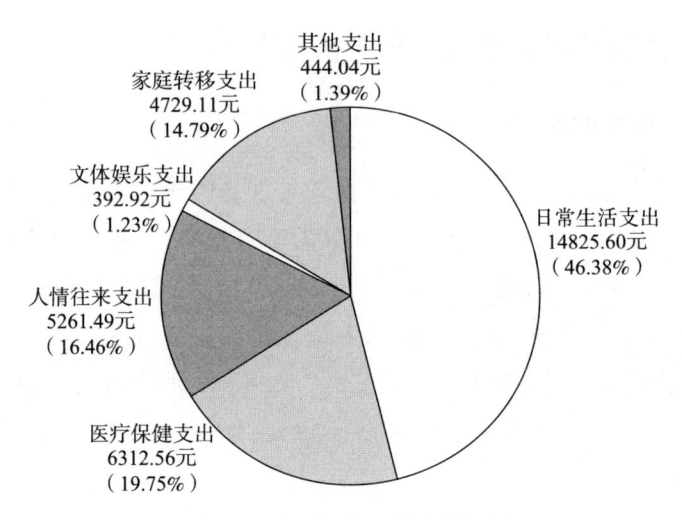

图 3-7　老人年均支出分项比例

其他支出 444.04元（1.39%）
家庭转移支出 4729.11元（14.79%）
文体娱乐支出 392.92元（1.23%）
人情往来支出 5261.49元（16.46%）
医疗保健支出 6312.56元（19.75%）
日常生活支出 14825.60元（46.38%）

（二）不同性别的老人年支出差异

如表 3-5 所示，在年支出的分布中，性别差异在支出区间表现明显（χ^2=24.649，p=0.000）。年支出 0.5 万元以下、10 万元及以上的群体中，男性老人与女性老人比例基本持平。年支出在 0.5 万~1 万元的群体中，男性老人的比例为 19.29%，而女性老人仅为 7.95%；年支出在 3 万~5 万元的群体中，男性老人占 15.76%，低于女性老人的 22.44%；年支出在 5 万~10 万元的群体中，男性老人占 10.61%，同样低于女性老人的 16.19%；在 10 万元及以上的群体中，男性老人占 3.54%，而女性老人占 4.83%。

表 3-5　不同性别老人年支出比较

单位：人，%

	男	女	χ^2 值（p 值）
0.5 万元以下	38（12.22）	45（12.78）	24.649（0.000）
0.5 万~1 万元	60（19.29）	28（7.95）	
1 万~3 万元	120（38.59）	126（35.80）	
3 万~5 万元	49（15.76）	79（22.44）	
5 万~10 万元	33（10.61）	57（16.19）	
10 万元及以上	11（3.54）	17（4.83）	

注：括号内为百分比，括号外为样本数量，χ^2 值（p 值）栏除外。

如表 3-6 所示，女性老人年均总支出（35392.85 元）普遍高于男性老人（28086.78 元）。通过分项支出对比，除了在文体娱乐支出上，男性老人（405.14 元）略高于女性老人（382.11 元），在其余各项支出上，女性老人均高于男性老人，其中以日常生活支出差距最大，男性老人为 13225.05 元，而女性老人为 16239.72 元。

表 3-6　不同性别老人分项年均支出

单位：元

	男性	女性	t 值（p 值）
日常生活支出	13225.05	16239.72	-2.665（0.008）
医疗保健支出	5085.47	7396.73	-1.643（0.101）
人情往来支出	4524.02	5913.07	-2.654（0.008）
文体娱乐支出	405.14	382.11	0.149（0.882）
家庭转移支出	4518.97	4914.77	-0.445（0.657）
其他支出	328.14	546.45	-0.810（0.419）
总支出	28086.78	35392.85	-2.731（0.006）

（三）不同年龄段老人年支出差异

如表 3-7 所示，各年龄段之间老人年支出差异不甚明显（χ^2=15.806，p=0.105）。60~69 岁、70~79 岁、80 岁及以上老人年支出都主要集中在 1 万~3 万元，分别占各自年龄组总人数的 40.36%、36.22% 和 25.97%。

表 3-7　不同年龄段老人年支出对比

	60~69 岁	70~79 岁	80 岁及以上	χ^2 值（p 值）
0.5 万元以下	33（9.94）	38（14.96）	12（15.58）	15.806（0.105）
0.5 万~1 万元	48（14.46）	33（12.99）	7（9.09）	
1 万~3 万元	134（40.36）	92（36.22）	20（25.97）	
3 万~5 万元	67（20.18）	45（17.72）	16（20.78）	
5 万~10 万元	39（11.75）	35（13.78）	16（20.78）	
10 万元及以上	11（3.31）	11（4.33）	6（7.79）	

注：括号内为百分比，括号外为样本数量，χ^2 值（p 值）栏除外。

如表 3-8 所示,江苏不同年龄段老人分项年均支出有明显差异,表现为年龄越大的老人年均支出越高。通过分项支出对比,在日常生活支出、医疗保健支出、家庭转移支出以及其他支出上,80 岁及以上老人年均支出最高,分别为 18078.18 元、8693.64 元、8697.40 元和 1112.99元;而在人情往来支出和文体娱乐支出上,60~69 岁老人的年均支出最高,分别为 5450.60 元和 501.05 元。

表 3-8 不同年龄段老人分项年均支出

单位:元

	60~69 岁	70~79 岁	80 岁及以上	F 值（p 值）
日常生活支出	14950.69	13676.06	18078.18	2.703（0.068）
医疗保健支出	4991.27	7317.80	8693.64	1.871（0.155）
人情往来支出	5450.60	5214.06	4602.60	0.502（0.606）
文体娱乐支出	501.05	240.76	428.57	1.254（0.286）
家庭转移支出	3655.72	4929.13	8697.40	6.271（0.002）
其他支出	239.31	508.86	1112.99	1.897（0.151）
总支出	29788.64	31886.67	41613.38	3.630（0.027）

(四)不同地区老人年支出差异

如表 3-9 所示,江苏城市地区的老人年支出明显高于农村地区的老人,尤其在高支出群体中两地老人占比差异明显。农村地区中老人年支出处于 1 万~3 万元的比例最高,高达 45.53%,而城市老人年支出处于该区间的比例仅为 27.85%。年支出在 3 万~5 万元的群体中,城市地区占比（23.42%）高于农村地区（15.56%）。在高支出群体中,城市地区老人占比显著高于农村地区老人,其中,对于年支出 5 万~10 万元的群体,城市地区老人占比 21.52%,农村地区老人仅占 6.34%;年支出 10 万元及以上群体中,城市地区老人占比 6.65%,而农村地区老人占比仅有 2.02%。

如表 3-10 所示,城市老人年均总支出（40194.31 元）远远高于农村老人（24472.25 元）。并且在所有分项支出上,城市老人均高于农村老人,其中差距最大的为日常生活支出,城市老人年均支出为 19394.30元,几乎为农村老人（10665.04 元）的 2 倍。

表 3-9 城乡老人年支出对比

单位：人，%

	农村	城市	χ^2值（p值）
0.5万元以下	44（12.68）	39（12.34）	67.281（0.000）
0.5万~1万元	62（17.87）	26（8.23）	
1万~3万元	158（45.53）	88（27.85）	
3万~5万元	54（15.56）	74（23.42）	
5万~10万元	22（6.34）	68（21.52）	
10万元及以上	7（2.02）	21（6.65）	

注：括号内为百分比，括号外为样本数量，χ^2值（p值）栏除外。

表 3-10 城乡老人分项年均支出

单位：元

	农村	城市	t值（p值）
日常生活支出	10665.04	19394.30	-7.847（0.000）
医疗保健支出	6128.62	6514.56	-0.269（0.788）
人情往来支出	4456.40	6145.57	-3.185（0.002）
文体娱乐支出	316.86	476.43	-1.034（0.301）
家庭转移支出	2585.59	7082.91	-4.985（0.000）
其他支出	319.74	580.54	-0.928（0.354）
总支出	24472.25	40194.31	-5.905（0.000）

从表 3-11 可以看到，海安市、张家港市以及淮安市淮安区三个不同地区间老人年支出水平差异极大（χ^2=177.435，p=0.000）。淮安市淮安区老人年支出低于 1 万元的比例高达 44.02%，海安市这一比例也同样高达 33.93%，而张家港市这一比例仅有 1.30%。年支出在 1 万~3 万元的群体中，淮安市淮安区老人占比最高，为 41.63%，其次为张家港市，占比 35.65%。年支出为 3 万~5 万元、5 万~10 万元、10 万元及以上的高支出群体中，张家港市老人占比最高，海安市老人次之，淮安市淮安区老人最低。

如表3-12所示,张家港市老人年均总支出(49279.35元)最高,淮安市淮安区老人年均总支出(17699.43元)最低。从各分项支出上来看,除了家庭转移支出,海安市老人最高(6293.30元),其余各项支出均为张家港市老人最高。

表3-11 不同区市间老人年支出对比

单位:人,%

	海安市	张家港市	淮安市淮安区	χ^2值(p值)
0.5万元以下	28(12.50)	1(0.43)	54(25.84)	
0.5万~1万元	48(21.43)	2(0.87)	38(18.18)	
1万~3万元	77(34.38)	82(35.65)	87(41.63)	177.435(0.000)
3万~5万元	33(14.73)	74(32.17)	21(10.05)	
5万~10万元	32(14.29)	51(22.17)	7(3.35)	
10万元及以上	6(2.68)	20(8.70)	2(0.96)	

注:括号内为百分比,括号外为样本数量,χ^2值(p值)栏除外。

表3-12 不同区市间老人分项年均支出

单位:元

	海安市	张家港市	淮安市淮安区	F值(p值)
日常生活支出	11285.89	23156.09	9451.82	69.711(0.000)
医疗保健支出	5384.60	10209.57	3018.56	8.940(0.000)
人情往来支出	3959.82	9123.48	2406.56	73.668(0.000)
文体娱乐支出	213.63	575.65	383.97	1.000(0.151)
家庭转移支出	6293.30	5566.96	2130.62	8.336(0.000)
其他支出	362.05	647.61	307.89	0.570(0.566)
总支出	27499.30	49279.35	17699.43	55.648(0.000)

三 江苏居家养老老人子女工作单位类型与年收入状况

(一)总体情况

问卷调查结果显示,居家养老老人子女年收入整体较高。其中,年收入在3万元以下的仅有12.64%,年收入3万~5万元以及5万~7万元的子女占比均超过 20.00%，年收入在 7 万~10 万元的占 16.21%，年收入 10 万元及以上的子女占比最高，为 25.82%，超过 1/4（见图 3-8）。

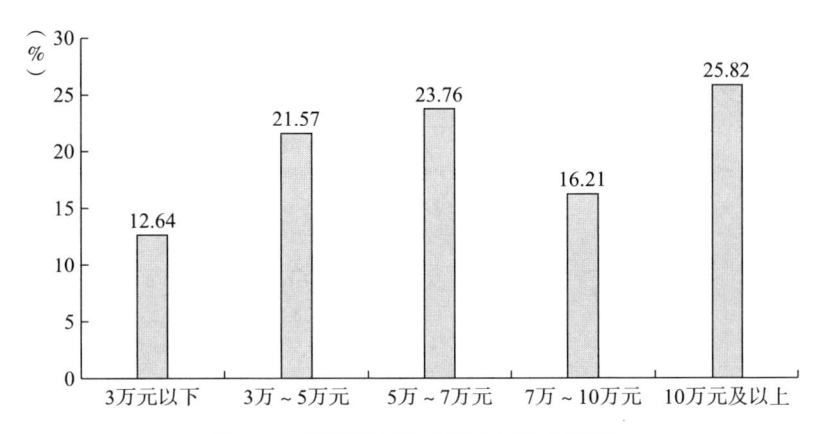

图 3-8　居家养老老人子女年收入状况

将居家养老老人子女工作单位类型划分为机关事业单位、企业、无工作单位、个体户、其他 5 个类别，其中机关事业单位包括国家机关和事业单位，无工作单位包含农民、不定期外出打工以及失业人员，其他包含所有前 4 类选项未列出的情况。从图 3-9 可知，居家养老老人子女工作单位类型占比最高的是企业，为 34.65%，其次为无工作单位，占比 24.79%，另外还有 18.94% 是个体户。

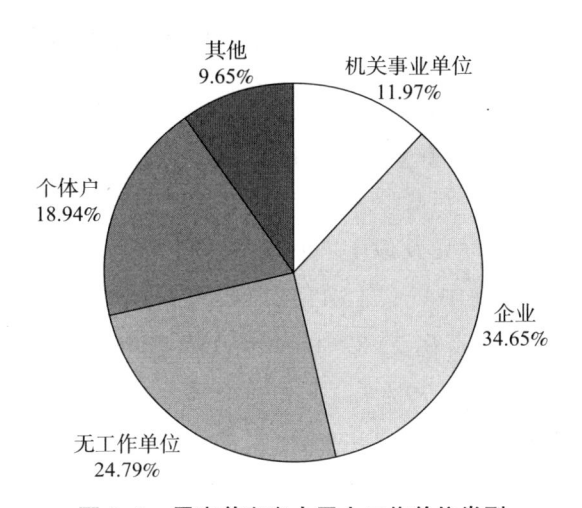

图 3-9　居家养老老人子女工作单位类型

（二）不同性别的老人子女工作单位类型与年收入状况

如表 3-13 所示，不同性别的老人中，子女的工作单位类型和年收入水平未表现出显著差异。

表 3-13　不同性别居家养老老人子女工作单位类型与年收入状况

单位：人，%

变量		男	女	χ^2 值（p 值）
年收入	3 万元以下	46（13.41）	46（11.95）	3.880（0.423）
	3 万~5 万元	81（23.62）	76（19.74）	
	5 万~7 万元	76（22.16）	97（25.19）	
	7 万~10 万元	49（14.29）	69（17.92）	
	10 万元及以上	91（26.53）	97（25.19）	
工作单位类型	机关事业单位	68（10.35）	102（13.37）	3.522（0.475）
	企业	234（35.62）	258（33.81）	
	无工作单位	168（25.57）	184（24.12）	
	个体户	126（19.18）	143（18.74）	
	其他	61（9.28）	76（9.96）	

注：括号内为百分比，括号外为样本数量，χ^2 值（p 值）栏除外。

（三）不同年龄段老人子女工作单位类型与年收入状况

如表 3-14 所示，不同年龄段老人子女年收入状况与工作单位类型差异均具有统计学意义（χ^2=43.070，p=0.000；χ^2=27.354，p=0.001）。年龄越小的老人子女年收入状况越好，其中 60~69 岁老人子女中有 34.27% 年收入在 10 万元及以上，仅有 6.29% 年收入在 3 万元以下；而 80 岁及以上老人子女中只有 16.11% 年收入在 10 万元及以上，年收入在 3 万元以下的比例高达 22.82%。60~69 岁老人子女中工作单位类型为企业的比例最高（38.79%），其次为个体户（19.59%）；70~79 岁老人子女中工作单位类型为企业的比例最高（32.79%），其次为无工作单位（28.69%）；80 岁及以上老人子女中工作单位类型为企业的比例最高（30.82%），其次为无工作单位（27.96%）。

表 3-14 不同年龄段居家养老老人子女工作单位类型与年收入状况

单位：人，%

变量		60~69 岁	70~79 岁	80 岁及以上	χ^2 值（p 值）
年收入	3 万元以下	18（6.29）	40（13.65）	34（22.82）	43.070（0.000）
	3 万~5 万元	54（18.88）	61（20.82）	42（28.19）	
	5 万~7 万元	67（23.43）	77（26.28）	29（19.46）	
	7 万~10 万元	49（17.13）	49（16.72）	20（13.42）	
	10 万元及以上	98（34.27）	66（22.53）	24（16.11）	
工作单位类型	机关事业单位	76（14.31）	62（10.16）	32（11.47）	27.354（0.001）
	企业	206（38.79）	200（32.79）	86（30.82）	
	无工作单位	99（18.64）	175（28.69）	78（27.96）	
	个体户	104（19.59）	119（19.51）	46（16.49）	
	其他	46（8.66）	54（8.85）	37（13.26）	

注：括号内为百分比，括号外为样本数量，χ^2 值（p 值）栏除外。

（四）不同地区老人子女工作单位类型与年收入状况

如表 3-15 所示，城市地区的老人子女年收入明显高于农村地区的老人子女年收入（χ^2=39.809，p=0.000）。农村地区老人子女年收入处于 5 万~7 万元的比例最高，为 31.25%，而城市地区老人子女年收入在 10 万元及以上的比例最高，高达 34.57%。城乡老人子女工作单位类型也存在明显差异（χ^2=24.393，p=0.000），城市地区老人子女工作单位类型为机关事业单位的比例（15.38%）明显高于农村地区（8.64%），无工作单位的比例农村地区（28.27%）高于城市地区（21.23%）。

表 3-15 城乡居家养老老人子女工作单位类型与年收入状况

单位：人，%

变量		农村	城市	χ^2 值（p 值）
年收入	3 万元以下	48（13.64）	44（11.70）	39.809（0.000）
	3 万~5 万元	78（22.16）	79（21.01）	
	5 万~7 万元	110（31.25）	63（16.76）	

续表

变量		农村	城市	χ^2值（p值）
年收入	7万~10万元	58（16.48）	60（15.96）	39.809（0.000）
	10万元及以上	58（16.48）	130（34.57）	
工作单位类型	机关事业单位	62（8.64）	108（15.38）	24.393（0.000）
	企业	258（35.93）	234（33.33）	
	无工作单位	203（28.27）	149（21.23）	
	个体户	136（18.94）	133（18.95）	
	其他	59（8.22）	78（11.11）	

注：括号内为百分比，括号外为样本数量，χ^2值（p值）栏除外。

如表3-16所示，不同区市老人子女年收入状况与工作单位类型差异均具有统计学意义（χ^2=32.001，p=0.000；χ^2=245.294，p=0.001）。海安市老人子女年收入在各个区间分布相对较为均匀，年收入3万~5万元的占比最高，为24.93%，而张家港市与淮安市淮安区老人子女年收入占比最多的区间分别为5万~7万元和10万元及以上，比例分别为30.93%和38.58%；海安市（43.31%）与张家港市（49.54%）老人子女工作单位类型占比最多的均为企业，占比均接近1/2，而淮安市淮安区这一比例仅为12.08%，且淮安市淮安区老人子女工作单位类型为无工作单位的比例为40.63%，远高于海安市和张家港市。

表3-16　不同区市居家养老老人子女工作单位类型与年收入状况

单位：人，%

变量		海安市	张家港市	淮安市淮安区	χ^2值（p值）
年收入	3万元以下	47（13.95）	21（10.82）	24（12.18）	32.001（0.000）
	3万~5万元	84（24.93）	35（18.04）	38（19.29）	
	5万~7万元	81（24.04）	60（30.93）	32（16.24）	
	7万~10万元	54（16.02）	37（19.07）	27（13.71）	
	10万元及以上	71（21.07）	41（21.13）	76（38.58）	

续表

变量		海安市	张家港市	淮安市淮安区	χ^2值（p值）
工作单位类型	机关事业单位	72（14.17）	67（15.51）	31（6.46）	245.294（0.001）
	企业	220（43.31）	214（49.54）	58（12.08）	
	无工作单位	100（19.69）	57（13.19）	195（40.63）	
	个体户	72（14.17）	68（15.74）	129（26.88）	
	其他	44（8.66）	26（6.02）	67（13.96）	

注：括号内为百分比，括号外为样本数量，χ^2值（p值）栏除外。

四 江苏居家养老老人可获得的经济支持来源

（一）总体情况

问卷调查结果显示，居家养老老人中有41.43%没有遇到过急难情况。在遇到急难情况时，老人可获得的经济支持来源主要有其他家人（30.69%）、配偶（26.47%）以及亲戚（13.30%）（见表3-17）。

表3-17 居家养老老人遇到急难情况时可获得的经济支持来源

单位：人，%

经济支持来源	人数	占比
没有	82	10.49
配偶	207	26.47
其他家人	240	30.69
朋友	29	3.71
亲戚	104	13.30
同事	2	0.26
党团工会等官方或半官方组织	22	2.81
宗教、社会团体等非官方组织	8	1.02
工作单位	4	0.51
邻居	24	3.07
其他	60	7.67

（二）不同性别老人可获得的经济支持来源

问卷调查结果显示，男性老人中有43.21%没有遇到过急难情况，而女性老人中该比例为39.86%。在遇到急难情况时，男性老人可获得的经济支持来源主要有其他家人（27.17%）、配偶（25.54%）以及亲戚（15.49%），而女性老人可获得的主要经济支持来源同样是其他家人（33.82%）、配偶（27.29%）以及亲戚（11.35%）（见表3-18）。

表3-18 不同性别老人在遇到急难情况时可获得的经济支持来源

单位：%

经济支持来源	男	女
没有	11.68	9.42
配偶	25.54	27.29
其他家人	27.17	33.82
朋友	3.80	3.62
亲戚	15.49	11.35
同事	0.54	0.00
党团工会等官方或半官方组织	4.08	1.69
宗教、社会团体等非官方组织	1.63	0.48
工作单位	0.27	0.72
邻居	2.72	3.38
其他	7.08	8.23

（三）不同年龄段老人可获得的经济支持来源

问卷调查结果显示，60~69岁老人中有45.00%没有遇到过急难情况，而70~79岁以及80岁及以上老人中该比例均低于40.00%。在遇到急难情况时，年龄越大的老人获得来自其他家人的经济支持比例越高，其中60~69岁老人比例最低，为26.05%，80岁及以上老人比例最高，为39.81%（见表3-19）。

表 3-19　不同年龄段老人在遇到急难情况时可获得的经济支持来源

单位：%

经济支持来源	60~69 岁	70~79 岁	80 岁及以上
没有	10.79	8.84	12.10
配偶	25.79	28.91	22.22
其他家人	26.05	33.33	39.81
朋友	4.21	3.40	2.78
亲戚	15.00	10.88	13.89
同事	0.53	0.00	0.00
党团工会等官方或半官方组织	1.58	4.08	3.70
宗教、社会团体等非官方组织	1.05	1.02	0.93
工作单位	0.26	0.68	0.93
邻居	3.42	3.06	1.85
其他	11.32	5.80	1.79

（四）不同地区老人可获得的经济支持来源

城市地区的老人中有 44.06% 没有遇到过急难情况，高于农村地区老人（38.96%）。在遇到急难情况时，农村地区老人可获得的经济支持来源主要有其他家人（32.01%）、配偶（27.30%）以及亲戚（15.63%），而城市地区老人可获得的主要经济支持来源同样是其他家人（29.29%）、配偶（25.59%）以及亲戚（10.82%）（见表 3-20）。

表 3-20　城乡老人可获得的经济支持来源

单位：%

经济支持来源	农村	城市
没有	8.93	12.14
配偶	27.30	25.59
其他家人	32.01	29.29
朋友	0.99	6.60
亲戚	15.63	10.82

续表

经济支持来源	农村	城市
同事	0.00	0.53
党团工会等官方或半官方组织	3.72	1.85
宗教、社会团体等非官方组织	0.25	1.85
工作单位	0.50	0.53
邻居	4.47	1.58
其他	6.20	9.22

调查问卷结果显示，海安市老人中有31.33%没有遇到过急难情况，张家港市以及淮安市淮安区老人该比例分别为46.12%、49.37%。在遇到急难情况时，淮安市淮安区老人获得来自其他家人的经济支持比例最高，为36.16%（见表3-21）。

表3-21　不同区市间老人在遇到急难情况时可获得的经济支持来源

单位：%

经济支持来源	海安市	张家港市	淮安市淮安区
没有	13.00	9.39	8.44
配偶	32.00	28.57	17.30
其他家人	34.00	35.67	36.16
朋友	2.67	2.45	6.33
亲戚	12.00	9.80	18.57
同事	0.33	0.00	0.42
党团工会等官方或半官方组织	1.00	3.27	4.64
宗教、社会团体等非官方组织	1.67	0.82	0.42
工作单位	0.00	1.22	0.42
邻居	2.00	1.63	5.91
其他	1.33	7.18	1.39

五 江苏居家养老老人的养老经济困难

问卷调查结果显示，居家养老老人中有 7.80% 存在养老经济困难。江苏居家养老老人养老经济困难情况在不同区市间的差异具有统计学意义（χ^2=7.965，p=0.019），其中淮安市淮安区 11.81% 的老人有养老经济困难，高于海安市（6.67%）和张家港市（5.31%）。江苏居家养老老人养老经济困难情况在不同性别、年龄、城乡中未发现有显著差异（见表 3-22）。

表 3-22 不同特征居家养老老人养老经济困难情况

单位：人，%

变量		无经济困难	有经济困难	χ^2 值（p 值）
性别	男	338（91.85）	30（8.15）	0.120（0.730）
	女	383（92.51）	31（7.49）	
年龄	60~69 岁	353（92.89）	27（7.11）	0.629（0.730）
	70~79 岁	270（91.84）	24（8.16）	
	80 岁及以上	98（90.74）	10（9.26）	
城乡	农村	373（92.56）	30（7.44）	0.147（0.702）
	城市	348（91.82）	31（8.18）	
区市	海安市	280（93.33）	20（6.67）	7.965（0.019）
	张家港市	232（94.69）	13（5.31）	
	淮安市淮安区	209（88.19）	28（11.81）	

注：括号内为百分比，括号外为样本数量，χ^2 值（p 值）栏除外，下同。

第三节 家庭可利用的养老照料人力状况

除了经济供养状况对家庭养老能力的影响，家庭可利用的照料人力也是影响老人养老质量的更直接因素。家庭的可利用照料人力方面所反映的是可供老人用于改善养老状况的人力情况，考察的是当前家庭主要成员的照料能力和所提供照料的质量。本节主要对江苏居家养老老人家庭可利用的照料人力进行描述性分析，并按照不同性别、不同年龄段、不同地区进行比较分析。

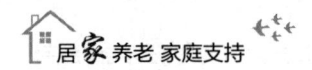

一 江苏居家养老家庭可利用的照料人力——老人自身

居家养老的老人自身的健康状况是影响其自我照料能力的重要因素，因此可以通过分析老人的自评健康状况来了解老人的自我照料能力。由表 3-23 可以看出，8.44% 的老人自评健康状况较差，63.04% 的老人自评健康状况一般，28.52% 的老人自评健康状况较好。

表 3-23 居家养老家庭老人自评健康状况

单位：人，%

自评健康状况	人数	占比
较差（0~5分）	66	8.44
一般（6~8分）	493	63.04
较好（9~10分）	223	28.52

城乡和不同区市和年龄的老人自评健康状况同样存在明显差异，但在不同性别的老人中未见明显差异（见表 3-24）。

表 3-24 不同特征居家养老老人自评健康状况

单位：人，%

变量		较差	一般	较好	χ^2值（p值）
性别	男	35（9.51）	231（62.77）	102（27.72）	1.109（0.575）
	女	31（7.49）	262（63.29）	121（29.23）	
年龄	60~69岁	17（4.47）	229（60.26）	134（35.26）	31.565（0.000）
	70~79岁	31（10.54）	192（65.31）	71（24.15）	
	80岁及以上	18（16.67）	72（66.67）	18（16.67）	
城乡	农村	40（9.93）	229（56.82）	134（33.25）	13.812（0.001）
	城市	26（6.86）	264（69.66）	89（23.48）	
区市	海安市	28（9.33）	212（70.67）	60（20.00）	23.391（0.000）
	张家港市	21（8.57）	130（53.06）	94（38.37）	
	淮安市淮安区	17（7.17）	151（63.71）	69（29.11）	

二 江苏居家养老家庭可利用的照料人力——配偶

江苏居家养老老人中的74.30%有配偶，25.70%没有配偶（见表3-25）；有配偶的老人中，10.06%的老人配偶健康状况较差，31.28%的老人配偶健康状况一般，47.11%的老人配偶健康状况较好，11.55%的老人配偶健康状况非常好。

表3-25 居家养老家庭老人配偶情况

单位：人，%

变量		人数	占比
是否有配偶	有	581	74.30
	无	201	25.70
配偶健康状况	较差	54	10.06
	一般	168	31.28
	较好	253	47.11
	非常好	62	11.55

女性老人无配偶的比例（31.16%）远远高于男性老人（19.57%）（χ^2=13.714，p=0.000），并且随着年龄的增加，老人无配偶的比例也越来越高（χ^2=50.152，p=0.000），这种情况在80岁及以上的老人中最为明显，这些老人无配偶的比例达到50.93%，而60~69岁老人中这一比例仅有17.37%（见表3-26）。

表3-26 不同特征居家养老老人配偶状况

单位：人，%

变量		有配偶	无配偶	χ^2值（p值）
性别	男	296（80.43）	72（19.57）	13.714（0.000）
	女	285（68.84）	129（31.16）	
年龄	60~69岁	314（82.63）	66（17.37）	50.152（0.000）
	70~79岁	214（72.79）	80（27.21）	
	80岁及以上	53（49.07）	55（50.93）	

续表

变量		有配偶	无配偶	χ^2值（p值）
城乡	农村	304（75.43）	99（24.57）	0.563（0.453）
	城市	277（73.09）	102（26.91）	
区市	海安市	220（73.33）	80（26.67）	1.553（0.460）
	张家港市	189（77.14）	56（22.86）	
	淮安市淮安区	172（72.57）	65（27.43）	

随着年龄的增加，老人配偶的健康状况呈现越来越差的趋势（χ^2=44.296，p=0.000），其中60~69岁老人配偶健康状况较差的比例仅为4.91%，而80岁及以上老人该比例高达23.08%，60~69岁老人配偶健康状况非常好的比例为15.09%，而80岁及以上老人的该比例为0（见表3-27）。

表3-27 不同特征居家养老老人配偶健康状况

单位：人，%

变量		较差	一般	较好	非常好	χ^2值（p值）
性别	男	24（9.09）	80（30.30）	132（50.00）	28（10.61）	1.956（0.582）
	女	30（10.99）	88（32.23）	121（44.32）	34（12.45）	
年龄	60~69岁	14（4.91）	72（25.26）	156（54.74）	43（15.09）	44.296（0.000）
	70~79岁	28（14.00）	74（37.00）	79（39.50）	19（9.50）	
	80岁及以上	12（23.08）	22（42.31）	18（34.62）	0（0.00）	
城乡	农村	26（9.06）	91（31.71）	132（45.99）	38（13.24）	2.342（0.505）
	城市	28（11.20）	77（30.80）	121（48.40）	24（9.60）	
区市	海安市	19（9.64）	78（39.59）	78（39.59）	22（11.17）	12.395（0.054）
	张家港市	19（10.50）	47（25.97）	90（49.72）	25（13.81）	
	淮安市淮安区	16（10.06）	43（27.04）	85（53.46）	15（9.43）	

三 江苏居家养老家庭可利用的照料人力——儿子

儿子一直都是父母经济支持和生活照料的主要提供者，因此儿子在家庭养老中扮演着至关重要的角色。表 3-28 给出了江苏居家养老家庭中儿子数量、居住距离、可照顾时段与可照顾时间几个方面的情况，以此来考察养老家庭中最重要的人力资源。

江苏居家养老家庭中有 1 个儿子的比例最高，占总数的 52.81%，此外有 24.42% 的老人没有儿子，17.90% 的老人有 2 个儿子；这些家庭的儿子中有 43.00% 和父母一起居住，有 20.36% 和父母住在一个村；有 34.02% 的儿子能够全天候照顾父母，有 13.81% 的儿子能够在晚上照顾父母，仅有 2.05% 的儿子无法照顾父母；33.21% 的儿子能一直照顾父母，50.51% 的儿子对于可照顾父母的时间说不清楚，需要视情况而定。

表 3-28　家庭养老支持中儿子的情况

单位：人，%

变量		人数	占比
数量	0 个	191	24.42
	1 个	413	52.81
	2 个	140	17.90
	3 个及以上	38	4.86
居住距离[①]	一起居住	338	43.00
	本村	160	20.36
	同镇不同村	102	12.98
	本县区市其他乡镇或街道	107	13.61
	本地级市其他地区	18	2.29
	本省其他城市	31	3.94
	外省	30	3.82
可照顾时段	不可能来	16	2.05
	全天候	266	34.02
	白天	46	5.88
	晚上	108	13.81
	双休日	60	7.67
	节假日	74	9.46

① 问卷中有"国外"选项，因实际被调查老人的子女没有在国外的，故省略，下同。

续表

变量		人数	占比
可照顾时段	说不清楚，视情况而定	212	27.11
可照顾时间	不可能来	10	1.26
	十天	71	8.96
	一个月	35	4.42
	一个季度	1	0.13
	半年	5	0.63
	一年	7	0.88
	一直照顾	263	33.21
	说不清楚，视情况而定	400	50.51

从不同特征居家养老老人的儿子可照顾时间分布来看，农村老人的儿子可照顾时间更多的要视情况而定，而城市老人的儿子能够一直照顾的比例更高（χ^2=10.946，p=0.000）（见表3-29）。

表3-29 不同特征居家养老老人的儿子可照顾时间分布

单位：人，%

变量		10天以内	10天到一年	一直照顾	视情况而定	χ^2值（p值）
性别	男	22（7.94）	9（3.25）	93（33.57）	153（55.23）	4.817（0.186）
	女	25（8.53）	21（7.17）	99（33.79）	148（50.51）	
年龄	60~69岁	23（9.27）	13（5.24）	97（39.11）	115（46.37）	9.579（0.144）
	70~79岁	19（8.05）	14（5.93）	66（27.97）	137（58.05）	
	80岁及以上	47（8.25）	30（5.26）	192（33.68）	301（52.81）	
城乡	农村	24（8.36）	21（7.32）	81（28.22）	161（56.10）	10.946（0.000）
	城市	23（8.13）	9（3.18）	111（39.22）	140（49.47）	
区市	海安市	21（10.24）	7（3.41）	67（32.68）	110（53.66）	8.054（0.234）
	张家港市	15（8.98）	11（6.59）	63（37.72）	78（46.71）	
	淮安市淮安区	11（5.56）	12（6.06）	62（31.31）	113（57.07）	

四 江苏居家养老家庭可利用的照料人力——女儿

在当代中国家庭中，相较于儿子，女儿通常具有较多的弹性时间，更适合扮演照料人员的角色，因此问卷也同样考察了养老家庭中女儿的情况。

江苏居家养老家庭中没有女儿的比例最高，占总数的41.30%，此外有40.66%的老人只有1个女儿，14.07%的老人有2个女儿；这些家庭的女儿中有28.50%和父母同镇不同村，有28.18%的女儿和父母居住在同县区市不同乡镇或街道，只有16.43%的女儿和父母一起居住；有27.04%的女儿能够全天候照顾父母，有15.84%的女儿能够在晚上照顾父母，仅有1.92%的女儿没有时段照顾父母；有24.60%的女儿能一直照顾父母，有54.95%的女儿对可照顾父母的时间说不清楚，需要视情况而定（见表3-30）。

表3-30 家庭养老支持中女儿的情况

单位：人，%

变量		人数	占比
数量	0个	323	41.30
	1个	318	40.66
	2个	110	14.07
	3个及以上	31	3.96
居住距离	一起居住	102	16.43
	本村	81	13.04
	同镇不同村	177	28.50
	本县区市其他乡镇或街道	175	28.18
	本地级市其他地区	20	3.22
	本省其他城市	42	6.76
	外省	24	3.86
可照顾时段	不可能来	12	1.92
	全天候	169	27.04

续表

变量		人数	占比
可照顾时段	白天	36	5.76
	晚上	99	15.84
	双休日	56	8.96
	节假日	66	10.56
	说不清楚，视情况而定	187	29.92
可照顾时间	不可能来	11	1.76
	十天	80	12.78
	一个月	31	4.95
	一个季度	4	0.64
	半年	0	0.00
	一年	2	0.32
	一直照顾	154	24.60
	说不清楚，视情况而定	344	54.95

从不同特征老人女儿的可照顾时间分布来看，经济水平越高的地区老人女儿的可照顾时间越多，张家港市老人女儿中有35.97%能够一直照顾老人，而淮安市淮安区老人女儿中只有19.15%能够一直照顾老人（χ^2=18.750，p=0.005）（见表3-31）。

表3-31 不同特征居家养老老人的女儿可照顾时间分布

单位：人，%

变量		10天以内	10天到一年	一直照顾	视情况而定	χ^2值（p值）
性别	男	22（10.78）	12（5.88）	48（23.53）	122（59.80）	0.531（0.912）
	女	28（11.38）	15（6.10）	64（26.02）	139（56.50）	
年龄	60~69岁	17（8.72）	12（6.15）	47（24.10）	119（61.03）	8.243（0.221）
	70~79岁	25（13.74）	12（6.59）	39（21.43）	106（58.24）	
	80岁及以上	8（10.96）	3（4.11）	26（35.62）	36（49.32）	

续表

变量		10天以内	10天到一年	一直照顾	视情况而定	χ^2值（p值）
城乡	农村	32（13.45）	10（4.20）	52（21.85）	144（60.50）	7.623（0.054）
	城市	18（8.49）	17（8.02）	60（28.30）	117（55.19）	
区市	海安市	18（10.59）	8（4.71）	35（20.59）	109（64.12）	18.750（0.005）
	张家港市	11（7.91）	6（4.32）	50（35.97）	72（51.80）	
	淮安市淮安区	21（14.89）	13（9.22）	27（19.15）	80（56.74）	

五 江苏居家养老家庭可利用的照料人力——其他

在老人生病卧床需要休息时，可提供照料服务的其他人力数量见表3-32。其中，无人可利用的比例为29.16%，有1~2人可利用的比例为56.27%，有3~5人可利用的比例为11.64%，6人及以上可供利用的比例仅有2.94%（见表3-32）。

表3-32 居家养老家庭其他可利用的照料人力情况

单位：人，%

其他可利用的照料人力数量	人数	占比
0人	228	29.16
1~2人	440	56.27
3~5人	91	11.64
6人及以上	23	2.94

老人可利用的其他照料人力数量随着年龄越大呈不断减少的趋势（χ^2=25.540，p=0.000），农村老人比城市老人有着更多的可利用照料人力（χ^2=37.414，p=0.000），不同区市之间老人的可利用照料人力也有着显著差异（χ^2=32.253，p=0.000）（见表3-33）。

表3-33 不同特征居家养老老人可利用其他照料人力状况

单位：人，%

变量		0人	1~2人	3~5人	6人及以上	χ^2值（p值）
性别	男	93（25.27）	224（60.87）	39（10.60）	12（3.26）	7.102（0.069）

续表

变量		0人	1~2人	3~5人	6人及以上	χ^2值（p值）
性别	女	135（32.61）	216（52.17）	52（12.56）	11（2.66）	7.102（0.069）
年龄	60~69岁	86（22.63）	222（58.42）	55（14.47）	17（4.47）	25.540（0.000）
	70~79岁	97（32.99）	166（56.46）	27（9.18）	4（1.36）	
	80岁及以上	45（41.67）	52（48.15）	9（8.33）	2（1.85）	
城乡	农村	85（21.09）	248（61.54）	49（12.16）	21（5.21）	37.414（0.000）
	城市	143（37.73）	192（50.66）	42（11.08）	2（0.53）	
区市	海安市	100（33.33）	144（48.00）	38（12.67）	18（6.00）	32.253（0.000）
	张家港市	77（31.43）	136（55.51）	29（11.84）	3（1.22）	
	淮安市淮安区	51（21.52）	160（67.51）	24（10.13）	2（0.84）	

第四节　家庭养老能力综合评价

本节基于前三节内容使用因子分析方法对江苏老人的家庭养老能力进行综合评价，并对不同类别老人的家庭养老能力得分进行比较，最后对影响家庭养老能力综合得分的因素进行分析。

一　综合评价计算方法

（一）指标选择

基于对文献的回顾以及上述分析内容，选择了10个江苏家庭养老能力的三级指标，依次为：X_1老人年收入，X_2老人年龄，X_3老人健康得分，X_4老人受教育程度，X_5非必要支出，X_6配偶健康得分，X_7子女数，X_8子女受教育程度，X_9子女最近居住距离，X_{10}子女最多照顾时间。10个变量具体操作化情况见表3-34。

表 3-34　家庭养老能力综合评价三级指标操作化情况

指标	操作化情况
X_1：老人年收入①	0.5 万元以下 =1；0.5 万~5 万元 =2；5 万元及以上 =3
X_2：老人年龄	未分组
X_3：老人健康得分	0~10 分范围，分数越高，健康状况越好
X_4：老人受教育程度	小学及以下 =1；初中 =2；高中及以上 =3
X_5：非必要支出	总支出项中人情往来、文体娱乐和家庭转移支出三项的总和，1000 元及以下 =1；1000~5000 元 =2；5000~10000 元 =3；10000 元以上 =4
X_6：配偶健康得分	同 X_3，无配偶老人该项赋值为 0
X_7：子女数	0 个 =1；1 个 =2；2 个 =3；3 个 =4；3 个以上 =5
X_8：子女受教育程度	小学及以下 =1；初中 =2；高中 =3；大专及以上 =4
X_9：子女最近居住距离	国外 =1；外省 =2；本省其他城市 =3；本地级市其他地区 =4；本县区市其他乡镇或街道 =5；同镇不同村 =6；本村 =7；一起居住 =8
X_{10}：子女最多照顾时间	不可能来 =1；十天 =2；一个月 =3；说不清楚，视情况而定 =4；一个季度 =5；半年 =6；一年 =7；一直照顾 =8

（二）指标结构构建

在进行因子分析之前，对数据进行了 KMO 检验和 Bartlett 球形检验，检验得到 KMO 值为 0.700，Bartlett 球形检验统计量值为 1164.636，p=0.000，表明本文的数据比较适合进行因子分析。

通过表 3-35 可以发现，经过旋转后的因子特征根大于 1 的公因子共有 4 个，公因子的累计贡献率达到了 64.174%，可以比较好地代表原始数据。在此基础上通过因子载荷矩阵进一步分析得到具有实际意义的二级指标和有层次性的三级指标。

根据表 3-35 的结果，可以将 4 个公因子的因素进行分类和命名。第一个因子 F_1 在 X_1 老人年收入、X_4 老人受教育程度、X_5 非必要支出上有较高的载荷，所以可以将 F_1 命名为老年社会经济资本因子。第二个因子 F_2 在 X_7 子女数和 X_8 子女受教育程度上有较高的载荷，因此将 F_2 命名为子女人力资本因子。第三个因子 F_3 在 X_2 老人年龄、X_3 老人健康得分、X_6 配偶健康得分上有较高的载荷，可以将 F_3 命名为老年

---

① 为便于操作，该指标对前面数值区间进行了简化。

健康资本因子。第四个因子 F_4 在 X_9 子女最近居住距离和 X_{10} 子女最多照顾时间上有较高的载荷，可以将 F_4 命名为子女照料条件因子（见表 3-36）。

表 3-35 特征根和方差贡献率

成分	初始特征值 总计	方差贡献率（%）	累计贡献率（%）	提取载荷平方和 总计	方差贡献率（%）	累计贡献率（%）	旋转载荷平方和 总计	方差贡献率（%）	累计贡献率（%）
1	2.658	26.578	26.578	2.658	26.578	26.578	1.976	19.765	19.765
2	1.515	15.147	41.725	1.515	15.147	41.725	1.904	19.042	38.807
3	1.182	11.818	53.544	1.182	11.818	53.544	1.342	13.423	52.229
4	1.063	10.63	64.174	1.063	10.63	64.174	1.194	11.945	64.174

表 3-36 旋转后的因子载荷矩阵

指标	公因子1	公因子2	公因子3	公因子4
X_1：老人年收入	0.759	−0.026	−0.029	0.066
X_2：老人年龄	−0.087	−0.739	0.393	0.061
X_3：老人健康得分	0.035	−0.09	0.75	0.144
X_4：老人受教育程度	0.645	−0.234	0.012	−0.195
X_5：非必要支出	0.770	0.067	0.25	0.091
X_6：配偶健康得分	0.141	−0.132	0.738	−0.145
X_7：子女数	−0.093	0.87	−0.056	−0.066
X_8：子女受教育程度	−0.470	0.689	0.065	0.161
X_9：子女最近居住距离	−0.313	0.142	0.082	0.643
X_{10}：子女最多照顾时间	0.185	−0.145	−0.049	0.809

（三）指标权重的确定

二级指标对一级指标的权重。二级指标对一级指标的权重，通过公因子的方差贡献率来确定，可得4个公因子对一级指标的权重依次为

0.3080、0.2967、0.2092、0.1861。所以一级指标家庭养老能力 F 可表示为：$F =0.3080 F_1 + 0.2967 F_2 + 0.2092 F_3 + 0.1861 F_4$。

三级指标对二级指标的权重。通过因子分析的方法可以得到各个因子的得分矩阵，为了考察二级指标与对应三级指标的关系，需要对公因子 1 与因素 X_1、X_4、X_5，公因子 2 与因素 X_7、X_8，公因子 3 与因素 X_2、X_3、X_6，公因子 4 与因素 X_9、X_{10} 进行回归分析。通过回归得：

$F_1=0.454 X_1 + 0.347 X_4 + 0.469 X_5$；$F_2=0.720 X_7 + 0.326 X_8$；$F_3=0.066 X_2 + 0.623 X_3 + 0.582 X_6$；$F_4=0.549 X_9 + 0.732 X_{10}$

标准化各回归系数，可得三级指标对二级指标的权重分别为：

$F_1=0.3575X_1 + 0.2732X_4 + 0.3693X_5$；$F_2=0.6883X_7 + 0.3117X_8$；$F_3=0.0519X_2 + 0.4902X_3 + 0.4579X_6$；$F_4=0.4286X_9 + 0.5714X_{10}$

（四）最终指标体系结构

通过以上操作最终可以构建出以江苏家庭养老能力为一级指标，以老年社会经济资本、子女人力资本、老年健康资本以及子女照料条件 4 个公因子为二级指标，以 10 个原始指标为三级指标的最终指标体系，如表 3-37 所示。

表 3-37 居家养老老人家庭养老能力的评价体系

一级指标	二级指标（权重）	三级指标（权重）
家庭养老能力	老年社会经济资本（0.3080）	X_1：老人年收入（0.3575）
		X_4：老人受教育程度（0.2732）
		X_5：非必要支出（0.3693）
	子女人力资本（0.2967）	X_7：子女数（0.6883）
		X_8：子女受教育程度（0.3117）
	老年健康资本（0.2092）	X_2：老人年龄（0.0519）
		X_3：老人健康得分（0.4902）
		X_6：配偶健康得分（0.4579）
家庭养老能力	子女照料条件（0.1861）	X_9：子女最近居住距离（0.4286）
		X_{10}：子女最多照顾时间（0.5714）

综上，将各变量分别归一化，对应权重扩大为原本的100倍。江苏居家养老老人家庭养老能力 $F=11.01 X_1 + 1.09 X_2 + 10.25 X_3 + 8.41 X_4 + 11.37 X_5 + 9.58 X_6 + 20.42 X_7 + 9.25 X_8 + 7.98 X_9 + 10.63 X_{10}$，家庭养老能力得分理论范围为0~100分。

二 江苏居家养老老人的家庭养老能力综合得分状况

利用得到的居家养老老人家庭养老能力的评价模型，可以得到数据中每个居家养老老人家庭养老能力得分，如图3-10所示。总体家庭养老能力得分为55.0539±9.5194分，其中，最小值为17.66分，最大值为81.45分。

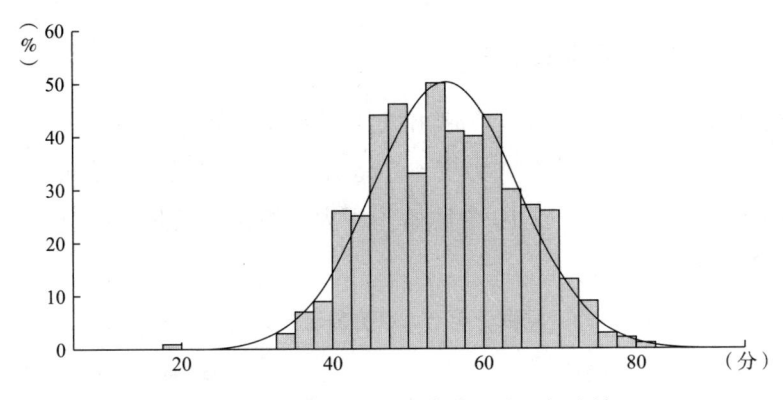

图3-10 居家养老老人家庭养老能力得分情况

不同地区特征的居家养老老人家庭养老能力得分存在显著差异。城市地区老人家庭养老能力显著强于农村地区（t=-2.519，p=0.012）；不同区市的老人家庭养老能力差异也很明显（F=12.200，p=0.000），其中海安市老人家庭养老能力最弱，得分为52.8494±9.6027分，而张家港市老人家庭养老能力最强，得分为57.7492±8.8441分（见表3-38）。

表3-38 不同特征老人家庭养老能力得分差异

单位：分

变量		得分均值±标准差	t/F值（p值）
性别	男	55.4882±9.8040	0.979（0.328）

续表

变量		得分均值±标准差	t/F值（p值）
性别	女	54.6373±9.2390	0.979（0.328）
年龄	60~69岁	54.1012±9.4842	2.871（0.058）
	70~79岁	56.0591±9.1833	
	80岁及以上	56.5980±10.6810	
城乡	农村	54.0358±9.1837	−2.519（0.012）
	城市	56.2174±9.7803	
区市	海安市	52.8494±9.6027	12.200（0.000）
	张家港市	57.7492±8.8441	
	淮安市淮安区	54.3146±9.4958	

第五节 江苏居家养老老人面临的养老困难

研究基于预调查老人访谈时的研究印象，设计并询问了被调查对象在家里养老时所面临的主要困难（多选），进一步了解江苏老人在家庭养老方面自己难以解决的主要问题。

一 江苏居家养老老人养老困难基本情况

根据表3-39，在家里养老的9项困难中，居前三位的困难分别为经济困难（7.80%）、孤独（5.63%）、没人照顾（3.84%），最不容易出现的困难是子女不孝顺（0.38%）、想住养老院住不进去（0.38%）。由此可见，经济困难已成为居家养老最主要的困难，精神慰藉的缺乏与生活照料的不足也是居家养老面临的主要困难。

表 3-39　居家养老老人养老困难基本情况（N=782）

单位：人，%

居家养老困难	人数	占比
孤独	44	5.63
没人照顾	30	3.84
经济困难	61	7.80
子女不孝顺	3	0.38
居住条件不好	18	2.30
吃饭/做饭不方便	12	1.53
生病了不能及时就医	14	1.79
想住养老院住不进去	3	0.38
有紧急情况时不能得到及时的帮助	29	3.71

二　不同特征居家养老老人面临的经济困难比较

江苏居家养老老人中有 7.80% 面临经济困难（见表 3-40）。从不同性别居家养老老人面临的经济困难来看，男性老人与女性老人在是否面临居家养老经济困难上并无较大差异，男性老人与女性老人有经济困难的比重分别为 8.15% 与 7.49%（见表 3-41）。

表 3-40　居家养老老人经济困难

单位：人，%

变量		人数	占比
经济困难	是	61	7.80
	否	721	92.20

表 3-41　不同性别居家养老老人是否面临经济困难的情况

单位：人，%

变量		无经济困难	有经济困难	χ^2值（p值）
性别	男	338（91.85）	30（8.15）	0.120（0.730）
	女	383（92.51）	31（7.49）	

从不同年龄居家养老老人面临的经济困难来看，60~69岁年龄组、70~79岁年龄组、80岁及以上年龄组的老人在是否面临居家养老经济困难上并无较大差异，面临经济困难的比重分别为7.11%、8.16%和9.26%（见表3-42）。

表3-42　不同年龄居家养老老人是否面临经济困难的情况

单位：人，%

变量		无经济困难	有经济困难	χ^2值（p值）
年龄	60~69岁	353（92.89）	27（7.11）	0.629（0.730）
	70~79岁	270（91.84）	24（8.16）	
	80岁及以上	98（90.74）	10（9.26）	

从不同城乡特征的居家养老老人面临的经济困难来看，城市老人与农村老人在是否面临居家养老经济困难上并无较大差异，城市居家老人与农村居家老人有经济困难的比重分别为8.18%与7.44%（见表3-43）。

表3-43　城乡居家养老老人是否面临经济困难的情况

单位：人，%

变量		无经济困难	有经济困难	χ^2值（p值）
城乡	农村	373（92.56）	30（7.44）	0.147（0.702）
	城市	348（91.82）	31（8.18）	

从不同区市居家养老老人面临的经济困难来看，不同区市的居家养老老人在是否面临经济困难上存在显著差异（χ^2=7.965，p=0.019）。张家港市仅有5.31%的居家养老老人面临经济困难，海安市也仅有6.67%的居家养老老人面临经济困难，但淮安市淮安区高达11.81%的居家养老老人面临经济困难（见表3-44）。

表 3-44 不同区市居家养老老人是否面临经济困难的情况

单位：人，%

变量		无经济困难	有经济困难	χ^2 值（p 值）
区市	海安市	280（93.33）	20（6.67）	7.965（0.019）
	张家港市	232（94.69）	13（5.31）	
	淮安市淮安区	209（88.19）	28（11.81）	

三 不同特征居家养老老人面临的养老人力困难比较

江苏居家养老老人中有 3.84% 面临没人照顾的困难，仅有 0.38% 的老人面临子女不孝顺的困难（见表 3-45）。

表 3-45 居家养老家庭照料人力困难

单位：人，%

变量		人数	占比
没人照顾	是	30	3.84
	否	752	96.16
子女不孝顺	是	3	0.38
	否	779	99.62

居家养老老人的无人照顾情况在城乡间存在显著差异。2.73% 的农村居家老人无人照顾，但在城市居家老人中，无人照顾的比例为 5.01%，相较于农村居家老人，城市居家老人无人照顾的问题更为严重。居家养老老人无人照顾的情况在性别、年龄、城乡和区市间未见显著差异（见表 3-46）。

表 3-46 不同特征居家养老老人是否有人照顾的情况

单位：人，%

变量		有人照顾	无人照顾	χ^2 值（p 值）
性别	男	353（95.92）	15（4.08）	0.108（0.742）
	女	399（96.38）	15（3.62）	

续表

变量		有人照顾	无人照顾	χ^2 值（p 值）
年龄	60~69 岁	370（97.37）	10（2.63）	3.555（0.169）
	70~79 岁	278（94.56）	16（5.44）	
	80 岁及以上	104（96.30）	4（3.70）	
城乡	农村	392（97.27）	11（2.73）	2.761（0.097）
	城市	360（94.99）	19（5.01）	
区市	海安市	285（95.00）	15（5.00）	1.818（0.403）
	张家港市	237（96.73）	8（3.27）	
	淮安市淮安区	230（97.05）	7（2.95）	

居家养老老人子女不孝顺的情况在性别、年龄、城乡、区市间差异不大，且在各特征组的居家养老老人中，超过99%的居家养老老人表示不存在子女不孝顺的情况（见表3-47）。

表 3-47　不同特征居家养老老人子女孝顺情况

单位：人，%

变量		子女孝顺	子女不孝顺	χ^2 值（p 值）
性别	男	367（99.73）	1（0.27）	0.228（1.000）
	女	412（99.52）	2（0.48）	
年龄	60~69 岁	379（99.74）	1（0.26）	0.990（0.610）
	70~79 岁	293（99.66）	1（0.34）	
	80 岁及以上	107（99.07）	1（0.93）	
城乡	农村	401（99.50）	2（0.50）	0.276（1.000）
	城市	378（99.74）	1（0.26）	
区市	海安市	299（99.67）	1（0.33）	2.133（0.344）
	张家港市	243（99.18）	2（0.82）	
	淮安市淮安区	237（100.00）	0（0.00）	

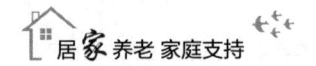

四 不同特征居家养老老人面临的生活困难比较

江苏居家养老老人面临的生活困难在此通过两个指标体现：吃饭/做饭是否方便、有紧急情况时能否得到及时的帮助。分析发现，仅有1.53%的江苏居家养老老人面临吃饭/做饭不方便的困难，3.71%的老人面临有紧急情况时不能得到及时的帮助的困难（见表3-48）。

表3-48 居家养老老人生活困难情况

单位：人，%

变量		人数	占比
吃饭/做饭是否方便	是	770	98.47
	否	12	1.53
有紧急情况时能否得到及时的帮助	是	753	96.29
	否	29	3.71

不同特征居家养老老人在吃饭/做饭是否方便上不存在显著差异（见表3-49）。

表3-49 不同特征居家养老老人吃饭/做饭是否方便的情况

单位：人，%

变量		吃饭/做饭方便	吃饭/做饭不方便	χ^2值（p值）
性别	男	360（97.83）	8（2.17）	1.166（0.280）
	女	410（99.03）	4（0.97）	
年龄	60~69岁	377（99.21）	3（0.79）	2.862（0.239）
	70~79岁	287（97.62）	7（2.38）	
	80岁及以上	106（98.15）	2（1.85）	
城乡	农村	399（99.01）	4（0.99）	0.961（0.327）
	城市	371（97.89）	8（2.11）	
区市	海安市	296（98.67）	4（1.33）	2.184（0.335）
	张家港市	239（97.55）	6（2.45）	
	淮安市淮安区	235（99.16）	2（0.84）	

不同特征居家养老老人在面临紧急情况时能否得到及时帮助上不存在显著差异（见表3-50）。

表3-50　不同特征居家养老老人有紧急情况时是否能及时得到帮助的情况

单位：人，%

变量		能得到帮助	不能得到帮助	χ^2值（p值）
性别	男	359（97.55）	9（2.45）	2.472（0.116）
	女	394（95.17）	20（4.83）	
年龄	60~69岁	370（97.37）	10（2.63）	5.818（0.055）
	70~79岁	277（94.22）	17（5.78）	
	80岁及以上	106（98.15）	2（1.85）	
城乡	农村	391（97.02）	12（2.98）	0.857（0.355）
	城市	362（95.51）	17（4.49）	
区市	海安市	286（95.33）	14（4.67）	1.865（0.394）
	张家港市	239（97.55）	6（2.45）	
	淮安市淮安区	228（96.20）	9（3.80）	

五　不同特征居家养老老人面临的健康问题及应对困难比较

江苏居家养老老人面临的健康问题及应对困难在此通过两个指标体现：是否孤独和生病时能否及时就医。分析发现，5.63%的江苏居家养老老人面临孤独的困扰，仅有1.79%的江苏居家养老老人面临生病无法及时就医的困难（见表3-51）。

表3-51　居家养老老人面临的健康问题及应对困难

单位：人，%

变量		人数	占比
是否孤独	是	44	5.63
	否	738	94.37
生病时能否及时就医	是	768	98.21
	否	14	1.79

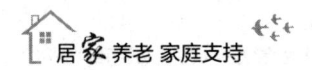

不同特征居家养老老人在是否孤独上不存在显著差异（见表3-52）。

表3-52 不同特征居家养老老人的孤独情况

单位：人，%

变量		不孤独	孤独	χ^2值（p值）
性别	男	346（94.02）	22（5.98）	0.061（0.805）
	女	392（94.69）	22（5.31）	
年龄	60~69岁	363（95.53）	17（4.47）	1.983（0.371）
	70~79岁	275（93.54）	19（6.46）	
	80岁及以上	100（92.59）	8（7.41）	
城乡	农村	384（95.29）	19（4.71）	0.857（0.355）
	城市	354（93.40）	25（6.60）	
区市	海安市	283（94.33）	17（5.67）	3.490（0.175）
	张家港市	236（96.33）	9（3.67）	
	淮安市淮安区	219（92.41）	18（7.59）	

不同特征居家养老老人在生病时能否及时就医上不存在显著差异（见表3-53）。

表3-53 不同特征居家养老老人生病时能否及时就医情况

单位：人，%

变量		能及时就医	不能及时就医	χ^2值（p值）
性别	男	363（98.64）	5（1.36）	0.346（0.557）
	女	405（97.83）	9（2.17）	
年龄	60~69岁	377（99.21）	3（0.79）	4.868（0.088）
	70~79岁	285（96.94）	9（3.06）	
	80岁及以上	106（98.15）	2（1.85）	
城乡	农村	396（98.26）	7（1.74）	0.000（1.000）
	城市	372（98.15）	7（1.85）	
区市	海安市	295（98.33）	5（1.67）	0.198（0.906）
	张家港市	241（98.37）	4（1.63）	
	淮安市淮安区	232（97.89）	5（2.11）	

六 不同特征居家养老老人面临的居住困难比较

江苏居家养老老人面临的居住困难在此通过两个指标体现：居住条件好不好和想住养老院是否能住进去。分析发现，2.30%的江苏居家养老老人面临居住条件不好的困难，仅有0.38%的江苏居家养老老人面临想住养老院住不进去的困难（见表3-54）。

表3-54 居家养老老人面临的居住困难情况

单位：人，%

变量		人数	占比
居住条件好不好	不好	18	2.30
	好	764	97.70
想住养老院是否能住进去	否	3	0.38
	是	779	99.62

不同区市间居家养老老人在居住条件上存在显著差异（χ^2=6.210，p=0.045）。海安市居家养老老人中仅有1.00%面临居住条件不好的困难，张家港市也仅有2.04%的居家养老老人面临居住条件不好的困难，但在淮安市淮安区居家养老老人中，有4.22%面临居住条件不好的困难，明显高于海安市和张家港市。居家养老老人的居住条件在性别、年龄与城乡间未发现显著差异（见表3-55）。

表3-55 不同特征居家养老老人居住条件情况

单位：人，%

变量		居住条件好	居住条件不好	χ^2值（p值）
性别	男	357（97.01）	11（2.99）	0.940（0.332）
	女	407（98.31）	7（1.69）	
年龄	60~69岁	369（97.11）	11（2.89）	3.147（0.207）
	70~79岁	287（97.62）	7（2.38）	
	80岁及以上	108（100.00）	0（0.00）	

续表

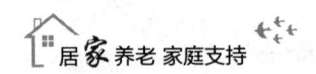

变量		居住条件好	居住条件不好	χ^2值（p值）
城乡	农村	390（96.77）	13（3.23）	2.366（0.124）
	城市	374（98.68）	5（1.32）	
区市	海安市	297（99.00）	3（1.00）	6.210（0.045）
	张家港市	240（97.96）	5（2.04）	
	淮安市淮安区	227（95.78）	10（4.22）	

不同特征居家养老老人在想住养老院是否能住进去上并不存在显著差异（见表3-56）。

表3-56 不同特征居家养老老人入住养老院是否困难情况

单位：人，%

变量		不困难	困难	χ^2值（p值）
性别	男	367（99.73）	1（0.27）	0.940（0.332）
	女	412（99.52）	2（0.48）	
年龄	60~69岁	377（99.21）	3（0.79）	3.186（0.203）
	70~79岁	294（100.00）	0（0.00）	
	80岁及以上	108（100.00）	0（0.00）	
城乡	农村	402（99.75）	1（0.25）	0.003（0.958）
	城市	377（99.47）	2（0.53）	
区市	海安市	299（99.67）	1（0.33）	0.033（0.984）
	张家港市	244（99.59）	1（0.41）	
	淮安市淮安区	236（99.58）	1（0.42）	

第六节　江苏老年家庭居家养老能力评价基本结论

本节以江苏居家养老家庭为整体，基于既往研究中所得到的影响家庭代际养老支持的显著因素，对江苏省居家养老老人的经济能力、照顾人力、养老困难分别进行描述与分析，主要有以下几点结论。

一 江苏老人群体收入与支出基本持平，但人群差异性较大

江苏老人年收入以1万~3万元为主。收入在1万~3万元的老人占总数的30.52%。年收入不足1万元的老人占22.60%。女性、低龄和农村老人的收入较低。与此同时，江苏老人年支出以1万~3万元的居多，主要用于日常生活支出。年支出在1万~3万元的老人占总数的37.10%，老人年均支出为31965.72元，其中日常生活支出最多，为14825.60元，占46.38%；医疗保健支出为6312.56元，占19.75%；人情往来支出为5261.49元，占16.46%。女性老人的支出普遍高于男性老人，除文体娱乐支出外，其他各方面支出均较高。老人年龄越大支出越多，但主要用在日常生活支出上。城市老人相较于农村老人日常支出明显较高。

二 江苏居家养老老人自我健康评价总体较好

根据调查数据，仅8.44%的老人自评健康状况较差，有配偶的老人中，10.06%健康状况较差。在利用CFPS数据进行研究的过程中，全国老人自评健康较差的比重高达27.7%，通过数据对比说明江苏居家养老老人的自评健康水平要远高于全国水平（王红波，2019）。调查数据显示，仅有18.67%的江苏居家养老老人未患慢性病，老人患高血压、糖尿病、关节炎或风湿病的比重分别为40.28%、13.17%、13.68%，这在一定程度上说明虽然江苏居家养老老人自我健康评价总体较好，但其自我照料能力仍存在一定问题。

三 儿女可以照顾，但照顾时间更多需视情况而定

绝大多数老人需要时可以由儿女照顾，但照顾时间大多需视情况而定。江苏居家养老家庭中有儿子的比例为75.58%，其中有43.00%和父

母一起居住，有20.36%和父母住在一个村。33.21%的儿子能一直照顾父母，50.51%的儿子对可照顾父母的时间说不清楚，需要视情况而定。四成老人没有女儿，但近1/4的老人的女儿可以一直照顾老人。24.60%的女儿表示在老人需要时可以一直照顾老人，54.95%的女儿对可照顾父母的时间说不清楚，需要视情而定。

四 经济困难是居家养老老人面临的首要困难，地区间存在一定差异

7.80%的老人表示在居家养老中存在经济困难，5.63%的居家养老老人感到孤独，3.84%的居家养老老人没人照顾，经济困难已成为居家养老老人面临的首要困难。子女不孝顺与想住养老院住不进去的困难在居家养老老人中最不常见，均为0.38%。由此可见，绝大多数老人在居家养老中的困难较少，但居家养老老人对物质生活水平与精神慰藉的需求更为强烈。存在子女不孝顺与想住养老院住不进去等居家养老困难的老人占比极低，一方面可能是因为大部分子女在居家养老服务中尽到了应尽的义务；另一方面可能是由于"家丑不可外扬"，老人在回答中故意回避。另外，经济困难与居住条件困难在不同区市间存在显著差异，淮安市淮安区经济困难与居住条件困难的居家养老老人比重明显要高于海安市与张家港市，因此有必要开展相关调研，落实相关措施，改善居家养老老人经济条件与居住状况。

五 不同特征居家养老老人家庭养老能力得分存在显著差异

不同年龄段的老人家庭养老能力差异明显。60~69岁年龄段的老人家庭养老能力最弱，80岁及以上年龄段的老人家庭养老能力最强。原因可能有以下几点。一是80岁及以上年龄段的老人非必要支出更少，相较于60~69岁年龄段的老人，其子女大多已经成家立业，老人不必再为子女花费资金，能够将更多的退休金或养老金用于自身养老；二是相较于60~69岁年龄段老人的子女，80岁及以上年龄段老人的子女大多处于中年向老年过渡的阶段，可能会有更多空余时间去陪伴父母，这在一定程

度上提升了80岁及以上年龄段老人的居家养老能力。

城乡间、区市间的老人家庭养老能力差异明显。城市老人家庭养老能力优于农村老人。这可能是由于城市老人在社会经济资本与子女人力资本等条件上优于农村老人。另外，在海安市、张家港市与淮安市淮安区三个调研地中，张家港市老人家庭养老能力得分最高，淮安市淮安区次之，海安市老人家庭养老能力得分最低，这可能与三地的经济发展程度和生活节奏有关。

第四章　家庭生活照料：照料人员和未被满足的需求

在我国，家庭长期以来承担着照料老人的主要责任，但随着人口老龄化、高龄化、家庭小型化等趋势的发展，家庭照料功能呈现明显的弱化状态。本章将对家庭为老人提供日常生活照料的现状以及老人对日常生活照料社区服务需求进行分析，同时构建影响老人家庭日常生活照料以及社区服务需求的因素的分析框架，挖掘可能影响为江苏居家养老老人提供家庭生活照料与社区服务需求的因素。

第一节　家庭老人生活照料文献回顾

梳理既往国内外有关老人生活照料的研究，可以发现，大多数研究从需求和供给两个角度出发探讨老人生活照料的现状和影响因素。

一　老人生活照料需求研究回顾

黄匡时（2014）的研究表明，老人对日常生活照料的平均需求率基本维持在50%~60%，老人日常生活照料需求在性别、年龄、婚姻（有无配偶）、受教育程度、出生地（城乡）和养老保障方面差异显著，而居住地（城乡）和区域（东部、西部和中部）差异并不显著。刘娜等（2016）

的研究表明,性别、经济收入、日常生活自理能力与抑郁是影响老人日常生活照料需求的主要因素,自我照料和家庭照料仍是农村老人日常生活照料的主要方式,存在日常生活自理能力缺陷与抑郁的贫困高龄男性老人对家庭照料的需求更大。黄晨熹等(2019)的研究也得出类似的结论,男性独居老人对生活照料的需求比例高于女性,并且年龄越大,生活照料需求也越高。

二 老人生活照料供给研究回顾

(一)老人日常生活照料供给现状

陈成文(1998)在对1000名农村老人调查后发现,84.5%的农村老人日常生活照料依靠自己,10.2%的农村老人依靠子女,5.0%的农村老人依靠配偶,依靠亲友、邻居、社会的均只有0.1%。许传新和陈国华(2005)的研究发现,老人的生活照料主要来自非正式关系的支持,而在老人的生活照料网中子女的作用最为重要,其次为配偶,再次为儿媳和女婿。此外,配偶在老人的生活照料方面起着决定性作用,在婚老人的生活照料网中,配偶所占的比例为31.6%。宋洁等(2009)从老年女性角度出发,发现女性老人日常生活照料依靠自己的占67.72%,依靠家庭照料人员的占31.48%,其中依靠配偶照料人员的占23.02%,依靠子女及其他亲属照料人员的占8.47%,依靠社会照料人员的仅占0.79%。此外,刘妮娜和郭月青(2016)的研究也表明,中国老人的照料方式仍以非正式照料为主。还有学者通过分析第六次人口普查数据后发现,家庭成员仍然是照料老人的主要力量(张翼,2013),92.71%有照料需求的老人主要由家庭成员照料,其中由子女及其配偶提供照料的比重超过50%(杜鹏等,2016)。

(二)老人日常生活照料供给影响因素研究

老人日常生活照料供给影响因素的研究主要关注老人的自身特征、家庭特征、照料人员与被照料人员的互动关系等因素。

1. 老人自身特征

老人的社会人口学特征如年龄、性别、婚姻状况、经济状况等都会对其子女提供的照料产生影响。随着生理年龄的增长，老人得到子女的日常照料总体上升。男性和有配偶的老人受子女的照料较少（左冬梅、吴正，2011）。老人拥有的资源越多，得到支持的程度就越大（Ham and Song，2004）。老人的社会经济地位越低，家庭外可利用的资源就越少，来自家庭成员的支持就越显重要，经济条件越差的老年父母与子女同住的可能性就越高（陈皆明、陈奇，2016）。

2. 家庭特征

已有研究发现家庭特征中对家庭提供照料存在影响的因素有：子女数、兄弟姐妹数、子女的排行、子女的婚姻状况和子女的孩子数等。子女数量是影响老人得到照料的重要因素，当家庭中有多个子女时，照料责任一般会被分散到每个子女的身上，从而降低每个子女提供照料时付出的成本（Leinonen，2011）。但多个儿子之间互相推脱养老责任，容易出现"多子不如独子"的现象（笑冬，2002），因此老人获得日常照料的可能性随子女数量的增加而降低（Zimmer and Kwong，2003）。在中国传统文化中，长子往往承担着家庭的主要责任，可能会为老人提供更多的支持（丁志宏，2014）。国外研究发现父母倾向于和未婚及离婚的子女居住（Spitze and Logan，1990）。而在中国，传统的"从夫居"的婚姻制度使得许多农村已婚儿子与父母同住或就近居住，照料孙子孙女也能让老人获得更多来自子女的支持（宋璐、李树茁，2010）。对于已婚的子女来说，夫妻关系是否和睦也可能会对家庭责任的承担产生影响，夫妻关系越好，家庭与工作冲突的程度越低（风笑天、乌静，2014）。子女的孩子数量及最小孩子的年龄可以衡量子女照料孩子的程度，尤其是在有年龄很小的孩子时，子女需要同时承担照料孩子和照料父母的责任，这可能会产生角色冲突。但研究表明子女孩子数及年龄对照料父母的影响可能存在性别差异，其只会影响男性照料父母所花费的时间，却不影响女性的照料时间（Stoller，1983）。

3. 照料人员与被照料人员的互动关系

研究者提出，代际支持研究应该对代际双方的互动进行考察。这种互动既包括地理距离、联系频率和另一方给予的支持等行为层面，又包括亲密感受、亲子关系等情感层面。成年子女与老年父母的地理距离较近时，父母的福利水平更高（Marieke et al.，2014）。有学者提出"社会可近度"

的概念以论述明确日常照料与地理距离和情感纽带的正向关系，与地理距离相关的是子女与父母的居住安排，与父母居住距离越远，赡养父母的可能性就越小（夏传玲，2007；鄢盛明等，2001）。父母给子女提供帮助（如照料孙子孙女、提供经济支持等）的研究比较丰富，老年父母为成年子女付出的经济支持和生活照料越多，获得子女的生活照料就越多（宋璐、李树茁，2010）。但也有研究认为老年父母给子女的代际支持并不会增加子女的回报，向下的过度支持使子女没有能力以同样力度的支持回报父母，导致向上回馈的断裂（聂洪辉，2017）。情感层面，父母与子女的情感交流越多，子女提供的生活照料就越多（宋璐、李树茁，2011）。

三 老人生活照料研究简要述评

既有研究充分表明，我国老人日常生活照料的需求总体较高，大部分老人需要生活方面的帮助，但这种帮助在年龄、性别、健康状况方面存在差异。而我国老人生活照料的主要提供者仍然是家庭，老人的年龄、性别、婚姻状况、拥有的社会资本、家庭的子女数量、居住方式和与子女的关系等都是影响老人获得生活照料的因素。这些研究发现为研判我国老人的家庭生活照料和服务需求的发展趋势提供了很好的依据，但既有研究还需要在以下方面进一步拓展。

（1）纵向研究和动态比较家庭老人生活照料的演变及发展趋势。既有研究虽然为家庭老人生活照料提供了一定的判断依据，但还没有能够基于实证数据对我国家庭的老人生活照料发展趋势做出科学判断，对未来家庭的老人生活照料能力还没能做出全面的专题分析与研判。

（2）对老人生活照料的家庭支持需求的研究。既有研究大多笼统分析老人的生活照料需求，并未区分这样的需求是针对什么样的服务者或服务机构，也未区分不同服务价格（包括无偿或免费的服务）下的服务需求，更缺少需求评估，即老人和家庭自身在老人生活照料方面有哪些能力需要提升。对这些问题的回答将为政府和社会帮助老人更好地提高家庭内照料的质量和效率、提高社会对老人生活照料服务的供给和需求的匹配度提供重要的参考价值。

第二节 家庭生活照料

为了反映家庭为老人提供的生活照料情况，本节主要对江苏居家养老老人从家庭获得的生活照料进行描述性分析，并对不同地区的老人生活照料进行比较，最后对影响江苏居家养老老人的家庭生活照料能力的因素进行分析。

一 家庭生活照料现状

研究询问了被调查老人的不同家庭成员对其生活照料的情况。结果见表4-1。研究发现，儿女/媳婿是家庭最主要的生活照料人员，能提供非常多和比较多生活照料的比例达到78.77%；其次是配偶，提供非常多和比较多生活照料的比例为70.21%；老人父母能够提供生活照料的比例最低，仅有8.57%。

表4-1 居家养老老人的家庭生活照料情况

单位：人，%

家庭成员	非常多	比较多	比较少	极少	没有
配偶	412（52.69）	137（17.52）	9（1.15）	12（1.53）	212（27.11）
父母	12（1.53）	15（1.92）	15（1.92）	25（3.20）	715（91.43）
儿女/媳婿	286（36.57）	330（42.20）	84（10.74）	41（5.24）	41（5.24）
孙辈	45（5.75）	138（17.65）	193（24.68）	191（24.42）	215（27.49）
兄弟姐妹及其家人	18（2.30）	120（15.35）	123（15.73）	256（32.74）	265（33.89）
其他人	12（1.53）	23（2.94）	9（1.15）	55（7.03）	683（87.34）

注：括号内为百分比，括号外为该项的样本数量。

当区分有配偶和无配偶状态时，老人的主要生活照料人有所不同，有配偶时，配偶显然是最主要的照料人，"非常多"和"比较多"的占比达到了93.29%，而儿女/媳婿对应的比例为75.56%，当老人没有配偶时，儿女/媳婿对应的比例上升到88.06%。是否有配偶对其他家人的参与没有相关性，具体如表4-2所示。

表 4-2　不同婚姻状态老人的家庭照料人员比较

单位：%

家庭成员		非常多	比较多	比较少	极少	没有	χ^2 值（p 值）
配偶	有配偶	70.05	23.24	1.55	2.07	3.10	—
	无配偶	—	—	—	—	100	
父母	有配偶	1.55	2.07	2.41	3.96	90.02	7.703（0.103）
	无配偶	1.49	1.49	0.50	1.00	95.52	
儿女/媳婿	有配偶	31.33	44.23	13.08	6.20	5.16	34.696（<0.001）
	无配偶	51.74	36.32	3.98	2.49	5.47	
孙辈	有配偶	5.68	17.90	22.72	26.85	26.85	9.411（0.052）
	无配偶	5.97	16.92	30.35	17.41	29.35	
兄弟姐妹及其家人	有配偶	2.58	15.83	15.83	33.73	32.01	4.169（0.384）
	无配偶	1.49	13.93	15.42	29.85	39.30	
其他人	有配偶	1.55	3.44	0.86	7.57	86.57	4.677（0.322）
	无配偶	1.49	1.49	1.99	5.47	89.55	

二　不同地区居家养老老人的家庭生活照料比较

（一）城乡比较

城市地区老人获得儿女/媳婿的照料与支持多于农村地区老人（χ^2=7.730，p=0.021），而农村地区老人则相对能够获得更多来自父母、孙辈、兄弟姐妹及其家人和其他人的生活照料与支持，详细信息可见表4-3。

表 4-3　居家养老老人的家庭生活照料与支持情况（城乡间）（多选）

单位：人，%

家庭成员	农村	城市	χ^2 值（p 值）
配偶	280（69.48）	269（70.98）	3.420（0.181）
父母	15（3.72）	12（3.17）	6.037（0.049）

续表

家庭成员	农村	城市	χ^2值（p值）
儿女/媳婿	305（75.68）	311（82.06）	7.730（0.021）
孙辈	113（28.04）	70（18.47）	13.552（0.001）
兄弟姐妹及其家人	88（21.84）	50（13.19）	14.637（0.001）
其他人	19（4.71）	16（4.22）	0.686（0.856）

注：括号内为百分比，括号外为该项的样本数量。χ^2值（p值）栏除外，下同。

（二）三地比较

江苏三地的居家养老老人在获得来自父母、儿女/媳婿、孙辈和兄弟姐妹及其家人的生活照料与支持上有显著差异。在获得来自配偶、父母、儿女/媳婿、孙辈、兄弟姐妹及其家人和其他人的生活照料与支持上，张家港市老人获得支持与照料的比例均最高，详细信息可见表4-4。

表4-4 居家养老老人的家庭生活支持与照料情况（区市间）（多选）

单位：人，%

家庭成员	海安市	张家港市	淮安市淮安区	χ^2值（p值）
配偶	213（71.00）	174（71.02）	162（68.35）	9.094（0.059）
父母	12（4.00）	10（4.08）	5（2.11）	15.210（0.004）
儿女/媳婿	205（68.33）	221（90.20）	190（80.17）	48.526（0.000）
孙辈	57（19.00）	89（36.33）	37（15.61）	176.463（0.000）
兄弟姐妹及其家人	27（9.00）	93（37.96）	18（7.59）	252.650（0.000）
其他人	15（5.00）	14（5.71）	6（2.53）	69.918（0.000）

三 子女对老年父母的生活照料参与影响因素分析

（一）变量设置

由于老人获得的家庭照料支持主要来自儿女/媳婿，因此将来自儿女/媳婿的照料情况作为因变量构建有序Logistic回归模型，由于数据中照料"比较少"和"极少"的样本较少，因此将这两项合并，并且剔除没有这一家庭成员的样本。借鉴既往研究及其分析结果，自变量选择以下三类，即个人因素：性别、年龄、老人受教育程度、婚姻状况以及老人自评健康状况。家庭因素：子女数、是否有同住子女、子女受教育程度、家庭年收入。地区因素：城乡、区市。所有自变量操作化情况见表 4-5。

表 4-5 子女对老年父母的生活照料参与影响因素分析使用变量情况

变量	操作化情况
个人因素	
性别	男 =1，女 =2
年龄	60～69 岁 =1，70～79 岁 =2，80 岁及以上 =3
老人受教育程度	小学及以下 =1，初中 =2，高中及以上 =3
婚姻状况	有配偶 =1，无配偶 =2
老人自评健康状况	0～10 分，分值越高，健康状况越好
家庭因素	
子女数	0～1 个 =1，2 个 =2，3 个及以上 =3
是否有同住子女	是 =1，否 =2
子女受教育程度	小学及以下 =1，初中 =2，高中 =3，大专及以上 =4
家庭年收入	1 万元以下 =1，1 万~5 万元 =2，5 万~10 万元 =3，10 万元及以上 =4
地区因素	
城乡	农村 =1，城市 =2
区市	海安市 =1，张家港市 =2，淮安市淮安区 =3

（二）分析结果

首先对数据进行平行性检验和模型拟合度检验。平行性假设检验结果显示卡方值为 28.288（$p>0.05$），因此平行性检验通过。拟合度信息检验结果显示卡方值为 97.677，自由度为 19（$p<0.001$），说明模型拟合结果较好，因此本节适合采用有序多分类 Logistic 回归模型进行分析。

回归结果显示，有无配偶、配偶健康状况以及地区因素对江苏居家养老老人获得家庭生活照料状况影响显著。相较于60~69岁老人，80岁及以上的老人能够获得更多生活照料与支持（OR=1.756，p=0.040）；而有配偶的老人获得的生活照料与支持较少（OR=0.382，p=0.000）；与子女同住的老人更有可能获得子女的生活照料与支持（OR=1.470，p=0.012）；随着老人家庭年收入的增加，即老人拥有的经济资源越多，老人获得更多家庭照料支持的可能性也就越大；相较于农村地区，城市地区老人能够获得更多日常生活照料（OR=1.459，p=0.013），而相较于淮安市淮安区，张家港市的老人则能够获得更多日常生活照料（OR=1.954，p=0.001），具体见表4-6。

表4-6 居家养老老人的家庭生活照料Logistic回归结果

变量 （对照组）		B	p值	OR值	OR的95%CI 下限	OR的95%CI 上限
性别（女）	男	−0.109	0.489	0.897	0.658	1.221
年龄 （60~69岁）	70~79岁	0.078	0.671	1.081	0.756	1.545
	80岁及以上	0.563	0.040	1.756	1.025	3.004
老人受教育程度 （小学及以下）	初中	−0.194	0.275	0.824	0.582	1.166
	高中及以上	0.328	0.177	1.388	0.862	2.232
婚姻状况 （无配偶）	有配偶	−0.963	0.000	0.382	0.263	0.555
老人自评健康状况		0.086	0.098	1.090	0.984	1.206
子女数 （0~1个）	2个	−0.161	0.384	0.851	0.593	1.223
	3个及以上	0.179	0.474	1.196	0.733	1.952
是否有同住子女 （否）	是	0.385	0.012	1.470	1.089	1.982
子女受教育程度 （小学及以下）	初中	0.142	0.558	1.153	0.717	1.852
	高中	−0.022	0.936	0.978	0.566	1.689
	大专及以上	−0.084	0.788	0.919	0.499	1.696

续表

变量 （对照组）		B	p 值	OR 值	OR 的 95%CI 下限	OR 的 95%CI 上限
家庭年收入 （1万元以下）	1万~5万元	0.415	0.041	1.514	1.018	2.255
	5万~10万元	0.555	0.035	1.742	1.041	2.918
	10万元及以上	0.627	0.099	1.872	0.890	3.943
城乡（农村）	城市	0.378	0.013	1.459	1.083	1.964
区市 （淮安市淮安区）	海安市	-0.038	0.848	0.963	0.651	1.423
	张家港市	0.670	0.001	1.954	1.302	2.930

第三节 未被满足的生活照料与支持

为了反映江苏居家养老老人未被满足的家庭生活照料与支持需求的情况，本节主要对江苏居家养老老人面临的生活困难进行描述性分析，并对不同地区进行比较，最后进行影响因素分析。

一 未被满足的家庭生活照料与支持需求现状

为了反映老人未被满足的生活照料与支持需求情况，研究选取了问卷多选题"您目前在家里养老有以下困难吗"中"没人照顾""吃饭/做饭不方便""有紧急情况时不能得到及时的帮助"[①]三个选项的结果。江苏居家养老老人中有3.84%日常照顾需求未被满足，1.53%的老人的吃饭/做饭帮助需求未被满足，3.71%的老人在紧急情况下得到帮助的需求未被满足（见表4-7）。

---

① "没人照顾"在表4-7中被标准化为"日常照顾"，"吃饭/做饭不方便"被标准化为"吃饭/做饭"；"有紧急情况时不能得到及时的帮助"被标准化为"紧急情况下得到帮助"。

表 4-7 居家养老家庭日常生活照料与支持需求现状

单位：人，%

生活照料需求项目	存在困难人数	占比
日常照顾	30	3.84
吃饭/做饭	12	1.53
紧急情况下得到帮助	29	3.71

二 不同特征老人未被满足的家庭生活照料与支持需求比较

表 4-8 为不同特征居家养老人日常生活照料需求满足情况比较，由结果可知，不同年龄以及是否有同住子女对老人需求满足情况影响相对显著。不同年龄段中，70~79 岁老人生活照料需求未得到满足的比例最高（χ^2=6.968，p=0.031），而没有同住子女的老人生活照料需求未得到满足的比例更高（χ^2=11.717，p=0.001），在其他因素中老人需求满足情况的差异不明显。

表 4-8 不同特征居家养老老人日常生活照料需求满足情况比较

单位：人，%

	变量		需求得到满足	需求未得到满足	χ^2值（p值）
个人特征	性别	男	341（92.66）	27（7.34）	0.039（0.843）
		女	381（92.03）	33（7.97）	
	年龄	60~69岁	359（94.47）	21（5.53）	6.968（0.031）
		70~79岁	262（89.12）	32（10.88）	
		80岁及以上	101（93.52）	7（6.48）	
	老人受教育程度	小学及以下	400（93.24）	29（6.76）	1.833（0.400）
		初中	210（92.11）	18（7.89）	
		高中及以上	112（89.60）	13（10.40）	
	婚姻状况	有配偶	542（93.29）	39（6.71）	2.438（0.118）
		无配偶	180（89.55）	21（10.45）	

续表

	变量		需求得到满足	需求未得到满足	χ^2值（p值）
家庭特征	子女数	0~1个	292（93.29）	21（6.71）	0.686（0.710）
		2个	285（91.64）	26（8.36）	
		3个及以上	145（91.77）	13（8.23）	
	是否有同住子女	是	389（95.58）	18（4.42）	11.717（0.001）
		否	333（88.80）	42（11.20）	
	子女受教育程度	小学及以下	90（88.24）	12（11.76）	4.406（0.221）
		初中	268（93.71）	18（6.29）	
		高中	198（94.29）	12（5.71）	
		大专及以上	158（91.86）	14（8.14）	
	家庭年收入	1万元以下	156（89.66）	18（10.34）	
		1万~5万元	383（94.10）	24（5.90）	
		5万~10万元	132（90.41）	14（9.59）	
		10万元及以上	39（90.70）	4（9.30）	
地区特征	城乡	农村	378（93.80）	25（6.20）	2.124（0.145）
		城市	344（90.77）	35（9.23）	
	区市	海安市	271（90.33）	29（9.67）	2.799（0.247）
		张家港市	230（93.88）	15（6.12）	
		淮安市淮安区	221（93.25）	16（6.75）	

三 未被满足的家庭生活照料与支持需求影响因素分析

（一）变量设置

居家养老老人家庭生活照料与支持需求作为因变量，建立二分类 Logistic 回归模型。根据以往相关文献研究，自变量选择以下三类，即个人因素：性别、年龄、老人受教育程度、婚姻状况以及老人自评健康状况。家庭因素：配偶自评健康状况、子女数、是否有同住子女、子女受教育程度、家庭年收入。地区因素：城乡、区市。所有自变量操作化情况见表4-9。

表4-9 家庭生活照料影响因素分析使用变量情况

变量	操作化情况
个人因素	
性别	男=1，女=2
年龄	60~69岁=1，70~79岁=2，80岁及以上=3
老人受教育程度	小学及以下=1，初中=2，高中及以上=3
婚姻状况	有配偶=1，无配偶=2
老人自评健康状况	0~10分，分值越高，健康状况越好
家庭因素	
配偶自评健康状况	0~10分，分值越高，健康状况越好
子女数	0~1个=1，2个=2，3个及以上=3
是否有同住子女	是=1，否=2
子女受教育程度	小学及以下=1，初中=2，高中=3，大专及以上=4
家庭年收入	1万元以下=1，1万~5万元=2，5万~10万元=3，10万元及以上=4
地区因素	
城乡	农村=1，城市=2
区市	海安市=1，张家港市=2，淮安市淮安区=3

（二）分析结果

回归结果显示，年龄、婚姻状况、是否有同住子女以及子女受教育程度对江苏居家养老老人家庭生活照料与支持需求满足情况影响显著。相较于60~69岁的老人，80岁及以上的老人生活照料需求满足程度更高（OR=3.650，p=0.036）；有配偶的老人相较于无配偶的老人生活照料需求满足的可能性同样更高（OR=1.641，p=0.036）；有同住子女的老人生活照料与支持能够获得满足的可能性是没有同住子女的2.829倍

第四章 家庭生活照料：照料人员和未被满足的需求

（ $p=0.002$ ）；而子女受教育程度达到高中的老人生活照料与支持能够获得满足的可能性最大，是子女受教育程度为小学及以下老人的 3.490 倍（ $p=0.024$ ），如表 4-10 所示。

表 4-10 居家养老老人的家庭生活照料与支持需求的 Logistic 回归结果

变量（对照组）		B	p 值	OR 值	OR 的 95%CI 下限	OR 的 95%CI 上限
性别（女）	男	0.101	0.760	1.106	0.580	2.108
年龄（60~69 岁）	70~79 岁	0.004	0.993	1.004	0.469	2.149
	80 岁及以上	1.295	0.036	3.650	1.088	12.247
老人受教育程度（小学及以下）	初中	−0.588	0.124	0.555	0.263	1.174
	高中及以上	−0.890	0.070	0.411	0.157	1.076
婚姻状况（无配偶）	有配偶	0.496	0.036	1.641	1.356	1.987
老人自评健康状况		0.027	0.610	1.027	0.926	1.140
配偶自评健康状况		0.439	0.337	1.552	0.632	3.807
子女数（0~1 个）	2 个	−0.348	0.402	0.706	0.313	1.593
	3 个及以上	−0.319	0.546	0.727	0.258	2.048
是否有同住子女（否）	是	1.040	0.002	2.829	1.463	5.472
子女受教育程度（小学及以下）	初中	0.816	0.069	2.261	0.938	5.453
	高中	1.250	0.024	3.490	1.176	10.359
	大专及以上	0.715	0.241	2.043	0.619	6.749
家庭年收入（1 万元以下）	1 万~5 万元	0.328	0.413	1.388	0.632	3.048
	5 万~10 万元	0.561	0.284	1.752	0.628	4.888
	10 万元及以上	0.303	0.670	1.354	0.336	5.452
城乡（农村）	城市	−0.463	0.161	0.630	0.330	1.202
区市（淮安市淮安区）	海安市	−0.758	0.079	0.469	0.201	1.091
	张家港市	−0.031	0.948	0.969	0.380	2.471

第四节　家庭养老能力和生活照料与支持

为了解不同养老能力的家庭对老人生活的照料与支持情况和存在困难的差异及影响，本节将进一步进行交互检验和 Logistic 回归分析。

一　不同养老能力的家庭对老人生活的照料与支持比较

由表 4-11 可知，不同养老能力家庭中的老人获得来自子女的生活照料的总体状况差异显著，家庭养老能力越好，老人获得的家庭生活照料与支持就越多（χ^2=24.344，p=0.000）。家庭养老能力较好的老人中有 48.86% 能够获得子女非常多的生活照料与支持，而家庭养老能力较差的老人中该比例仅有 32.76%。

不同家庭养老能力的老人家庭生活照料需求满足情况差异显著（χ^2=6.589，p=0.037），随着家庭养老能力的提升，老人的生活照料需求能够得到满足的比例也相应提升，其中家庭养老能力较好的老人中仅有 3.98% 照料需求未得到满足。

表 4-11　不同家庭养老能力的居家养老老人家庭生活照料与需求比较

单位：人，%

变量		家庭养老能力			χ^2 值（p 值）
		较差	中等	较好	
生活照料与支持情况	没有	6（3.45）	17（4.93）	5（2.84）	24.344（0.000）
	较少	42（24.14）	57（16.52）	16（9.09）	
	较多	69（39.66）	158（45.80）	69（39.20）	
	非常多	57（32.76）	113（32.75）	86（48.86）	
生活照料需求满足情况	得到满足	155（89.08）	322（93.33）	169（96.02）	6.589（0.037）
	未得到满足	19（10.92）	23（6.67）	7（3.98）	

二 养老能力对家庭生活照料与支持影响分析

研究将反映家庭养老能力的四个维度因子得分作为数值自变量，老人的生活照料与支持情况和生活照料需求满足情况分别作为因变量构建有序 Logistic 回归模型以及二分类 Logistic 回归模型，探究四个维度对老人的生活照料与支持以及需求满足的影响程度。

由表 4-12 可知，老年社会经济资本、子女人力资本以及子女照料条件对老人获得生活照料与支持均有显著正向影响，其中子女照料条件的影响最大（OR=1.711，p=0.000），老年健康资本未发现对老人生活照料与支持有显著影响。而对于老人生活照料需求满足的情况，老年健康资本以及子女照料条件影响显著，老年健康资本越丰富，老人生活照料需求能够得到满足的可能性就越大（OR=2.152，p=0.000），同时，子女照料条件越好，老人生活照料需求能够得到满足的可能性也就越大（OR=1.816，p=0.000）。

表 4-12　家庭养老能力不同维度对老人生活照料与支持及需求满足的影响分析

不同维度	生活照料与支持情况 OR 值	p 值	生活照料需求满足情况 OR 值	p 值
老年社会经济资本	1.292	0.000	1.090	0.562
子女人力资本	1.249	0.002	0.807	0.147
老年健康资本	0.890	0.097	2.152	0.000
子女照料条件	1.711	0.000	1.816	0.000

第五节　江苏居家养老老人家庭生活照料主要研究结论

本章从居家老人的角度出发，同时考虑家庭因素和地区因素，提出老人日常生活照料供给与需求满足的影响因素的分析框架，全面分析了家庭老人日常生活照料供给与需求满足的影响因素，主要有以下几点研究结论。

一　子女、配偶仍是老人生活照料与支持的最主要来源

研究结果显示，儿女/媳婿是家庭最主要的生活照料人员，能提供非常多和比较多生活照料的比例达到78.77%，其次是配偶，有配偶的老人中，配偶能提供非常多和比较多生活照料的比例为70.21%。家庭会根据老人婚姻状态、年龄和家庭年收入等，选择和调整老人照料人员的模式，老人有配偶和年轻时，儿女付出相对较少，而当老人没有配偶和年龄增加时，子女参与会增多。同时，中等收入的家庭中子女参与照料的比例也显著增加。城乡家庭在老人照料人模式上也有差异，城市老人的儿女/媳婿参与照料的比例更高，农村老人的孙辈、兄弟姐妹及其家人的生活照料参与比例更高一些。从相关区市看，张家港市的家庭成员的照顾参与较海安市和淮安市淮安区明显更多。许多学者的研究也有类似结论，即在老人的生活照料网中子女作用最为明显，其次为配偶（许传新、陈国华，2005；杜鹏等，2016）。子女和配偶作为老人最亲近的人，自然成为老人日常生活照料最主要的提供者，而经济发达地区的老人往往掌握着更多的经济资源，因此这部分老人在家庭中拥有较高的权威，进而获得更多来自家庭的日常生活照料与支持。

二　日常照料与支持和老人刚性需求密切相关

年龄较大、无配偶的老人对于家庭的健康支持往往有着更多的需求，从研究结果看，这类老人也大多获得了更多的日常生活照料与支持。年龄较大的老人比较容易获得家庭照料与支持，由于年龄增长，老人在身体上和生活上更加依赖他人的照料，而子女正是满足老人养老需求的主要提供者，这与既往研究结果一致（宋璐、李树茁，2010）。婚姻状况对于老人获得家庭的照料与支持也有显著影响，无配偶的老人往往会获得更多子女的日常生活照料与支持。这大概是由于无配偶老人对家庭照料与支持需求相较于有配偶老人要大得多，因此其所获得家庭生活照料与支持的可能性更大，熊跃根（1998）的研究也显示出相同的结论，对于丧偶的老人来说，子女（尤其是女儿）是主要的照料人员。而有配偶的

老人对日常生活照料需求的满足程度更高，因此配偶的存在对老人的日常生活照料与支持发挥了重要的作用。

三 家庭资源越多的老人越有可能获得日常照料与支持

在家庭日常生活照料与支持的影响因素中，可以发现相较于没有同住子女的老人，有同住子女的老人更有可能获得较多子女日常生活照料与支持且对日常照料需求的满足程度也更高，这也符合现实生活中的预期。这与王硕（2016）的关于与子女同住会影响老人获得家庭支持的结论基本一致。由于地理上距离较近，老人往往更容易获得子女的生活照料和心理慰藉。此外，家庭年收入越高的老人往往也能够获得更多子女的日常照料与支持。老人控制的资源越多，得到支持的程度就越大，这也与既往的研究结论一致（Ham and Song，2004）。

四 江苏居家养老老人的生活照料困难相对较少

分别有3.84%、1.53%和3.71%的老人面临没人照顾、吃饭/做饭不方便和在紧急情况下得不到帮助的困难。70~79岁年龄段、没有同住子女的老人生活照料存在困难的比例相对较高。多因素分析显示：80岁及以上、有配偶、有同住子女和子女受教育程度达到高中的老人的生活照料困难发生概率明显较低。

五 生病照料是首要困难

近三成老人表示自己生病卧床时面临无人照顾的局面。在老人生病卧床需要照料时，无人照料的比例为29.16%，有1~2人照料的比例为56.27%，有3~5人照料的比例为11.64%，有6人及以上照料的比例仅有2.94%。与此同时，江苏居家养老老人中的7.80%有养老经济困难。但江苏居家养老老人养老经济困难情况在不同性别、年龄、城乡中未发现显著差异。

第六节　增强居家养老家庭生活照料与支持能力的建议

根据以上研究结论，针对家庭生活照料与支持提出以下几点建议。

一　鼓励家庭进行照料与支持

在中国传统文化中，家庭占据非常重要的位置，孝道是基本的社会规范。不论哪个时期、哪个社会，家庭都是为老人提供生活照顾的主体。子女对老年父母的照料和帮助仍是老年人口生活照料的主要来源。相较于社会化的养老服务机构，子女等家庭成员及其亲属在家庭中为老人提供的照顾更能够满足老人的需要。应该继续鼓励和支持家庭照料。要弘扬孝道精神，构建和谐家庭。针对家庭养老功能的弱化，还应该加强孝道文化的宣传，加大教育力度，让孝文化深入人心，让子女为老人提供完善的生活照料。以社区为单位，大力开展家庭美德教育，使更多的年轻人懂得照料老人不仅是传统美德，更是自己的责任与义务，从而积极承担照顾老人的责任，更好地为老年父母提供生活照料。

二　加强对独居老人群体的关注

无配偶的老人最主要的照料人员是子女。对此，各地区应制定出台支持家庭养老的政策体系，降低子女照顾老人的成本并提高照顾的便利性、可持续性，鼓励子女积极履行赡养义务和承担照料责任，进而保证独居老人可长时间居住在家中安享晚年。政府也可以采取鼓励老人与子女就近居住的政策，保证老人能够及时获得子女的照顾。当采取这种居住方式有困难时，政府应推动其他非正式照料资源发挥作用。对有支付能力的家庭可以按其需要提供有偿服务，如提供保姆、小时工等照料资源。鼓励志愿者为老人提供服务，鼓励邻里互助和老人之间的互动。例如可以推广时间储蓄式的助老服务模式，提供道义上的互相帮助和服务。

三 政策引导，关注低收入老人群体

虽然老人大多属弱势群体，但在老人群体内部仍有差异，低收入老人对各种资源的可及性较差，更需要获得家庭的支持。政府应该加强政策建设，在低收入老人群体无法获得来自家庭的支持时能够获得来自政府或者社会组织的最低生活保障，在老人面对各种照料需求无法得到较好满足的情况下，他们应该是首先被政策惠及的人群。

四 鼓励公众媒体对孝文化进行宣传

公众媒体具有宣传面广、信息传达速度快等优点，对信息的传播力度比较大。目前我国的网络媒体比较发达，利用微信和微博等社交工具，弘扬关注老人、关爱老人的社会正能量，营造尊老爱老的良好社会氛围，让老人们可以感受到来自子女的关心，尽可能地减少他们由于身体衰老、独居等带来的孤独感与焦虑感，提高老人的生活幸福感，提高其对晚年生活的满意度。

第五章　家庭健康支持：健康关注与生病照料人

本章在家庭老年健康支持文献回顾的基础上，利用实证数据对江苏居家老人的健康现状、家庭健康支持现状和影响因素进行分析，同时分析不同养老能力的家庭对老人健康支持的差异，以对江苏居家养老老人的家庭健康支持形成较为全面的认识。

第一节　家庭老年健康支持文献回顾

国内外有关家庭养老研究的内容主要涉及家庭老年健康支持现状、影响家庭老年健康支持的因素以及家庭养老健康支持的效果等方面。

一　家庭老年健康支持现状研究

从研究方法上看，对家庭老年健康支持的研究分为定量和定性研究。

定量研究方面，主要是对西方理论适用性的检验，以及探讨当前家庭支持的现状和出现问题的原因。熊跃根（1998）的研究表明，多数老人同子女之间仍然保持一种互惠的代际关系，在老人健康状况允许的前提下，多数老人会承担一定的家务劳动，子女对老人的照顾主要体现在对老人的经济支持和日常生活照顾两方面，其中与子女一起居住的老人与子女之间的互动更为频繁；从徐勤（2011）对农村老人家庭代际交往调查中发现，家庭代际交往的基本模式没有改变，依然是以子女支持老人模式为主，基本生活保障、看病就医及生病时照料是子女支持老人的主要方式，并且父母生病时的照料是非常重要的家庭支持，八成以上的子女在老人生病时提供照料服务，并能够陪同老人去看病；王世斌等（2009）在对广东省25个村庄60岁及以上老人进行全面深入调查的基础上，发现农村老人超过一半（51.88%）由子女照料，其次还有22.61%的老人由配偶照顾。杨菊华和李路路（2009）的研究表明现代化的进程并没有导致家庭功能的衰落，家庭代际在日常照料、经济支持、情感慰藉等方面依然存在密切的互动，并且当亲子的空间距离拉近时，这些家庭支持行为更频繁。

定性研究方面，有学者用个案研究、访谈等方法对家庭代际健康支持的传统文化价值基础进行探讨。周晓虹（2000）通过典型小组访问法发现亲子之间的"反向社会化"或"文化反哺"现象不仅已经出现，而且成为与传统的文化传承（社会化）模式相对应的新型文化传承模式，这种现象在城市家庭以及居住在城市中的"移民"家庭中尤为明显；陈柏峰（2009）对湖北京山农村的实证研究发现，老一代人遭遇代际关系冲突，尤其是代际交换非常不平衡时，他们往往并不会积极抗争；贺雪峰（2009）的研究发现农村代际关系在全国不同地区具有完全不同的性质，而造成这种差异的原因，既与不同地区传统文化、地理位置、经济发展状况等区域性特征有关，又与现代性因素冲击下不同地区农村内部结构的差异性导致的反映不一样有关。

二　家庭老年健康支持影响因素研究

（一）子代数量对家庭养老支持的影响分析

夏传玲和麻凤利（1995）通过因素分析法分析了子女数对家庭养老的经济供养、生活照料和精神慰藉三种功能的影响，得出了子女数对此三种功能没有直接影响，或影响甚微的结论；郭志刚和张恺悌（1996）在控制老人年龄及其他自变量以后，得出子女数对于老人家庭供养存在显著作用的结论；Zimmer和Kwong（2003）对中国的调查研究结果显示，子女数对家庭支持有着显著的影响，拥有较多子女的老人从子女那里获得支持的机会更多；宁雯雯（2012）通过考察子女数对老人养老状况的影响，得出子女的多少与老人养老状况的改善无明显关系的结论，即"多子不一定多福"；慈勤英和宁雯雯（2013）从父母生活状况的角度分析子女数对家庭支持的影响，认为数量不是重要变量，更重要的是子女供养能力，如子女是否有条件、有能力提供家庭支持，这对老人的养老状况影响更大；丁志宏等（2019）对中国城市独生子女对老年父母家庭的代际支持进行了比较深入的研究，发现在家务代际支持上，独生子女及老年父母对对方的支持都比多子女的家庭多，独生子女及老年父母间的交换更加均衡，在精神慰藉方面，独生子女的老年父母感到子女亲近的比例高于多子女老年父母。

（二）其他因素对家庭养老支持的影响

王硕（2016）利用中国老年健康影响因素跟踪调查（CLHLS）项目2008年的数据，分析了家庭结构的变迁（表现为居住安排与子女数量两方面）对老人获得来自子女的代际支持的影响，研究结论显示，是否与子女同住会影响老人获得的经济支持、情感支持与照料支持；宋璐和李树茁（2011）的研究发现，性别对代际支持有明显的作用，母亲和父亲在代际交换模式中存在明显差异，在生活照料方面女性往往能获得较多的支持；还有一些研究发现，老人能否得到子女的生活照料往往取决于老人的健康状况，对健康状况较差、丧偶的老人来说，子女（尤其是女儿）是主要的照料人员（熊跃根，1998），身体健康程度较差的老人能够从子女或其他亲属那里得到较多的身体照料和家务支持（刘爱玉、杨善华，2000）；另外，还有研究认为，年龄、婚姻状况等个体特征会对代际支持产生影响（杨菊华、李路路，2009）。

三 家庭老年健康支持对老人影响的研究

有关养老家庭支持的研究主要集中在家庭支持对老人身体健康、心理健康、生活满意度以及养老意愿四个方面的影响上。

首先，对老人身体健康的影响。不同学者对家庭支持与老人的身体健康之间的关系有着不尽相同的观点。宋璐等（2006）采用 Logistic 回归模型，分析了代际支持对中国农村老人健康自评状况的影响，结果发现子女的生活照料对老人的健康自我评价没有影响，而代际的情感交流能够改善老人的健康自评状况；王萍和李树茁（2012）研究代际支持对农村老人生理健康的纵向影响后发现，获得经济支持和日常照料对老人生理健康的发展具有显著影响，代际支持对老人生理健康的发展具有重要的影响；但还有一些学者认为，老人的健康状况与子女的经济支持照料之间的关系并不显著，而与子女是否健在、配偶是否健在并一起居住有显著关系（王金营，2004）。

其次，对老人心理健康的影响。王萍等（2017）的研究发现，代际的情感支持有利于老人的心理健康，但是获得子女的家务帮助并不利于老人的心理健康；张莉（2019）认为，家庭内部的情感支持对老人的心理健康至关重要，尤其是当人们的生活水平能满足基本生活需求的时候，经济支持可能不再是影响老人心理健康的重要因素了，而情感支持在促进老人心理健康方面上升到比较重要的地位。

再次，对老人生活满意度的影响。有学者通过实证分析代际支持对老人生活满意度的影响，结果表明代际支持显著提高了老人生活满意的可能性，子女的经济支持、子女的生活照料能显著提高老人生活满意的概率（余泽梁，2017）；张文娟和李树茁（2005）的研究表明儿子成为生活照料的主要提供者，对父母的生活满意度影响显著；王萍和李树茁（2011）通过对中国农村家庭代际支持对老人生活满意度影响的纵向分析，得出子女提供的经济支持和家务帮助提高了老人的生活满意度并且代际的情感支持有利于提高老人生活满意度的结论。

最后，对老人养老意愿的影响。谢萌（2016）的研究表明，与子女同住、多子女的老人更倾向于居家养老，与经济支持和情感支持相比，老人在养老意愿选择上主要受是否能得到家庭成员直接生活照料的影响；还有学者的研究表明，家庭关系中与子女情感联系紧密的老人更容易对代际关系产生依赖，从而更倾向于家庭养老，而在生活照料和情感关怀方面获得较少的老人，更容易产生社会化的养老意愿（郑娟等，2018）。

四 家庭老年健康支持研究简要述评

既有研究充分表明，我国家庭老年健康支持模式仍以子女支持为主。基本生活保障、看病就医及生病时照料是子女在家庭老年健康支持模式中提供的主要支持内容。家庭老年健康支持影响因素复杂，子代数量对家庭养老支持的影响为学界的研究重点。除此之外，家庭结构、性别、年龄、健康状况、婚姻状况等因素也均在不同程度上影响家庭老年健康支持。家庭老年健康支持对老人身体健康、心理健康、生活满意度以及养老意愿均有一定影响，家庭老年健康支持对不同情况的老人产生的影响存在差异。这些研究发现为研判我国家庭老年健康支持模式及需求的发展趋势提供了良好的依据，但既有研究还需要在以下方面进一步拓展。

纵向研究和动态比较家庭老年健康支持模式的演变及发展趋势。既有研究虽然为家庭老年健康支持提供了一定的判断依据，但还未能对我国家庭老年健康支持模式的发展做出较为良好的判断，我国家庭老年健康支持模式的形成机制及发展趋势对丰富家庭老年健康支持的相关研究意义重大。

家庭老年健康支持有效需求研究。既有研究在家庭老年健康支持供给方面关注较多，但对家庭老年健康支持有效需求则关注不足。不同个人情况、家庭情况的老人家庭老年健康支持有效需求是否存在差异？存在何种差异？多年来老人家庭老年健康支持有效需求是否存在变化？对这些问题的研究与思考对提升家庭老年健康支持效果、丰富家庭老年健康支持理论具有重要参考价值。

第二节 江苏居家养老老人的健康现状

在分析江苏居家养老的老人家庭健康支持情况之前，先对老人的健康现状进行描述性分析，主要分为三个方面：自评健康状况[①]、生活自理情况以及患慢性病情况。

---

① "自评健康状况"亦可称"老人自评健康状况"。

一 江苏居家养老老人自评健康状况

江苏居家养老老人自评健康状况由老人自评健康得分反映，分值越高，表明自评健康状况越好，满分为10分。江苏居家养老老人自评健康得分为7.69±1.53分，8分的人数最多，其次为9分和7分，具体得分分布情况见图5-1。

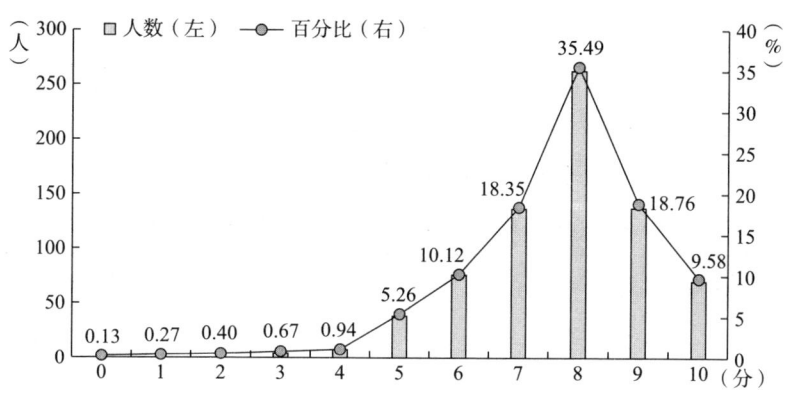

图5-1 居家养老老人自评健康得分情况

将老人自评健康得分按照0~6分（一般）、7~8分（较好）、9~10分（非常好）进行分类，汇总得到表5-1。从表5-1中可以看出，超过一半的老人健康自评得分处于7~8分，自评健康状况较好，近三成的老人健康自评得分处于9~10分，自评健康状况非常好。

表5-1 老人自评健康状况

单位：人，%

自评健康得分	人数	占比
0~6分	143	18.29
7~8分	416	53.20
9~10分	223	28.52
合计	782	100.00

在对不同特征老人的自评健康得分进行比较后，可以发现老人的个人特征、家庭特征以及地区特征均对老人自评健康情况影响显著，结果

见表 5-2。

个人特征中，年龄越大的老人自评健康分数越低，60~69 岁老人自评健康均分为 8.03 分，而 80 岁及以上的老人只有 7.01 分（F=24.391，p=0.000）；受教育程度不同的老人中，初中学历老人自评健康状况最好（F=3.196，p=0.041）；相较于无配偶的老人，有配偶的老人自评健康状况更好（t=2.643，p=0.008）。家庭特征中，子女数越多的老人自评健康越差（F=3.379，p=0.035）；而家庭年收入处于 1 万~5 万元的老人自评健康最好（F=7.135，p=0.000）。地区特征中张家港市的老人自评健康状况优于淮安市淮安区和海安市的老人（F=9.643，p=0.000）。其他因素方面，未见老人自评健康得分有显著差异。

表 5-2　不同特征居家养老老人自评健康得分情况比较

变量		平均值	标准差	t/F 值（p 值）
个人特征	性别　男	7.71	1.54	0.870（0.385）
	性别　女	7.67	1.52	
	年龄　60~69 岁	8.03	1.31	24.391（0.000）
	年龄　70~79 岁	7.49	1.57	
	年龄　80 岁及以上	7.01	1.79	
	老人受教育程度　小学及以下	7.58	1.55	3.196（0.041）
	老人受教育程度　初中	7.90	1.38	
	老人受教育程度　高中及以上	7.67	1.67	
	婚姻状况　有配偶	7.77	1.51	2.643（0.008）
	婚姻状况　无配偶	7.44	1.57	
家庭特征	子女数　0~1 个	7.81	1.43	3.379（0.035）
	子女数　2 个	7.69	1.64	
	子女数　3 个及以上	7.43	1.47	
	是否有同住子女　是	7.72	1.48	0.652（0.515）
	是否有同住子女　否	7.65	1.59	

续表

	变量		平均值	标准差	t/F 值（p 值）
家庭特征	子女受教育程度	小学及以下	7.63	1.55	1.420（0.236）
		初中	7.61	1.51	
		高中	7.73	1.60	
		大专及以上	7.89	1.31	
	家庭年收入	1万元以下	7.38	1.64	7.135（0.000）
		1万~5万元	7.93	1.41	
		5万~10万元	7.51	1.54	
		10万元及以上	7.54	1.35	
地区特征	城乡	农村	7.76	1.63	1.399（0.162）
		城市	7.61	1.41	
	区市	海安市	7.41	1.68	9.643（0.000）
		张家港市	7.97	1.48	
		淮安市淮安区	7.74	1.30	

二 江苏居家养老老人生活自理情况

研究选取了问卷里测量老人身体活动能力的6个项目，用以描述老人日常生活自理情况，结果如表5-3所示。在这6个老人生活自理项目中，没有困难的比例均较高，前三项分别为自己吃饭（93.48%）、自己洗脸刷牙梳头等（93.22%）和自己穿衣（92.58%）。

表5-3 老人生活自理能力情况

单位：人，%

项目	没有困难	有困难，但仍然可以自主完成	有困难，需要帮助才能完成	无法完成，完全需要他人帮助
自己吃饭	731（93.48）	36（4.60）	9（1.15）	6（0.77）
自己穿衣	724（92.58）	38（4.86）	12（1.53）	8（1.02）

续表

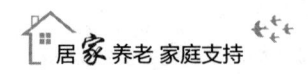

项目	没有困难	有困难,但仍然可以自主完成	有困难,需要帮助才能完成	无法完成,完全需要他人帮助
自己洗脸刷牙梳头等	729（93.22）	35（4.48）	8（1.02）	10（1.28）
自己室内走动	712（91.05）	46（5.88）	11（1.41）	13（1.66）
自己洗澡	711（90.92）	41（5.24）	16（2.05）	14（1.79）
自己上厕所	720（92.07）	39（4.99）	10（1.28）	13（1.66）

注：括号内为百分比，括号外为该项样本数量。

对这6个项目分别进行赋值，"无法完成，完全需要他人帮助"赋值为1，"有困难，需要帮助才能完成"赋值为2，"有困难，但仍然可以自主完成"赋值为3，"没有困难"赋值为4，汇总6项分值来描述每一位被调查老人的生活自理能力，分值越高，意味着被调查老人的生活自理能力越好。分析发现被调查老人中6项均没有困难的占绝大多数（89.26%），老人生活自理能力得分均值为23.29±2.60分，具体结果见图5-2。

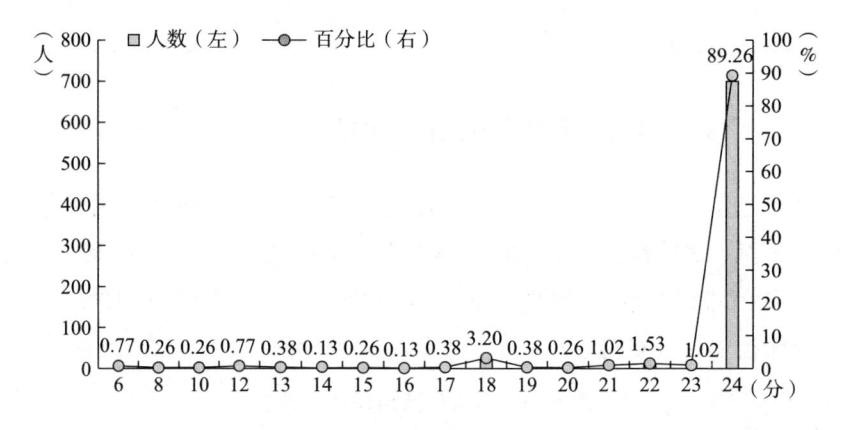

图5-2 老人自理能力得分汇总情况

基于日常生活能力（ADL）量表，其中一到两项无法独立完成的，定义为"轻度失能"，三到四项无法独立完成的定义为"中度失能"，五到六项无法独立完成的为"重度失能"。从表5-4的结果可以看到，被调查的老人中有96.04%能够做到6项自理，仅有3.96%的老人不能完全自理。

表 5-4 基于 ADL 量表的老人自理情况

单位：人，%

自理情况	人数	占比
完全自理	751	96.04
轻度失能	6	0.77
中度失能	8	1.02
重度失能	17	2.17
合计	782	100.00

对不同特征老人的自理能力情况进行比较分析，结果见表 5-5。随着老人年龄增加，老人不能完全自理的比例也越来越高（χ^2=18.996，p=0.000），此外不同地区类型的老人患慢性病的情况也有显著差异（χ^2=9.413，p=0.009），张家港市和淮安市淮安区的老人不能完全自理的比例均不到 3%，而海安市的老人不能完全自理的比例为 6.67%。其他因素未见对老人自理能力有显著影响。

表 5-5 不同特征居家养老老人自理能力比较

单位：人，%

	变量		完全自理	不能完全自理	χ^2 值（p 值）
个人特征	性别	男	353（95.92）	15（4.08）	0.000（1.000）
		女	398（96.14）	16（3.86）	
	年龄	60~69 岁	373（98.16）	7（1.84）	18.996（0.000）
		70~79 岁	282（95.92）	12（4.08）	
		80 岁及以上	96（88.89）	12（11.11）	
	老人受教育程度	小学及以下	409（95.34）	20（4.66）	2.657（0.265）
		初中	223（97.81）	5（2.19）	
		高中及以上	119（95.20）	6（4.80）	
	婚姻状况	有配偶	563（96.90）	18（3.10）	3.613（0.057）
		无配偶	188（93.53）	13（6.47）	

续表

变量		完全自理	不能完全自理	χ^2值（p值）
家庭特征	子女数 0~1个	305（97.44）	8（2.56）	3.111（0.211）
	2个	297（95.50）	14（4.50）	
	3个及以上	149（94.30）	9（5.70）	
	是否有同住子女 是	394（96.81）	13（3.19）	0.934（0.334）
	否	357（95.20）	18（4.80）	
	子女受教育程度 小学及以下	97（95.10）	5（4.90）	0.818（0.845）
	初中	275（96.15）	11（3.85）	
	高中	203（96.67）	7（3.33）	
	大专及以上	167（97.09）	5（2.91）	
	家庭年收入 1万元以下	165（94.83）	9（5.17）	2.738（0.434）
	1万~5万元	396（97.30）	11（2.70）	
	5万~10万元	139（95.21）	7（4.79）	
	10万元及以上	41（95.35）	2（4.65）	
地区特征	城乡 农村	390（96.77）	13（3.23）	0.824（0.364）
	城市	361（95.25）	18（4.75）	
	区市 海安市	280（93.33）	20（6.67）	9.413（0.009）
	张家港市	240（97.96）	5（2.04）	
	淮安市淮安区	231（97.47）	6（2.53）	

注：括号内为百分比，括号外为样本数量，χ^2值（p值）栏除外，下同。

三 江苏居家养老老人患慢性病状况

慢性病也是困扰老人群体的一个常见问题，根据问卷调查情况，所得结果见表5-6。

居家养老老人中没有慢性病的人占18.67%，而患有1种慢性病的老人最多，占比为50.00%；其次为患有2种慢性病的老人，占比为19.05%；患有4种及以上慢性病的老人最少，仅占5.12%。

表 5-6 老人患慢性病情况

单位：人，%

	人数	百分比
没有慢性病	146	18.67
患有 1 种慢性病	391	50.00
患有 2 种慢性病	149	19.05
患有 3 种慢性病	56	7.16
患有 4 种及以上慢性病	40	5.12

将患有 2 种慢性病及以上的老人合并，对不同特征老人患慢性病情况进行比较分析，结果见表 5-7。老人随着年龄增加，患有慢性病的比例也越来越高（χ^2=33.074，p=0.000），此外不同地区类型的老人患慢性病的情况也有显著差异（χ^2=59.076，p=0.000），张家港市和淮安市淮安区的老人患慢性病的比例均不足八成，而海安市的老人患慢性病的比例超过九成。其他因素未见对老人患慢性病有显著影响。

表 5-7 不同特征居家养老老人患慢性病数量比较

单位：人，%

	变量		没有	1 种	2 种及以上	χ^2值（p值）
个人特征	性别	男	66（17.93）	184（50.00）	118（32.07）	0.321（0.852）
		女	80（19.32）	207（50.00）	127（30.68）	
	年龄	60~69 岁	87（22.89）	207（54.47）	86（22.63）	33.074（0.000）
		70~79 岁	49（16.67）	125（42.52）	120（40.82）	
		80 岁及以上	10（9.26）	59（54.63）	39（36.11）	
	老人受教育程度	小学及以下	81（18.88）	222（51.75）	126（29.37）	9.345（0.053）
		初中	42（18.42）	120（52.63）	66（28.95）	
		高中及以上	23（18.40）	49（39.20）	53（42.40）	
	婚姻状况	有配偶	115（19.79）	285（49.05）	181（31.15）	1.956（0.376）
		无配偶	31（15.42）	106（52.74）	64（31.84）	

续表

	变量		没有	1种	2种及以上	χ^2值（p值）
家庭特征	子女数	0~1个	59（18.85）	170（54.31）	84（26.84）	6.125（0.190）
		2个	57（18.33）	143（45.98）	111（35.69）	
		3个及以上	30（18.99）	78（49.37）	50（31.65）	
	是否有同住子女	是	77（18.92）	202（49.63）	128（31.45）	0.055（0.973）
		否	69（18.40）	189（50.40）	117（31.20）	
	子女受教育程度	小学及以下	18（17.65）	59（57.84）	25（24.51）	10.083（0.121）
		初中	63（22.03）	128（44.76）	95（33.22）	
		高中	29（13.81）	113（53.81）	68（32.38）	
		大专及以上	35（20.35）	85（49.42）	52（30.23）	
	家庭年收入	1万元以下	35（20.11）	84（48.28）	55（31.61）	11.815（0.066）
		1万~5元万	85（20.88）	208（51.11）	114（28.01）	
		5万~10万元	22（15.07）	70（47.95）	54（36.99）	
		10万元及以上	3（6.98）	20（46.51）	20（46.51）	
地区特征	城乡	农村	78（19.35）	213（52.85）	112（27.79）	4.886（0.087）
		城市	68（17.94）	178（46.97）	133（35.09）	
	区市	海安市	18（6.00）	174（58.00）	108（36.00）	59.076（0.000）
		张家港市	58（23.67）	104（42.45）	83（33.88）	
		淮安市淮安区	70（29.54）	113（47.68）	54（22.78）	

第三节　家庭老年健康支持及其影响因素

为了反映江苏居家养老的老人家庭健康支持的情况，本节主要对江苏居家养老老人获得的家庭健康支持状况进行描述性分析，对不同特征老人的家庭健康支持情况进行比较，并多角度分析其影响因素。

第五章 家庭健康支持：健康关注与生病照料人

一 江苏居家养老老人的健康支持现状

本节主要从两个方面来描述老人所获得的家庭健康支持情况，分别为"对老人健康问题操心对象"以及"老人生病照料支持对象"。

研究发现：平时操心老人健康问题的对象主要是子女/媳婿（60.87%），其次为配偶（59.59%），没人操心的比例最低，仅有0.77%；老人生病照料支持对象主要是配偶（64.58%），其次为儿子（57.03%），没人照顾的比例为1.15%。具体结果见表5-8。

表5-8 老人家庭健康支持情况（多选）

单位：人，%

变量		人数	占比
对老人健康问题操心对象	自己	392	50.13
	配偶	466	59.59
	子女/媳婿	476	60.87
	孙子女/孙媳婿	37	4.73
	其他人	7	0.90
	没人操心	6	0.77
老人生病照料支持对象	配偶	505	64.58
	儿子	446	57.03
	女儿	338	43.22
	儿媳	216	27.62
	女婿	88	11.25
	孙子女/孙媳婿	32	4.09
	邻里	12	1.53
	朋友	7	0.90
	保姆	6	0.77
	其他人	5	0.64
	没人照顾	9	1.15

二 不同特征居家养老老人的家庭健康支持比较

将老人生病健康照料人按照包含对象的不同分为"仅配偶""仅子辈""配偶和子辈共同"以及"其他"。不同特征老人的家庭健康支持情况见表5-9，可以发现除了城乡因素，其余因素均对老人家庭的健康支持有显著影响。

个人特征中，女性、年龄越大以及无配偶的老人能够获得更多来自"仅子辈"的健康支持，小学及以下学历的老人获得来自"仅子辈"的支持比例最高。

家庭特征中，子女数越多、子女受教育程度越低以及家庭年收入越低的老人获得来自"仅子辈"的健康支持比例越高。

地区特征中，张家港市的老人获得来自"仅子辈"的健康支持比例最低，而海安市该比例最高。

表5-9 不同特征居家养老老人家庭健康支持比较

单位：人，%

	变量		仅配偶	仅子辈	配偶和子辈共同	其他	χ^2值（p值）
个人特征	性别	男	70（19.02）	101（27.45）	178（48.37）	19（5.16）	8.864（0.031）
		女	62（14.98）	154（37.20）	180（43.48）	18（4.35）	
	年龄	60~69岁	62（16.32）	97（25.53）	200（52.63）	21（5.53）	45.282（0.000）
		70~79岁	61（20.75）	96（32.65）	126（42.86）	11（3.74）	
		80岁及以上	9（8.33）	62（57.41）	32（29.63）	5（4.63）	
	老人受教育程度	小学及以下	73（17.02）	177（41.26）	162（37.76）	17（3.96）	36.800（0.000）
		初中	38（16.67）	49（21.49）	129（56.58）	12（5.26）	
		高中及以上	21（16.80）	29（23.20）	67（53.60）	8（6.40）	
	婚姻状况	有配偶	131（22.55）	70（12.05）	357（61.45）	23（3.96）	460.077（0.000）
		无配偶	1（0.50）	185（92.04）	1（0.50）	14（6.97）	
家庭特征	子女数	0~1个	55（17.57）	88（28.12）	152（48.56）	18（5.75）	32.561（0.000）
		2个	60（19.29）	86（27.65）	151（48.55）	14（4.50）	
		3个及以上	17（10.76）	81（51.26）	55（34.81）	5（3.16）	

续表

	变量		仅配偶	仅子辈	配偶和子辈共同	其他	χ^2值（p值）
家庭特征	是否有同住子女	是	51（12.53）	154（37.84）	192（47.17）	10（2.46）	26.267（0.000）
		否	81（21.60）	101（26.93）	166（44.27）	27（7.20）	
	子女受教育程度	小学及以下	17（16.67）	42（41.18）	37（36.27）	6（5.88）	32.369（0.000）
		初中	45（15.73）	113（39.51）	120（41.96）	8（2.80）	
		高中	36（17.14）	67（31.90）	102（48.57）	5（2.38）	
		大专及以上	31（18.02）	32（18.60）	96（55.81）	13（7.56）	
	家庭年收入	1万元以下	21（12.07）	89（51.15）	53（30.46）	11（6.32）	58.543（0.000）
		1万~5万元	70（17.20）	129（31.70）	192（47.17）	16（3.93）	
		5万~10万元	31（21.23）	26（17.81）	82（56.16）	7（4.79）	
		10万元及以上	7（16.28）	4（9.30）	29（67.44）	3（6.98）	
地区特征	城乡	农村	79（19.60）	132（32.75）	177（43.92）	15（3.72）	6.077（0.108）
		城市	53（13.98）	123（32.45）	181（47.76）	22（5.80）	
	区市	海安市	64（21.33）	106（35.33）	117（39.00）	13（4.33）	14.206（0.027）
		张家港市	31（12.65）	71（28.98）	130（53.06）	13（5.31）	
		淮安市淮安区	37（15.61）	78（32.91）	111（46.84）	11（4.64）	

三 江苏居家养老老人的家庭健康支持影响因素分析

（一）变量设置

为了了解老人健康状况、个人特征、家庭特征和地区特征对老人家庭健康支持可能的影响，研究建立了多分类Logistic回归模型。老人家庭健康支持模式作为因变量，其中健康支持模式为其他类别的作为对照组。

(二)分析结果

Logistic 模型结果见表 5-10。结果显示,老人生活自理情况、婚姻状况、是否有同住子女对老人的家庭健康支持有显著影响。生活自理能力更差的老人获得较少来自"仅子辈"的健康支持(OR=0.140);而相较于无配偶的老人,有配偶的老人能够获得更多来自"仅配偶"(OR=53.817)以及"配偶和子辈共同"(OR=159.379)的健康支持,但是获得来自"仅子辈"的健康支持的可能性最小(OR=0.218);相较于没有同住子女的老人,有同住子女的老人获得来自"配偶和子辈共同"的健康支持可能性最大(OR=3.389)。

表 5-10 居家养老老人的家庭健康支持多分类 Logistic 回归模型

变量 (对照组)		仅配偶			仅子辈			配偶和子辈共同		
		OR 值	95%CI 下限	95%CI 上限	OR 值	95%CI 下限	95%CI 上限	OR 值	95%CI 下限	95%CI 上限
自评健康状况 (非常好)	一般	0.791	0.165	3.800	1.305	0.280	6.083	0.700	0.162	3.029
	较好	0.801	0.256	2.501	0.955	0.308	2.963	0.723	0.247	2.120
生活自理情况 (完全自理)	不能完全自理	0.458	0.071	2.980	0.140	0.020	0.966	0.192	0.032	1.158
患慢性病情况(没有)	1 种	0.370	0.086	1.588	0.495	0.119	2.061	0.468	0.116	1.886
	2 种及以上	0.298	0.058	1.518	0.452	0.092	2.209	0.530	0.113	2.489
性别(女)	男	1.326	0.520	3.384	1.310	0.518	3.310	1.133	0.470	2.733
年龄 (60~69 岁)	70~79 岁	2.908	0.968	8.732	1.339	0.451	3.975	2.026	0.722	5.690
	80 岁及以上	2.535	0.431	14.914	2.617	0.533	12.849	2.496	0.493	12.646
老人受教育程度 (小学及以下)	初中	0.423	0.152	1.181	0.504	0.185	1.375	0.646	0.249	1.671
	高中及以上	0.652	0.162	2.627	0.604	0.147	2.473	0.716	0.194	2.642
婚姻状况 (无配偶)	有配偶	53.817	5.990	483.526	0.218	0.081	0.589	159.379	17.923	1417.261

续表

变量 （对照组）		仅配偶 OR 值	95%CI 下限	95%CI 上限	仅子辈 OR 值	95%CI 下限	95%CI 上限	配偶和子辈共同 OR 值	95%CI 下限	95%CI 上限
子女数 （0~1个）	2个	0.743	0.239	2.311	0.638	0.208	1.953	0.710	0.244	2.065
	3个及以上	0.524	0.104	2.655	1.296	0.282	5.952	0.722	0.161	3.235
是否有同住子女（否）	是	1.728	0.658	4.540	2.468	0.979	6.222	3.389	1.370	8.385
子女受教育程度（小学及以下）	初中	2.487	0.652	9.491	2.564	0.724	9.087	2.164	0.629	7.446
	高中	4.103	0.800	21.056	4.400	0.914	21.173	4.332	0.949	19.782
	大专及以上	1.570	0.292	8.434	1.179	0.236	5.892	1.625	0.351	7.523
家庭年收入（1万元以下）	1万~5万元	1.385	0.411	4.668	0.846	0.276	2.599	1.586	0.516	4.874
	5万~10万元	1.426	0.318	6.387	0.423	0.096	1.867	1.706	0.423	6.889
	10万元及以上	2.803	0.227	34.586	0.693	0.048	9.997	3.853	0.356	41.710
城乡（农村）	城市	0.499	0.200	1.246	0.588	0.241	1.435	0.703	0.299	1.656
区市（淮安市淮安区）	海安市	1.195	0.333	4.281	1.874	0.535	6.559	0.668	0.200	2.225
	张家港市	0.619	0.172	2.234	1.157	0.333	4.021	0.808	0.247	2.650

第四节 养老能力与家庭健康支持

如表5-11所示，不同养老能力家庭的健康支持情况差异显著（χ^2=17.032，p=0.006）。家庭养老能力越好的老人获得来自"配偶和子辈共同"的健康支持比例越高，其中家庭养老能力较好的老人该比例为52.84%，而家庭养老能力较差的老人该比例只有36.21%。

表 5-11　不同养老能力家庭的健康支持

单位：人，%

家庭养老能力	仅配偶	仅子辈	配偶和子辈共同	其他	χ^2值（p值）
较差	68（39.08）	41（23.56）	63（36.21）	2（1.15）	
中等	129（37.39）	50（14.49）	164（47.54）	2（0.58）	17.032（0.006）
较好	63（35.80）	18（10.23）	93（52.84）	2（1.14）	

注：因有超过20%单元格的期望频数小于5，此处检验采用Fisher精确检验。

将反映家庭养老能力的四个维度因子得分作为数值自变量，老人家庭健康支持模式作为因变量，其中健康支持模式为其他类别的作为对照组，建立多分类Logistic回归模型来探究四个维度对老人家庭健康支持的影响情况。

如表5-12所示，老年社会经济资本、老年健康资本以及子女照料条件对老人获得家庭健康支持有显著影响。老年社会经济资本越丰富，老人获得"仅子辈"健康支持的可能性就越低（OR=0.483）；老年健康资本越丰富，老人获得"仅配偶"以及"配偶和子辈共同"提供的健康支持可能性就越大，而获得"仅子辈"的健康支持可能性就越小；子女照料条件越好，老人获得来自"仅子辈"的健康支持就越多（OR=1.676）。

表 5-12　家庭养老能力不同维度对老人家庭健康支持的影响分析

不同维度	仅配偶 OR值	95%CI 下限	95%CI 上限	仅子辈 OR值	95%CI 下限	95%CI 上限	配偶和子辈共同 OR值	95%CI 下限	95%CI 上限
老年社会经济资本	0.764	0.507	1.152	0.483	0.325	0.718	0.879	0.599	1.290
子女人力资本	0.924	0.602	1.418	1.339	0.885	2.026	0.853	0.569	1.279
老年健康资本	1.715	1.085	2.709	0.583	0.376	0.905	2.015	1.310	3.099
子女照料条件	0.931	0.618	1.402	1.676	1.124	2.499	1.297	0.883	1.906

第五节　江苏居家养老老人家庭健康支持主要研究结论

本章基于实证数据全面分析了影响老人的健康状况、健康支持现状以及家庭健康支持的因素，主要得出以下几点研究结论。

一　江苏老人总体健康状况较好

江苏居家养老老人自评健康得分为 7.69±1.53 分，老人生活自理能力得分均值为 23.29±2.60 分，被调查的老人中有 96.04% 能够做到 6 项自理，仅有 3.96% 的老人不能完全自理。居家养老老人中没有慢性病的人占 18.67%，而患有 1 种慢性病的老人最多，占比为 50.00%。

通过与全国和其他省份相关数据的对比可以发现，江苏老人总体健康水平位于全国前列。从全国情况来看，全国自评为"健康"的男性老人占比超过四成，自评为"健康"的女性老人占比在三成左右（张文娟、王东京，2018）。从全国农村老人自评情况来看，自评为"非常健康"的农村老人仅有 7.00%、自评为"非常不健康"的农村老人占比 27.7%（王红波，2019）。在宁夏南部地区，79.26% 的老人患有不同数量的慢性病，超过 5% 的老人存在家庭护理需求（祁玲、张继荣，2018）。在广东老年人口中，自评为"健康和基本健康"的比例为 88.31%，"不健康但生活能自理"的比例为 9.97%，"生活不能自理"的比例为 1.72%（阎志强、宋淑洁，2020）。

二　子女、配偶是老人家庭健康支持的主要来源

研究结果显示，子女以及配偶能够为老人提供生病照料支持的比例最高，许多学者的研究也有类似结论，即在老人的生活照料网中子女作用最为重要，其次为配偶（许传新、陈国华，2005；杜鹏等，2016）。子女和配偶作为老人最亲近的亲属，自然成为老人日常生活照料最主要的提供者。

三 家庭健康支持与老人健康刚性需求密切相关

年龄较大、无配偶的老人对家庭健康支持往往有着更高的需求，从研究结果来看这类老人也大多获得了来自子辈的家庭健康支持。年龄较大的老人比较容易获得家庭照料的支持，由于年龄增长，老人在身体上和生活上对他人照料的依赖增加，而子女正是满足老人养老需求的主要提供者，这与既往研究结果一致（宋璐、李树茁，2010）。而无配偶的老人在生病时往往会需要更多来自子女的健康支持，熊跃根（1998）的研究也显示对于丧偶的老人来说，子女（尤其是女儿）是主要的照料人员。

四 与子女同住的老人更有可能获得健康支持

在家庭健康支持的影响因素研究中，可以发现相较于没有同住子女的老人，有同住子女的老人更有可能获得来自配偶和子女的家庭健康支持。这与王硕（2016）的关于与子女同住会影响老人获得家庭支持的结论基本一致。由于地理上的相近，老人往往更容易获得子女的生活照料和心理慰藉。此外，家庭年收入越高的老人往往也能够获得更多家庭健康支持。老人控制的资源越多，得到支持的程度就越高，这也与既往的研究结论一致（Ham and Song，2004）。

第六节 增强居家养老老人的家庭健康支持能力的建议

一 赋能子女与老人，推动家庭为老人提供更多健康支持

本研究显示，子女和配偶是老人生病照料支持的主体，但家庭对老人的健康支持情况与家庭的养老能力显著相关。因此，首先，在老年人口的健康促进中，基本公共卫生服务需要充分关注老年健康的二级目标群体（可能影响老年健康的人员）的能力建设，不能仅增加对老人自身疾病问题的健康教育与健康管理，需要广泛利用多种宣传手段，由于二

级目标群体的年龄跨度较大,既需要加强新兴传媒,如健康公众号、健康微视频等的宣传,也需要继续利用传统传媒,如宣传折页、广播、电视等继续宣传老年健康常识。加大团体老年健康教育的同时,还需要提供更多个性化的健康教育,通过健康指导或健康咨询,必要时提供上门指导服务,为健康支持人员提供有针对性的信息,赋能家庭成员,促进他们更有效、更持久地对老人的健康进行支持。

二 以需求为中心,充分关注老年家庭的刚性健康需求

对能提高老人健康水平的家庭外部支持的需求,包括两类,一类是主观的健康需求,即老人及其家庭已经意识到的需求。另一类是客观的健康需求,即老人及其家庭可能并没有明示,但从其健康状况、所处的健康环境和健康发展趋势来判断,老人确定需要有某类的健康支持。二者都需要充分调研,基于老人的现状,量身定制健康服务。本研究发现,江苏居家养老的老人,高龄段老人、没有子女的老人、失能老人等有相对较高的刚性需求,应该是江苏基本公共卫生服务项目优先提供服务的对象,健康素养项目、家庭医生、社区"医养"结合服务等都需要将其作为重点人群。但与此同时,还需要关注目前老年家庭的健康支持需求,基本上是以"疾病"为导向的,即有了生病老人,才会有更多的外显的主观健康需求。对于疾病预防的意识不高的老人,基本公共卫生服务主体更需主动作为,充分研判老人的客观健康支持需求,通过多种手段,一方面提供家庭的老年健康知识,提高健康意识;另一方面则需要通过激励手段或免费的方式,促进老人及其家庭接受预防服务。

三 家庭氛围营造,促进子女对老人的健康支持

家庭是老人健康的第一守护单位,本研究显示,家庭的子女情况、居住模式、养老能力等都与老人健康密切相关,而且大部分家庭也切实承担了老人的支持义务,但是这样的意识与行为更多仅仅是传统家庭养老行为,即老人照料的一部分,在老人生病时予以照料,而且在老人的配偶有照料能力时,也更多是由老人配偶去关注老人的健康。由于老人

的健康行为和健康意识已经相对固化，不容易自觉改变一些损害健康的不良行为，同时对新的健康信息的辨别和接受能力也相对较弱。因此，如果子女能主动关注老人健康，在老年家庭中营造一种高度关注健康的氛围，并适当改造家庭的居住环境，主动对老人健康进行支持，相对于老人的自我健康照料来说会更为高效。因此，建议在我国的基本公共卫生服务项目和健康家庭建设项目中，提供更多以"家庭"为单位的服务项目。面向所有老年家庭，特别老年家庭的子女，广泛开展健康教育，促进老年家庭健康生活方式的形成，营造良好的家庭氛围。基于既往相关调查结果和专业的健康需求判断，研究认为当前的重点实施领域如下。（1）家庭常用药品配备及定期清理行为。根据家庭老年成员的年龄、患病史等信息备有家庭常用药，定期清理过期药品并科学回收药品。（2）家庭成员要经常关心老人健康状况，就老人的健康行为问题能够经常督促与提醒，并形成老年成员健康问题共商机制或习惯。（3）促进家庭成员经常主动学习老年健康知识并相互交流，掌握家庭中老人慢性病的高危征兆和急救方法等。（4）养成健康的家庭饮食习惯。促进家庭充分了解老人饮食特点和营养搭配，帮助老人形成合理的饮食习惯。营养均衡，荤素搭配合理，饮食清淡，不暴饮暴食，不酗酒，经常提醒与督促老人。老人疾病发作时，能及时做出饮食调整。

第六章　家庭精神慰藉：心理健康与精神慰藉人

现如今我国物质供养水平得到极大改善，老人的养老保障已经不仅要满足老人的物质生存需求，还要满足老人精神生活的需求，人们对老人的精神生活的日益关注，让学界开始重视老人精神慰藉问题。本章将从家庭为老人提供精神慰藉的角度进行分析，同时考虑家庭和地区因素，构建影响家庭为老人提供精神慰藉的因素的分析框架，挖掘影响江苏居家养老老人精神慰藉的因素。

第一节　老人精神慰藉文献回顾

在我国，关于精神慰藉，《老年人权益保障法》明确规定赡养人对老人具有精神上慰藉的义务，由此老人的精神慰藉问题开始被重视和关注。但是精神慰藉仍没有具体和权威的定义，对此学者们有不同的理解。穆光宗（2004）对精神慰藉的界定分为三个方面。第一，人格的尊重，指的是老人有自主决策和得到尊重的权利。第二，成就安心，就是老人对子女的人生（事业、婚姻和家庭）所取得的成就表示满意，即儿女自身的事业成功、家庭幸福，对父母的精神产生了巨大的安慰。第三，情感慰藉，就是儿女通过美好的言语和行为表达对老人的关怀和照顾，一般来说，这种"最直接的精神慰藉"可能是老年父母最需要的。李瑞芬和童春林（2006）指出，所谓"精神慰藉"，就是家庭、单位、社会乃至政府共同关注老人心理和精神上的各种需求。不同于经济供养及生活照料，精神慰藉有其特殊的属性：相对的独立性和较少的替代性。概括来说，精神慰藉主要包括三个方面，即尊重、情感慰藉和子女成功。

通过研读相关文献，我们发现目前关于老人精神慰藉的研究主要集中在三个方面：一是老人精神慰藉主要问题研究；二是对老人精神慰藉缺失原因的分析；三是探究增强老人精神慰藉的实现路径。

一 老人精神慰藉主要问题研究

尤吾兵（2015）认为老人精神慰藉问题主要表现在以下几点。①精神慰藉供给管道狭窄化与老年人口数量日益增多之间的矛盾。为老人提供精神慰藉的途径较少，与如今老年人口数量不匹配。②精神慰藉内容简单化与老年人口精神需求日益增多之间的矛盾。物质赡养取代精神慰藉较为普遍，老人的精神需求不能得到满足。③孝观念去情化与老年人口需要子辈情感慰藉日益强烈之间的矛盾。老人在长期的独自生活中对子女的依赖感逐渐加深。④保障机制脆弱化与老年人口精神赡养社会化趋势之间的矛盾。家庭供给精神慰藉已经出现问题，居家养老实质是家庭养老的社会化形式，社会化赡养老人是必由之路和必然走向，但目前保障社会化赡养老人的体系十分脆弱。

从微观家庭层面看，谭英花等（2015）认为老人精神慰藉问题主要有以下几点表现。①亲情慰藉缺失。随着物质水平的提高，老人越来越渴望精神上的满足，但是各种原因使得子女无法提供老人期望的情感慰藉，使得老人感到孤独甚至抑郁。②安全感缺失。随着年龄的增长，老人生理功能日渐衰退，对他人的依赖性增强，心理上越来越缺乏安全感。③成就感危机。很多老人因年事已高、行动不便，社会活动参与率更低，所以容易产生被社会遗忘的消极想法。老人往往因子女不在身边经常感到空虚孤独，在精神慰藉需求满足上有缺失。

二 对老人精神慰藉缺失原因的分析

在对老人精神慰藉缺失原因的分析上，众多学者提出了自己的看法。段云奎（1999）认为问题的根源是赡养义务的具体承担者即子女的责任意识淡薄和错误心态。顾林正（2006）从家庭变迁的角度进行分析，将家庭视作最重要的因素，由于家庭成员逐渐减少、家庭结构趋于简单、家庭作用不断弱化等，老人得到的精神慰藉越来越少。谭英花等（2015）认为现代化的发展打破了传统的家庭慰藉格局，即功能性养老关系弱化引发情感性养老关系缺失，养老传统被打破，新的养老制度与文化观念尚未构建，导致老人精神慰藉的缺失。秦瑶和康钊（2016）认为与子女缺少沟通是造成老人精神慰藉缺乏的情感方面的原因。左鹏和高李鹏（2004）则对造成老人精神慰藉问题的主要原因总结为三方面，即老人生理机能的衰退、老人家庭结构的变迁、老人社会角色的变化。撒日拉（2018）认为家庭养老功能弱化、老人自我养老能力、精神慰藉政策法规保障不足等导致老人精神慰藉的缺失。还有一些学者认为成年子女外出使代际长期分离、交流阻断，导致老人精神慰藉缺失，加重了老人的孤独感与失落感（Antman，2010；Helen，2002；Adhikari，2011）。

三 探究增强老人精神慰藉的实现路径

左鹏和高李鹏（2004）认为可以从个人、家庭、社区这几个方面针对目前日益凸显的精神慰藉缺失问题提出对策。首先，从个人角度来说，要引导老人树立科学的老年价值观，参加力所能及的社会活动，帮助他们积极实现自我价值；其次，要重视家庭在精神慰藉中的作用，通过家庭生活来满足老人对亲情关怀的需要；最后，建立健全社区服务体系，发挥社区在老人精神慰藉中的积极作用，从而满足较高层次的精神需求。万春龙（2005）从三个方面提出了应对精神慰藉缺失的解决策略。首先，子女是满足父母精神慰藉不可替代的群体，血浓于水的亲情是任何事物都无法取代的，子女要常回家看看，时常给父母情感慰藉。其次，老人自身方面，要学会独处，努力寻找精神寄托，撑起自己的一片天。最后，社会要关注老人的精神生活，特别是"空巢老人"，树立全社会尊老爱老的观念，健全整套关注"空巢老人"的现代体系。赵尉和沈岸（2010）指出精神赡养需要家庭和社会的共同努力。在家庭方面，赡养既是家庭功能的体现，也是家庭关系中的重要内容，子女们不光要满足老人的物质需要，还要重视老人的心理情感，尊重老人的志向和意愿，为老人营造和谐的家庭氛围。在社会方面，对老人的精神赡养主要在于社区功能的发挥。随着城市生活方式和居住结构的改变，家庭精神慰藉越来越无法满足老人的需求，社区精神赡养的重要性日益显现。在社区中，老人可以在各种活动中逐渐调适自身的角色，消除烦恼，开阔心胸。

四 老人精神慰藉研究简要述评

近年来，学者对老人精神慰藉的研究，对政府和社会重视老人精神慰藉起到了较好的提醒作用，引起了广泛的关注，也为全社会共同关注老人精神生活提供了方向，但既有研究在以下方面仍需深化与拓展。

对老人精神慰藉的量化研究。既有研究指出了我国老人面临的精神慰藉问题，但目前对家庭成员提供的精神慰藉情况、相关社会服务供给与利用状况还缺少专题的分析，尤其是缺少一定地域范围的量化研究。因此，既有研究只揭示了问题的存在，但对问题严重程度的认识尚处于模糊状态。

对适应当代社会和家庭特征的老人精神慰藉的路径研究。当前社会和家庭的智慧化程度越来越高，老人可以寻求的精神慰藉的手段逐渐增多。与此同时，家庭结构小型化、老人居住空巢化和子女流动程度加剧等也影响传统的家庭精神慰藉的方式。因而，未来研究需要针对这些特征，提出更为有效、更具有操作性和可接受性的路径以推动家庭和社会为老人提供精神慰藉。

第二节 江苏居家养老老人的心理健康现状

考虑到当前我国老人心理健康主要面临的问题是抑郁症，在基本公共卫生项目老年健康管理中,抑郁症筛选是其中的一项,本研究选用了抑郁症的测量量表(CES-D)分析江苏居家养老老人的心理健康状况和不同老年群体的心理健康差异。

一 心理健康总体情况

结果如表 6-1 所示,在 5 个老人心理项目中,除了"入睡困难或总是想睡觉"项目,老人基本没有出现问题的比例只有 64.83%,其余项目老人基本没有出现问题的比例均超过了 80%,由此可见,老人心理方面的问题更多的还是睡眠问题。

表 6-1 老人心理健康状况

单位:人,%

项目	一直有	经常有	偶尔有	基本没有
做什么事情都觉得没意思	9(1.15)	21(2.69)	111(14.19)	641(81.97)
入睡困难或总是想睡觉	29(3.71)	55(7.03)	191(24.42)	507(64.83)
不想吃饭或者吃得太多	15(1.92)	21(2.69)	106(13.55)	640(81.84)
心情不好、郁闷,没希望	12(1.53)	16(2.05)	102(13.04)	652(83.38)
总是感觉自己不成功,不如别人	8(1.02)	19(2.43)	96(12.28)	659(84.27)

注:括号内为百分比,括号外为该项目样本数量。

对每个项目各级别进行赋值,"基本没有"赋值为 0,"偶尔有"赋值为 1,"经常有"赋值为 2,"一直有"赋值为 3,汇总 5 项分值来描述每一位被调查老人的心理健康综合情况,分值越高,意味着被调查老人的心理健康状况越差,越需要精神慰藉。结果显示 54.48% 的老人基本没有心理健康问题,而有 45.52% 的老人至少出现过一项心理健康问题。老人总体心理健康得分为 1.39±2.37 分,具体结果见图 6-1。

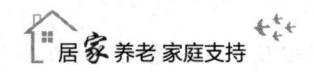

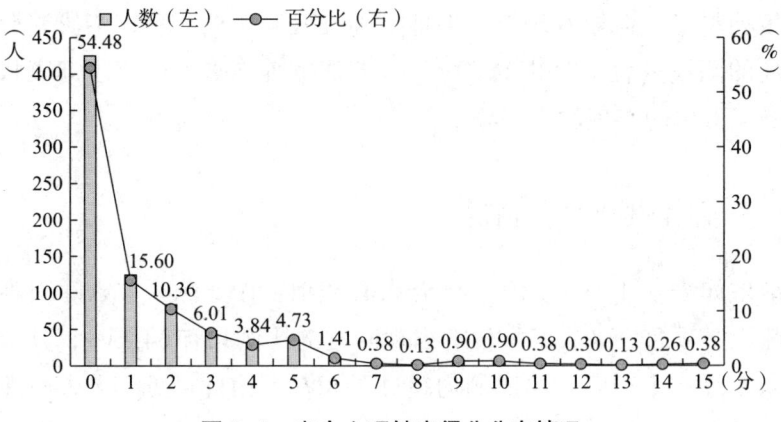

图 6-1 老人心理健康得分分布情况

二 不同特征老人的心理健康状况比较

首先参考 CES-D 量表，将心理健康 5 项总得分为 0 分的定义为不存在心理健康问题，1 分及以上定义为存在心理健康问题，即可能存在抑郁症状，再比较不同特征老人的心理健康状况。

如表 6-2 所示，不同个人特征的老人心理健康状况表现出显著差异，女性老人有心理健康问题的比例高于男性老人（χ^2=4.07，p=0.044）；年龄越大的老人有心理健康问题的比例越高，其中 80 岁及以上的老人中 52.78% 有心理健康问题（χ^2=11.98，p=0.003）；无配偶的老人更容易存在心理健康问题（χ^2=4.56，p=0.033）。不同家庭、地区特征的老人心理健康状况未发现有显著差异。

表 6-2 不同特征老人心理健康状况比较

单位：人，%

变量			N	无心理健康问题	有心理健康问题	χ^2 值（p 值）
个人特征	性别	男	368	215（58.42）	153（41.58）	4.07（0.044）
		女	414	211（50.97）	203（49.03）	
	年龄	60~69 岁	380	231（60.79）	149（39.21）	11.98（0.003）
		70~79 岁	294	144（48.98）	150（51.02）	
		80 岁及以上	108	51（47.22）	57（52.78）	

续表

	变量		N	无心理健康问题	有心理健康问题	χ^2值（p值）
个人特征	老人受教育程度	小学及以下	429	229（53.38）	200（46.62）	0.62（0.735）
		初中	228	129（56.58）	99（43.42）	
		高中及以上	125	68（54.40）	57（45.60）	
	婚姻状况	有配偶	581	330（56.80）	251（43.20）	4.56（0.033）
		无配偶	201	96（47.76）	105（52.24）	
家庭特征	子女数	0~1个	313	180（57.51）	133（42.49）	2.51（0.285）
		2个	311	167（53.70）	144（46.30）	
		3个及以上	158	79（50.00）	79（50.00）	
	是否有同住子女	是	407	221（54.30）	186（45.70）	0.00（0.975）
		否	375	205（54.67）	170（45.33）	
	子女受教育程度	小学及以下	102	56（54.90）	46（45.10）	0.41（0.937）
		初中	286	157（54.90）	129（45.10）	
		高中	210	118（56.19）	92（43.81）	
		大专及以上	172	91（52.91）	81（47.09）	
	家庭年收入	1万元以下	174	86（49.43）	88（50.57）	2.921（0.404）
		1万~5万元	407	228（56.02）	179（43.98）	
		5万~10万元	146	84（57.53）	62（42.47）	
		10万元及以上	43	22（51.16）	21（48.84）	
地区特征	城乡	农村	403	209（51.86）	194（48.14）	2.08（0.149）
		城市	379	217（57.26）	162（42.74）	
	区市	海安市	300	165（55.00）	135（45.00）	0.07（0.966）
		张家港市	245	132（53.88）	113（46.12）	
		淮安市淮安区	237	129（54.43）	108（45.57）	

注：N为该项样本总容量，括号内为百分比，括号外为该分项的样本量，χ^2值（p值）栏除外，下同。

三 居家养老老人心理健康影响因素分析

将个人、家庭和地区因素作为自变量,老人是否有心理健康问题作为因变量,构建二元 Logistic 回归模型,结果如表 6-3 所示。结果显示,老人性别、年龄、子女受教育程度以及城乡类型对老人的心理健康状况有显著影响。相较于女性老人,男性老人存在心理健康问题的可能性更小(OR=0.647);年龄越大的老人越有可能产生心理健康问题,其中 80 岁及以上的老人存在心理健康问题的可能性是 60~69 岁老人的 1.798 倍;子女受教育程度越高,老人的心理健康状况越差(OR=1.933);此外还发现,相较于农村地区,城市地区老人心理健康状况较好(OR=0.692)。

表 6-3 居家养老老人的心理健康二元 Logistic 回归模型

变量(对照组)		OR 值	OR 的 95%CI	
			下限	上限
性别(女)	男	0.647	0.468	0.895
年龄(60~69 岁)	70~79 岁	1.688	1.161	2.454
	80 岁及以上	1.798	1.05	3.08
老人受教育程度(小学及以下)	初中	1.058	0.734	1.525
	高中及以上	1.104	0.675	1.806
婚姻状况(无配偶)	有配偶	1.083	0.667	1.759
配偶自评健康状况		0.954	0.904	1.006
子女数(0~1 个)	2 个	1.173	0.801	1.718
	3 个及以上	1.217	0.733	2.022
是否有同住子女(否)	是	1.172	0.859	1.599
子女受教育程度(小学及以下)	初中	1.080	0.66	1.767
	高中	1.329	0.749	2.36
	大专及以上	1.933	1.014	3.685
家庭年收入(1 万元以下)	1 万~5 万元	0.876	0.583	1.316
	5 万~10 万元	0.769	0.453	1.306
	10 万元及以上	0.974	0.453	2.095
城乡(农村)	城市	0.692	0.507	0.945

续表

变量（对照组）		OR 值	OR 的 95%CI	
			下限	上限
区市（淮安市淮安区）	海安市	0.89	0.593	1.335
	张家港市	0.904	0.592	1.382

第三节 老人精神慰藉人员模式及其影响因素分析

为了反映江苏居家养老老人家庭精神慰藉的情况，本节主要对老人获得的家庭精神慰藉状况进行描述性分析，并按照不同老人特征进行比较，最后进行影响因素分析。

一 江苏居家养老老人的家庭精神慰藉现状

通过问卷中"心里不舒服或生病时，谁安慰您比较多？"（多选）来反映老人家庭精神慰藉情况，具体结果可见图6-2。研究发现：在老人心里不舒服或生病时，安慰老人比较多的对象主要为配偶（64.32%），其次为儿子（51.92%）和女儿（43.22%），没人安慰的比例仅有2.17%。

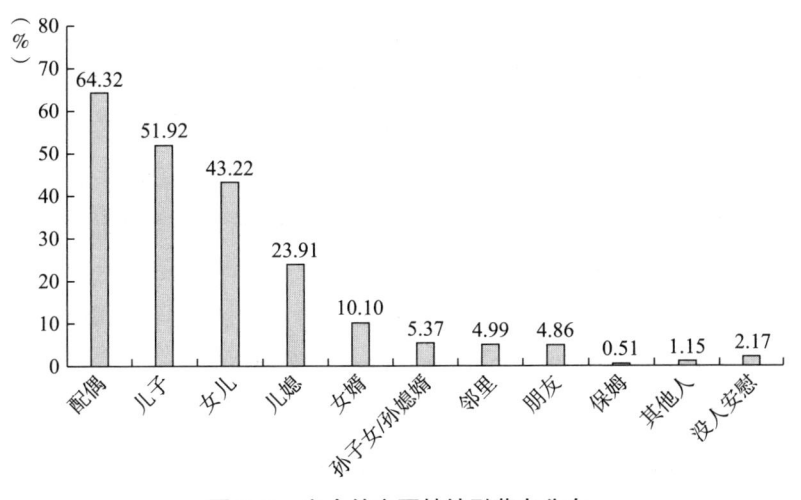

图 6-2 老人的主要精神慰藉者分布

将家庭中为老人提供精神慰藉的对象，按照组合的不同分为"仅配偶""仅子辈""配偶和子辈共同"以及"其他"。"仅配偶"项只包含配偶，"仅子辈"项包含儿子、女儿、儿媳、女婿、孙子女/孙媳婿中某一项或某几项且不包含其余项，"配偶和子辈共同"项既包括配偶又包括子辈中某些项，"其他"项为所有非以上列出的情况。如图6-3所示，"配偶和子辈共同"为老人提供精神慰藉的比例最高，达到了43.48%，其次为"仅子辈"为28.26%，"其他"非家庭成员提供精神慰藉的比例最低，仅有11.38%。

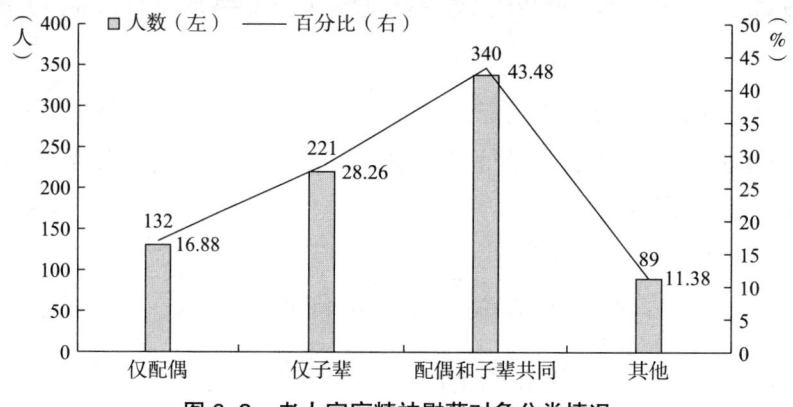

图6-3　老人家庭精神慰藉对象分类情况

二　不同特征居家养老老人的家庭精神慰藉比较

如表6-4所示，不同特征居家养老老人的家庭精神慰藉情况差异显著。对于不同年龄老人来说，60~69岁以及70~79岁老人的家庭精神慰藉模式多为"配偶和子辈共同"，而80岁及以上老人的家庭精神慰藉模式多为"仅子辈"（χ^2=45.44，p=0.000）；对于不同受教育程度老人来说，小学及以下学历的老人在四种家庭精神慰藉模式中分布相对较为均匀，而初中和高中及以上学历的老人更倾向于"配偶和子辈共同"慰藉模式（χ^2=53.48，p=0.000）；有无配偶对老人家庭精神慰藉模式影响最为显著，无配偶的老人家庭精神慰藉缺失比例达到17.41%，而有配偶的老人该比例仅有9.29%（χ^2=431.25，p=0.000）；子女数越多，老人获得"仅子辈"精神慰藉的比例越高，获得"配偶和子辈共同"精神慰藉的比例越低（χ^2=37.35，p=0.000）。

相较于没有同住子女的老人，有同住子女的老人家庭精神慰藉缺失比例更低（χ^2=20.04，p=0.000）；随着子女受教育程度的提高，老人获得"仅子辈"精神慰藉的比例越低，获得"配偶和子辈共同"慰藉支持的比例越高，同时家庭精神慰藉的缺失比例也越来越高（χ^2=29.50，p=0.001）；而随着家庭年收入的提高，老人获得"仅子辈"精神慰藉的比例越低，获得"配偶和子辈共同"慰藉支持的比例越高，家庭精神慰藉的缺失比例也越来越低（χ^2=63.99，p=0.000）；城市地区老人获得家庭精神慰藉的比例整体高于农村地区老人（"仅配偶"项除外）（χ^2=14.37，p=0.000）；不同区市中，张家港市老人的家庭精神慰藉缺失比例（15.51%）最高（χ^2=17.01，p=0.009）。

表6-4 不同特征老人家庭精神慰藉情况比较

单位：人，%

	变量		仅配偶	仅子辈	配偶和子辈共同	其他	χ^2值（p值）
个人特征	性别	男	73（19.84）	81（22.01）	174（47.28）	40（10.87）	15.68（0.001）
		女	59（14.25）	140（33.82）	166（40.10）	49（11.84）	
	年龄	60~69岁	62（16.32）	82（21.58）	191（50.26）	45（11.84）	45.44（0.000）
		70~79岁	62（21.09）	86（29.25）	119（40.48）	27（9.18）	
		80岁及以上	8（7.41）	53（49.07）	30（27.78）	17（15.74）	
	老人受教育程度	小学及以下	82（19.11）	153（35.66）	139（32.40）	55（12.82）	53.48（0.000）
		初中	35（15.35）	40（17.54）	135（59.21）	18（7.89）	
		高中及以上	15（12.00）	28（22.40）	66（52.80）	16（12.80）	
	婚姻状况	有配偶	13（22.38）	58（9.98）	339（58.35）	54（9.29）	431.25（0.000）
		无配偶	2（1.00）	163（81.09）	1（0.50）	35（17.41）	
家庭特征	子女数	0~1个	54（17.25）	68（21.73）	145（46.33）	46（14.70）	37.35（0.000）
		2个	63（20.26）	83（26.69）	141（45.34）	24（7.72）	
		3个及以上	15（9.49）	70（44.30）	54（34.18）	19（12.03）	
	是否有同住子女	是	55（13.51）	139（34.15）	176（43.24）	37（9.09）	20.04（0.000）
		否	77（20.53）	82（21.87）	164（43.73）	52（13.87）	

续表

变量		仅配偶	仅子辈	配偶和子辈共同	其他	χ^2值（p值）
家庭特征	子女受教育程度 小学及以下	19（18.63）	40（39.22）	34（33.33）	9（8.82）	29.50（0.001）
	初中	48（16.78）	100（34.97）	112（39.16）	26（9.09）	
	高中	36（17.14）	50（23.81）	99（47.14）	25（11.90）	
	大专及以上	25（14.53）	30（17.44）	94（54.65）	23（13.37）	
	家庭年收入 1万元以下	26（14.94）	76（43.68）	44（25.29）	28（16.09）	63.99（0.000）
	1万~5万元	69（16.95）	115（28.26）	181（44.47）	42（10.32）	
	5万~10万元	29（19.86）	23（15.75）	82（56.16）	12（8.22）	
	10万元及以上	4（9.30）	3（6.98）	31（72.09）	5（11.63）	
地区特征	城乡 农村	84（20.84）	109（27.05）	157（38.96）	53（13.15）	14.37（0.000）
	城市	48（12.66）	112（29.55）	183（48.28）	36（9.50）	
	区市 海安市	63（21.00）	89（29.67）	119（39.67）	29（9.67）	17.01（0.009）
	张家港市	28（11.43）	60（24.49）	119（48.57）	38（15.51）	
	淮安市淮安区	41（17.30）	72（30.38）	102（43.04）	23（9.28）	

三　精神慰藉影响因素分析

（一）变量设置

为了了解老人心理健康、个人特征、家庭特征和地区特征对老人家庭精神慰藉的影响，研究建立了多分类 Logistic 回归模型。老人家庭精神慰藉模式作为因变量，其中精神慰藉模式为其他类别的作为对照组，自变量选择以下四类。健康因素：心理健康状况。个人因素：性别、年龄、老人受教育程度、婚姻状况。家庭因素：配偶自评健康状况、子女数、是否有同住子女、子女受教育程度、家庭年收入。地区因素：城乡、区市。所有自变量操作化情况见表 6-5。

表 6-5 家庭精神慰藉影响因素分析使用变量情况

变量	操作化情况
健康因素	
心理健康状况	无心理健康问题 =1，有心理健康问题 =2
个人因素	
性别	男 =1，女 =2
年龄	60~69 岁 =1，70~79 岁 =2，80 岁及以上 =3
老人受教育程度	小学及以下 =1，初中 =2，高中及以上 =3
婚姻状况	有配偶 =1，无配偶 =2
家庭因素	
配偶自评健康状况	0~10 分，分值越高，健康状况越好
子女数	0~1 个 =1，2 个 =2，3 个及以上 =3
是否有同住子女	是 =1，否 =2
子女受教育程度	小学及以下 =1，初中 =2，高中 =3，大专及以上 =4
家庭年收入	1 万元以下 =1，1 万 ~5 万元 =2，5 万 ~10 万元 =3，10 万元及以上 =4
地区因素	
城乡	农村 =1，城市 =2
区市	海安市 =1，张家港市 =2，淮安市淮安区 =3

（二）分析结果

Logistic 回归分析结果见表 6-6。结果显示，老人心理健康状况、婚姻状况、家庭年收入、城乡以及区市对老人的家庭精神慰藉有显著影响。存在心理健康问题的老人获得来自"仅配偶"的精神慰藉较少（OR=0.448），而相较于无配偶的老人，有配偶的老人获得来自"仅子辈"的精神慰藉的可能性较小（OR=0.290）；家庭年收入在 5 万 ~10 万元的老人获得来自"配偶和子辈共同"的精神慰藉的可能性最大（OR=3.531）；而相较于淮安市淮安区，张家港市的老人获得来自"仅配偶"(OR=0.303)或者"配偶和子辈共同"的精神慰藉更少(OR=0.450)。

表 6-6 居家养老老人的精神慰藉多分类 Logistic 回归模型

变量（对照组）		仅配偶 OR 值	95%CI 下限	95%CI 上限	仅子辈 OR 值	95%CI 下限	95%CI 上限	配偶和子辈共同 OR 值	95%CI 下限	95%CI 上限
心理健康状况（无）	有问题	0.448	0.239	0.838	1.058	0.595	1.882	0.691	0.401	1.191
性别（女）	男	1.378	0.709	2.682	0.792	0.420	1.494	1.129	0.626	2.038
年龄（60~69岁）	70~79岁	2.086	0.951	4.574	0.964	0.455	2.043	1.361	0.671	2.761
	80岁及以上	0.850	0.243	2.974	0.949	0.377	2.392	1.046	0.379	2.885
老人受教育程度（小学及以下）	初中	1.192	0.549	2.589	1.478	0.686	3.185	2.365	1.191	4.695
	高中及以上	0.769	0.282	2.102	1.589	0.613	4.122	1.383	0.593	3.226
婚姻状况（无配偶）	有配偶	30.214	6.078	150.205	0.290	0.129	0.648	111.645	13.784	904.276
配偶自评健康状况		1.026	0.925	1.139	0.950	0.861	1.048	1.092	0.995	1.200
子女数（0~1个）	2个	1.436	0.643	3.205	1.988	0.928	4.259	1.485	0.724	3.047
	3个及以上	0.475	0.154	1.466	1.349	0.536	3.393	0.872	0.336	2.266
是否有同住子女（否）	是	0.936	0.491	1.785	1.657	0.919	2.987	1.563	0.885	2.759
子女受教育程度（小学及以下）	初中	0.849	0.286	2.517	0.649	0.252	1.673	0.805	0.301	2.157
	高中	0.597	0.173	2.060	0.389	0.131	1.155	0.610	0.200	1.858
	大专及以上	0.454	0.114	1.812	0.420	0.122	1.449	0.495	0.146	1.682
家庭年收入（1万元以下）	1万~5万元	1.667	0.725	3.835	1.603	0.796	3.227	2.438	1.150	5.167
	5万~10万元	2.417	0.820	7.119	1.085	0.383	3.074	3.531	1.342	9.291
	10万元及以上	0.853	0.163	4.462	0.253	0.041	1.574	2.472	0.672	9.088

续表

变量 （对照组）		仅配偶			仅子辈			配偶和子辈共同		
		OR 值	95%CI		OR 值	95%CI		OR 值	95%CI	
			下限	上限		下限	上限		下限	上限
城乡 （农村）	城市	1.073	0.550	2.092	1.557	0.856	2.831	1.963	1.095	3.517
区市 （淮安市 淮安区）	海安市	1.123	0.469	2.688	1.062	0.476	2.368	0.720	0.323	1.605
	张家港市	0.303	0.122	0.754	0.490	0.219	1.093	0.450	0.205	0.990

第四节　养老能力与家庭老人精神慰藉

本节采用卡方分析方法分析了不同养老能力的家庭对老人精神慰藉的差异，并进一步采用多分类 Logistic 回归分析模型探究了家庭养老能力的四个维度分别对老人精神慰藉的影响情况。

一　不同养老能力家庭的老人精神慰藉差异分析

如表 6-7 所示，不同养老能力家庭的居家养老老人精神慰藉情况有显著差异（χ^2=44.113，p=0.000）。家庭养老能力越好的老人获得来自"配偶和子辈共同"的精神慰藉比例就越高，其中家庭养老能力较好的老人该比例为 64.20%，而家庭养老能力较差的老人该比例只有 33.33%。

表 6-7　不同养老能力家庭的居家养老老人精神慰藉情况

单位：人，%

家庭养老能力	仅配偶	仅子辈	配偶和子辈共同	其他	χ^2 值（p 值）
较差	27（15.52）	63（36.21）	58（33.33）	26（14.94）	
中等	71（20.58）	97（28.12）	146（42.32）	31（8.99）	44.113（0.000）
较好	16（9.09）	34（19.32）	113（64.20）	13（7.39）	

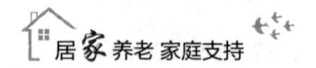

二 家庭养老能力对精神慰藉模式影响的多因素分析

将反映家庭养老能力的四个维度因子得分作为数值自变量，老人家庭精神慰藉模式作为因变量，其中精神慰藉模式为其他类别的作为对照组，建立多分类 Logistic 回归模型来探究四个维度对家庭老人精神慰藉的影响情况。

如表 6-8 所示，老年社会经济资本、子女人力资本以及老年健康资本对老人获得家庭精神慰藉有显著影响。老年社会经济资本越丰富，老人获得"仅子辈"精神慰藉的可能性就越低（OR=0.630）；子女人力资本越丰富，老人能够更多获得来自"仅子辈"的精神慰藉（OR=1.398）；老年健康资本越丰富，老人获得"仅配偶"以及"配偶和子辈共同"提供的精神慰藉的可能性就越大，而获得"仅子辈"的精神慰藉可能性就越小。

表 6-8 家庭养老能力的不同维度对老人精神慰藉的影响

不同维度	仅配偶 OR 值	95%CI 下限	95%CI 上限	仅子辈 OR 值	95%CI 下限	95%CI 上限	配偶和子辈共同 OR 值	95%CI 下限	95%CI 上限
老年社会经济资本	0.764	0.562	1.038	0.630	0.477	0.830	1.204	0.927	1.564
子女人力资本	0.887	0.653	1.204	1.398	1.057	1.849	0.901	0.690	1.178
老年健康资本	1.632	1.179	2.257	0.682	0.509	0.915	2.110	1.587	2.805
子女照料条件	0.831	0.617	1.118	1.316	0.998	1.737	1.036	0.800	1.341

第五节 江苏居家养老老人精神慰藉研究基本结论

通过第一到第四节的数据分析，研究在家庭精神慰藉提供方面得出以下主要研究结论。

一 无配偶、高龄老人的心理健康问题尤为严重

研究结果显示，无配偶、高龄的老人出现心理健康问题的比例更大，

80岁及以上的老人中，52.78%有心理健康问题，52.24%的无配偶老人有心理健康问题。这与方菲（2001）早年的研究结果类似，很多老人由于丧偶，加之年龄的增加，限制了他们的社交内容和范围，往往缺乏情感交流和诉说心事的对象，有较为强烈的孤独感，生活上处于无助状态，因此老人的精神生活质量容易降低，并产生一些心理健康问题。此外，老人退休后随着社会角色和环境的变化，老人的心里产生了一定的落差，他们对人生的看法和对外界事物的见解都发生了改变，同时，随着生理机能的逐渐衰退，疾病、丧偶等生活事件不可避免，在这个过程中很容易产生不良的感觉，势必会导致一些心理问题，甚至会出现严重的心理障碍，从而损害老人的健康，降低老人的生活质量。

二 家庭资源越多的老人越有可能获得来自家庭的精神慰藉

在老人心里不舒服或生病时，安慰老人比较多的对象主要是配偶（64.32%），其次为儿子（51.92%）和女儿（43.22%）。单因素分析结果表明，随着老人子女数的增多，老人获得来自子辈的家庭精神慰藉的比例也随之提高，拥有较多的孩子数量，意味着老人在年老时，有较多的精神慰藉资源，能够获得更多子女的关心。宁雯雯（2012）的研究也得出类似的结论，子女给予老人的精神支持是其他主体难以取代的，尤其是在现代社会，子女能够给予老人的精神支持甚至超过经济和照料支持。与子女同住同样能使老人获得来自子女的家庭慰藉支持，这与王硕（2016）的关于与子女同住会影响老人获得家庭支持的结论基本一致。由于地理上距离较近，老人往往更容易获得子女的生活照料和心理慰藉。老人的家庭资源越多，更有可能获得家庭支持。此外家庭年收入越高，老人就能够获得更多来自配偶和子女共同提供的精神慰藉。家庭收入越高的老人因为掌握着更多的资源，往往对于家庭成员有着更高的控制力，因而能够得到更多来自子女或者配偶的关心和慰藉。

三 婚姻状况与老人获得家庭精神慰藉显著相关

相较于无配偶的老人，有配偶的老人能够获得更多来自"仅配偶"

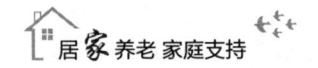

或者"配偶和子辈共同"提供的家庭精神慰藉，但是获得"仅子辈"提供的精神慰藉较少。米崎（2011）的研究也得出类似结论，有配偶的老人在精神慰藉方面获得支持的主要对象是配偶，但是无配偶的老人获得支持的主要对象则变为子女。当老人心情不舒服时，第一时间提供精神慰藉的对象还是朝夕相处的配偶，这一点即使是子女也无法取代。

四　不同区市间老人获取的家庭精神慰藉有显著差异

研究还发现，老人的家庭精神慰藉情况在不同区市间极具差异性。相较于淮安市淮安区，张家港市的老人获得"仅配偶""配偶和子辈共同"提供的精神慰藉更少，更多的精神慰藉来自家庭之外。对于产生这种现象的原因，可以认为经济相对发达的区域的老人在心里不舒服的时候，有可能选择家庭之外的资源来获得心理慰藉，即家庭慰藉支持上有可能被更多的选择机会取代。

第六节　江苏居家养老老人的家庭精神慰藉建议

基于前述分析结论，研究对改善江苏老人家庭精神慰藉现状提出以下建议。

一　营造良好社会氛围，支持家庭更多关爱老人

一方面要把孝亲敬老传统美德纳入社会主义核心价值观宣传教育体系，将其列为公民道德建设、党员干部教育、中小学德育和村规民约的重要内容，教育引导人们自觉承担家庭养老的责任，进一步营造敬老、养老、助老的浓厚社会氛围。另一方面在一些老人健康教育中，不仅要针对一级目标人群中的个体，还要针对家庭的其他成员，以获得更好的效果。比如在老人及慢性病患者健康教育中不仅重点针对本人进行慢性病的防治教育，而且针对其家中的主要照料人员，让他们知道如何照料慢性病患者，如何识别危险情况并进行处理等，以此来弥补部分老人年

纪大、受教育程度不高、健康信息可及性差和理解接受能力低等的不足，可以使家庭更好地发挥健康养老作用。

二 多措并举，鼓励子女与父母同住

提倡父母与子女同住或者就近居住，且尽量在遵循老人意愿的情况下，安排家庭养老模式。借鉴国外经验，完善养老制度，制定优惠政策奖励与父母同住的子女。如通过减税等形式鼓励子女与老人同住，这不仅能够切实减轻年轻人的部分养老经济负担，也是对家庭养老模式、传统孝悌之道的一种肯定。从国际上看，一些发达国家也纷纷出台优惠政策，引导子女与父母同住。比如在德国，与父母同住的子女可享受贷款买房的利息折扣；韩国和日本也都鼓励子女与老人同住，在购房和纳税等方面给予政策优惠。通过鼓励子女与父母同住，可以更好地解决养老问题，更好地引导成年独生子女主动承担赡养父母的义务。

三 宣传倡导，发挥家庭对丧偶老人的精神慰藉作用

丧偶老人往往获得的家庭精神慰藉较少。丧偶者得不到相应的心理调适，深陷丧偶之痛不能自拔，长期沉溺于对配偶的哀思中，容易忧郁成疾，于身心健康十分不利。因此，子女要加强与丧偶父母的联系，不时对父母嘘寒问暖，了解父母的近况，让父母能够感受到子女的关爱和温暖，更好地增进彼此的感情，让老人尤其是丧偶老人的精神慰藉需求得到部分满足，进而更好地实现家庭养老。

四 因地制宜，推动居家养老服务的地区间平衡发展

老人所在地区的类型不同，获得的家庭精神慰藉也不同，地区差异成为影响养老公平的潜在因素。因此，需要积极推动城市社区养老服务与乡村养老服务有机结合，更加重视经济相对落后地区、农村地区的家庭养老服务体系建设，加大投入力度，加强督导管理，为落后地区的养老"兜底"提供保障，缩小地区间的发展差距。

第七章　家庭经济支持：抚养抑或赡养

在以家庭养老为主的我国，家庭代际支持对老人生理健康具有重要的作用和意义，并且代际支持在老人生活水平提高以及身心健康发展等方面都会产生积极的影响，而家庭的代际经济关系是代际支持最基础，也是最关键的因素。因此本章拟对老人与子女的代际经济支持情况进行探究，并对可能的影响因素予以分析。

第一节　家庭代际经济支持文献回顾

家庭养老是人类社会最古老、最基本的养老方式，其中，代际支持是家庭养老的重要组成部分（成海军，2000）。而代际支持包括经济支持、生活照料与情感交流三方面内容，有学者认为代际支持的最主要表现形式是经济支持（Grundy，2005）。国内外有关家庭经济支持研究的文献主要涉及代际经济支持方向研究和代际经济支持影响因素研究。

一　家庭代际经济支持方向研究

关于代际经济支持方向的研究可以追溯到20世纪80年代，费孝通（1983）认为中国家庭的代际经济流动为"反馈"模式，即早期家庭内部的经济资源是从父母处流向子女，父母年老后经济资源又从子女处流向父母，是下一代对上一代的经济支持进行反馈的"抚养—赡养"模式。

而西方家庭子女对父母没有赡养责任，只有抚养下一代子女的责任，是一种"接力"模式。"反馈"模式下家庭代际经济支持的方向是双向的，而"接力"模式下家庭代际经济支持则是从上一代向下一代的单向流动。Gale 和 Sxholz（1994）认为，在西方家庭内部，父母和子女之间也存在广泛的经济往来，即西方家庭代际经济支持的方向也是双向的，但是主要流向是从父母到子女。还有学者通过对中国台湾家庭的调查研究得出结论，75%的被调查者向父母提供经济支持，18%的被调查者能够从父母那里得到经济支持（Lee et al.，1994）。

二 家庭代际经济支持影响因素研究

代际资源的流动与互换，是维系家庭养老保障功能的基石。而现代化、工业化、城市化、老龄化与少子化等社会因素导致的养老风险，使家庭养老的保障功能面临着挑战。有学者认为人口老龄化与家庭规模小型化等社会因素对中国家庭养老的影响主要表现在老年抚养比的增高、子女赡养负担的加重与家庭养老照顾资源的减少（梁瑞敏、毕可影，2010）。在工业化进程中，子女能够掌握更为先进的生产技术，收入水平明显更高，这导致子女对父母依赖性的降低，父母在家庭中的权威逐渐弱化，子女对父母的经济支持不断下降（Goodger et al.，1999）。城市文化对个体价值的重视，淡化了家庭内部成员的集体观念，子女倾向于减少对父母的经济支持，而将更多的经济资源用于自身的发展，父母依旧愿意倾其所有支持子女的发展（刘立国，2004）。此外，个体特征也是影响代际经济支持的重要因素，黄庆波等（2018）认为，老人获得的代际经济支持受到老人和子女的个体特征的显著影响。已有的众多研究表明，对于年龄较大、有残疾、经济状况较差、丧偶或者无配偶等更需要帮助的老人，子女给予代际支持的可能性会增加（江克忠等，2013；伊庆春，2014；Grundy，2005；Guo et al.，2009），而收入和社会经济地位较高的老人更有可能为子女提供经济支持（Fritzell and Lennartsson，2005）。除了老人的个人特征对家庭代际经济支持有显著影响，子女的特征也同样有显著影响。王宜乐（2014）的研究表明已婚的子女更有可能为父母提供代际经济支持；还有一些学者认为子女越多的老人，获得来自子女的经济支持越多（Zimmer and Kwong，2003；胡仕勇、李佳，2016）。王跃生（2012）、丁志宏等（2017）认为，在中国特别是中国农村，儿子是父母养老的主要承担者，老人得到的代际经济支持主要来源于儿子，但是许琪（2015）却认为，随着经济社会的不断发展，给老人提供的代际经济支持中，女儿的作用越来越大，尤其是城市中女儿提供的代际经济支持已超过儿子。也有学者认为子女的经济水平与家庭代际经济支持呈正相关，子女的经济水平越高，父母得到子女所提供的代际经济支持越多（杨菊华、李路路，2009；慈勤英、宁雯雯，2013；狄金华等，2014）。还有一些研究结果显示，子女的年龄、婚姻、生育、健康、社会经济状况、兄弟姐妹数量与居住安排等因素，决定了老人为子女提供的代际经济支持的可能性与数量（Sarkisian and Gerstel，2008；Hartnett et al.，2013）。

三 家庭代际经济支持研究简要述评

家庭养老中，代际的经济支持是目前学界关注最多，也是研究相对成熟的一个方面，成果丰硕，让研究者对家庭的代际经济支持发展趋势有较为一致的认识。但其仍然有一些研究的延伸空间。

（一）不同子女特征的代际经济支持进一步比较研究

目前研究更多关注子女的性别，即儿子还是女儿，对老人经济支持的不同，总体说来，虽然女儿对父母的经济支持有所增加，但家庭代际经济支持仍然是以儿子支持为主的模式。子女的职业、收入、排行、居住距离以及流动等特征很可能与代际的经济支持密切相关，同样值得关注，以更精准判断与预测代际经济支持的情况。

（二）代际互动及代际关系对代际经济支持的影响研究

即主观层面的代际因素对代际经济支持的影响，首先，其是否存在影响；其次，如果存在影响，那么如何影响、影响有多大？

(三) 代际经济支持的影响分析

既有研究更多关注代际经济支持的影响因素，但代际经济支持还可以作为自变量，对家庭中的老人、子女以及两代人的互动与关系产生影响，这方面的研究不仅可以丰富代际经济支持的理论，对于家庭养老的经济责任划分也有一定的参考价值。

第二节 江苏居家养老老人的代际经济支持现状

老人与子女的代际经济支持是相互的，老人根据自身能力为子女创造物质支持条件，子女也基于传统孝道对老年父母履行赡养义务。本节将对老人与子女的代际经济支持现状进行探究，并分析不同特征老人之间经济支持的差异。

一 家庭经济支持总体情况

江苏居家养老老人家庭经济支持情况见表7-1。有47.43%的老人会为子女提供直接经济支持，支持的金钱数额均值为3974元/年，而有17.56%的老人会为子女提供物品支持，折算成金钱数额平均为460元/年。有超过一半的老人能够获得子女提供的钱或物等经济支持，平均数额分别为4271元/年和1957元/年。

表7-1 家庭经济支持情况

单位：%，元/年

经济支持项目	该项非0的比例	均值	标准差
老人给子女的钱	47.43	3974	11284
老人给子女的物	17.56	460	1482
子女给老人的钱	52.49	4271	11448
子女给老人的物	54.19	1957	3489

已有相关研究将老人与子女的代际经济支持行为划分为赡养型、抚

养型、游离型三类，赡养型是指子女承担经济赡养义务，抚养型是指子女得到老人的经济帮扶，游离型是指子女与老人经济独立。通过以下问题，"去年一年，您和您的老伴一共给这位子女一家____元（包括支付房租费、水费、电费等各类费用），给物品约____元（不清楚，填99）""去年一年，您这位子女一家一共给您和老伴____元，给物品约____元"，计算老人从所有子女中获得的净经济总额，度量子女经济支持行为。其中负值为净抚养型，0为平衡型，正值则为净赡养型。最终获得了550个有效样本。

在家庭代际经济支持类型上，超过一半的家庭处于净赡养状态，有26.18%的家庭处于净抚养状态，18.91%的老人和子女之间经济支持处于平衡状态（见表7-2）。

表7-2 家庭代际经济支持类型

经济支持类型	均值（元/年）	人数（人）	百分比（%）
净抚养型	9970	144	26.18
平衡型	0	104	18.91
净赡养型	8340	302	54.91

二 不同特征老人的代际经济支持比较

如表7-3所示，不同个人特征的老人代际经济支持状况表现出显著差异。受教育程度高的老人更倾向于净抚养型家庭代际经济支持关系，而不是净赡养型（χ^2=15.49，p=0.004）；有配偶的老人更能为子女提供一定的经济支持，而无配偶的老人更多的接受子女的经济供养（χ^2=15.87，p=0.000）。

子女数越多的老人家庭代际经济支持越倾向于净赡养型，其中有3个及以上子女的老人中有66.67%处于子女净赡养状态（χ^2=17.79，p=0.001）；类似老人自身的受教育程度因素，子女受教育程度越高的老人获得子女经济支持的比例越小（χ^2=16.23，p=0.013）；老人家庭年收入越高，老人为子女提供经济支持的比例就越高，而老人获得子女经济支持的比例就越低（χ^2=31.40，p=0.000）。

不同地区中，淮安市淮安区老人获得来自子女经济支持的比例最高，

第七章 家庭经济支持：抚养抑或赡养

达68.35%，其次为张家港市（62.44%），而海安市该比例仅有39.25%（χ^2=36.49，p=0.000）。性别、年龄、是否有同住子女、城乡等因素未发现老人代际经济支持状况有显著差异。

表7-3 不同特征老人代际经济支持情况比较

单位：人，%

	变量		净抚养型	平衡型	净赡养型	χ^2值（p值）
个人特征	性别	男	63（25.40）	53（21.37）	132（53.23）	1.79（0.410）
		女	81（26.82）	51（16.89）	170（56.29）	
	年龄	60~69岁	79（30.98）	50（19.61）	126（49.41）	8.66（0.070）
		70~79岁	48（21.72）	37（16.74）	136（61.54）	
		80岁及以上	17（22.97）	17（22.97）	40（54.05）	
	老人受教育程度	小学及以下	68（23.05）	45（15.25）	182（61.69）	15.49（0.004）
		初中	48（28.40）	35（20.71）	86（50.89）	
		高中及以上	28（32.56）	24（27.91）	34（39.53）	
	婚姻状况	有配偶	126（30.29）	78（18.75）	212（50.96）	15.87（0.000）
		无配偶	18（13.43）	26（19.40）	90（67.16）	
家庭特征	子女数	0~1个	63（32.31）	46（23.59）	86（44.10）	17.79（0.001）
		2个	60（25.86）	38（16.38）	134（57.76）	
		3个及以上	21（17.07）	20（16.26）	82（66.67）	
	是否有同住子女	是	79（29.81）	52（19.62）	134（50.57）	4.47（0.107）
		否	65（22.81）	52（18.25）	168（58.95）	
	子女受教育程度	小学及以下	23（26.74）	11（12.79）	52（60.47）	16.23（0.013）
		初中	33（17.74）	38（20.43）	115（61.83）	
		高中	50（33.11）	26（17.22）	75（49.67）	
		大专及以上	38（30.16）	29（23.02）	59（46.83）	
	家庭年收入	1万元以下	12（11.54）	15（14.42）	77（74.04）	31.40（0.000）
		1万~5万元	77（25.50）	56（18.54）	169（55.96）	

续表

	变量		净抚养型	平衡型	净赡养型	χ^2值（p值）
家庭特征	家庭年收入	5万~10万元	40（38.46）	22（21.15）	42（40.38）	31.40（0.000）
		10万元及以上	14（42.42）	6（18.18）	13（39.39）	
地区特征	城乡	农村	82（27.42）	53（17.73）	164（54.85）	0.87（0.647）
		城市	62（24.70）	51（20.32）	138（54.98）	
	区市	海安市	73（34.11）	57（26.64）	84（39.25）	36.49（0.000）
		张家港市	43（21.83）	31（15.74）	123（62.44）	
		淮安市淮安区	28（20.14）	16（11.51）	95（68.35）	

注：括号内为百分比，括号外为该项的样本数量，χ^2值（p值）栏除外，下同。

三 家庭经济支持影响因素分析

（一）变量设置

为了探究老人家庭代际经济支持模型的可能影响因素，建立多分类Logistic回归模型。老人家庭经济支持模式作为因变量，并设置对照组。

（二）结果分析

Logistic回归模型见表7-4。结果显示，老人自评健康状况、婚姻状况、子女数、子女受教育程度、家庭年收入以及地区类型对老人的家庭代际经济支持有显著影响。自评健康越好的老人代际经济支持模式越倾向于净抚养型，即更多的是老人向子女提供经济支持；相较于无配偶的老人，有配偶的老人获得来自子女的净经济支持的可能性最小（OR=0.394）；老人的子女数平均每多一个，老人能够获得子女净经济支持的可能性平均增加42.44%；子女受教育程度为初中的老人家庭代际经济支持模式更多为平衡型或者净赡养型，而非净抚养型；年收入越高的家庭老人代际经济支持模式越有可能为净抚养型，而不是平衡型或者净赡养型，其中家庭年收入在10万元及以上的老人，代际经济支持模式为净赡养型的可能性仅为净抚养型的 21.89%；而相对于淮安市淮安区，海安市的老人代际经济支持模式为净赡养型的可能性更小（OR=0.466）。

表 7-4　居家养老老人代际经济支持多分类 Logistic 回归模型

变量（对照组）		平衡型			净赡养型		
		OR 值	OR 的 95%CI		OR 值	OR 的 95%CI	
			下限	上限		下限	上限
老人自评健康状况（较差）	一般	0.473	0.227	0.987	0.892	0.466	1.708
	较好	0.413	0.182	0.936	0.901	0.449	1.806
性别（女）	男	1.347	0.757	2.397	1.169	0.730	1.870
年龄（60~69 岁）	70~79 岁	0.704	0.349	1.419	1.038	0.598	1.802
	80 岁及以上	0.776	0.275	2.191	0.652	0.274	1.551
老人受教育程度（小学及以下）	初中	1.434	0.742	2.772	0.896	0.533	1.507
	高中及以上	1.785	0.762	4.180	0.687	0.332	1.418
婚姻状况（无配偶）	有配偶	0.534	0.243	1.176	0.394	0.206	0.754
子女数		1.209	0.819	1.785	1.424	1.036	1.959
是否有同住子女（否）	是	0.622	0.353	1.098	0.510	0.322	0.807
子女受教育程度（小学及以下）	初中	3.391	1.281	8.975	2.543	1.245	5.193
	高中	1.592	0.543	4.668	1.899	0.859	4.199
	大专及以上	2.489	0.773	8.016	2.302	0.935	5.665
家庭年收入（1 万元以下）	1 万~5 万元	0.535	0.210	1.360	0.445	0.209	0.950
	5 万~10 万元	0.310	0.106	0.906	0.250	0.104	0.598
	10 万元及以上	0.194	0.047	0.802	0.219	0.069	0.692
城乡（农村）	城市	1.367	0.774	2.412	1.200	0.759	1.895
区市（淮安市淮安区）	海安市	1.480	0.662	3.308	0.466	0.252	0.862
	张家港市	1.442	0.596	3.488	1.145	0.599	2.189

第三节　家庭养老能力与代际经济支持

一　不同养老能力家庭的代际经济支持差异分析

如表7-5所示，不同养老能力家庭的居家养老老人家庭代际经济支持情况有显著差异（χ^2=9.743，p=0.045）。养老能力越好的家庭老人向子女提供经济支持的比例越高，而获得来自子女经济支持的比例越低，其中家庭养老能力较好的老人中代际支持模式为净抚养型的比例为31.29%，净赡养型的比例为51.70%。

表7-5　不同养老能力家庭的居家养老老人家庭代际经济支持

单位：人，%

家庭养老能力	净抚养型	平衡型	净赡养型	χ^2值（p值）
较差	21（17.36）	29（23.97）	71（58.68）	
中等	72（28.69）	38（15.14）	141（56.18）	9.743（0.045）
较好	46（31.29）	25（17.01）	76（51.70）	

二　不同维度养老能力对代际经济支持的影响分析

将反映家庭养老能力的四个维度因子得分作为数值自变量，老人家庭代际经济支持模式作为因变量，其中净抚养模式作为对照组，建立多分类Logistic回归模型来探究四个维度对老人家庭代际经济支持的影响情况。

由表7-6可知，老年社会经济资本以及老年健康资本对老人家庭代际经济支持有显著影响。老年社会经济资本越丰富，老人获得子女经济支持的可能性越低（OR=0.609），更有可能为子女提供经济支持；老年健康资本越丰富，老人家庭代际经济支持模式为平衡型和净赡养型的可能性均更低，因而健康资本丰厚的老人更有可能为子女提供经济支持。

表 7-6 家庭养老能力四个维度对老人家庭代际经济支持的影响分析

不同维度	平衡型 OR 值	平衡型 OR 的 95%CI 下限	平衡型 OR 的 95%CI 上限	净赡养型 OR 值	净赡养型 OR 的 95%CI 下限	净赡养型 OR 的 95%CI 上限
老年社会经济资本	0.775	0.591	1.017	0.609	0.489	0.757
子女人力资本	0.941	0.722	1.227	1.188	0.967	1.459
老年健康资本	0.680	0.518	0.891	0.758	0.612	0.940
子女照料条件	0.933	0.727	1.199	1.036	0.846	1.267

第四节　江苏居家养老老人家庭代际经济支持基本结论

一　家庭代际经济支持具有双向性，但以赡养为主

经过实证分析，有 26.18% 的老人为子女提供经济支持，而有 54.91% 的老人能够获得来自子女的经济支持。因此从代际经济支持的方向看，代际经济支持是双向的，既有父母给予子女的经济支持，也有父母从子女处获取的经济支持，但是主要还是子女为父母提供经济支持，这和前面 Lee 等（1994）对中国台湾家庭的调查结论类似，父母和子女之间存在广泛的经济往来，但是主要流向是从子女到父母。父母不仅在子女未成年时抚养子女，在子女成年后依旧为子女成家立业提供经济帮扶，但子女在父母年老后，为父母提供经济支持依旧是家庭代际经济支持的主流。

二　子女数越多，获得代际经济支持概率越大

老人的子女数量与老人获得代际经济支持之间存在显著相关关系。从整体上看，子女数量每增加 1 名，老人获得来自子女代际经济支持的概率平均增加 42.44%。胡仕勇和石人炳（2016）的研究结果与之相似，

即子女作为家庭养老中最基本的资源,数量越多,对老人提供经济帮助的概率就越大。

三 家庭收入越高的老人越容易为子女提供经济支持

家庭收入水平越高的老人获得来自子女经济支持的概率越低,尤其是家庭年收入 10 万元及以上的老人,往往更倾向于为子女提供经济支持而不是获得子女的经济支持。江克忠等(2013)的研究也显示出,经济状况较差的老人,获得子女代际经济支持的可能性会增加。收入水平越高的老人对经济的需求越低,并且因为自身经济水平较高,更有可能对子女提供经济支持而不是从子女处获得经济支持。

第五节 关于增强居家养老老人家庭代际经济支持的建议

一 倡导积极老龄化,鼓励老人与子女多形式的代际交换

传统的中国孝文化一味地强调成年子女要孝顺老年父母,老年父母是接受者,却忽略了老人丰富的生活经验,健康的老人依旧可以成为家庭和社会的积极贡献者。但自提出积极老龄化以来,老有所为的理念在我国逐渐得到认可。从各方面支持成年子女也成为老有所为的核心内涵之一,而且,代际支持的双向流动是代际关系持续发展、质量不断提升的重要动力。建议相关政策应倡导积极老龄化,鼓励老人给予代际支持,以实现老有所为的精神需要和健康老龄化的双重目标。

二 重视家庭代际和谐建设,提高子女代际经济支持意愿

虽然国家鼓励生育三孩,但从"单独二孩""全面二孩"的政策效果和民众的实际生育意愿看,鼓励生育三孩的政策力度还需加大,还需要挖掘家庭现有潜力,充分关注家庭的赋权,提高子女对老人的代际支持

意愿。一方面,重视家庭代际和谐建设,强化养老、孝老、敬老责任;另一方面,出台家庭老年照料人员支持政策,提高子女经济支持意愿。然而不可忽视的是,随着经济发展和社会变迁,女性就业率提高,家庭规模小型化、核心化成为趋势,子代资源日渐紧缺。

三 适当政策引导,重点关注低收入家庭老人

虽然老人均属弱势群体,但老年群体内部仍有差异,低收入老人经济资源可及性差,更需要获得来自外界的经济支持。政府应该加强政策建设,使低收入老人群体在无法获得家庭的经济支持时能够获得政府或者社会组织的最低经济保障。

第八章　家庭宜居环境：适老化改造

"居家适老化"目前尚未有官方解释，国外常使用"老年无障碍"一词。居家适老化改造是对特殊老人家庭通道、居室、厨房、卫生间等生活场所及家具配置、细节保护等进行一定调整或改造，以方便老人通行、洗澡、如厕、休息等日常生活，缓解老人生理机能变化导致的生活不适应，当然也可避免老人受到伤害（王羽贤，2019）。2020年7月15日，民政部、国家发展改革委、财政部、住房和城乡建设部、国家卫生健康委、银保监会、国务院扶贫办、中国残联、全国老龄办等9部门联合印发《关于加快实施老年人居家适老化改造工程的指导意见》（以下简称《指导意见》）。实施老人居家适老化改造工程是《国务院办公厅关于推进养老服务发展的意见》（国办发〔2019〕5号）部署的重要任务，是巩固家庭养老基础地位、促进养老服务消费提升、推动居家养老服务提质扩容的重要抓手。《指导意见》指出，在改造项目围绕设施配备、老年用品配置等方面，制定老人居家适老化改造项目和老年用品配置推荐清单，明确7项基础类项目和23项可选类项目，指导各地针对老人多层次的改造需求，合理确定本地区改造项目内容。对老人居家适老化进行科学研究，不仅可以促进国家规划的有效实现，而且对构建居家社区机构相协调、医养康养相结合的养老服务体系具有重要意义。

第一节 居家养老适老化改造文献回顾

近年来国内外有关适老化改造方面的研究，主要集中在居家适老化改造的老人需求研究以及对居家养老服务的影响研究两个方面。

一 居家适老化改造需求研究

李来酉等（2020）的研究认为，自理能力较好的老人适老化改造需求主要集中在休息、配套环境及室内活动空间的改造方面，而自理能力较差的老人适老化改造需求主要集中在休息、洗澡和如厕空间的改造方面，并且年龄越大、收入越高的老人以及独居的老人适老化改造需求越高。胡惠琴和常晓雪（2018）发现，老人对助行类、扶手类、如厕类、洗浴类的部品需求较高，如厕所需要安装扶手，另外，其他要求较高的部品是带凳助行器、"一"字形扶手、多功能坐便器、沐浴凳。王依明等（2018）对中国五个典型大城市多种适老化改造项目的需求特征进行调查后发现，约四成老人的住宅需要进行适老化改造，改造需求排在前三位的分别是安装监控与求助设备、改善采光与照明、安装扶手，这些都有助于提升住宅的安全性能。陈斐等（2018）的研究发现，有98%的老人希望进行适老性改造，其中，身体状况良好的老人对空间布局及安全性较为关注，需要一定照顾的老人对各方面都有相应的需求，而需要看护的老人对采光通风需求较高。韩涵（2018）对北京地区60岁以上老人调研后发现，有三成的受访者表示愿意进行适老化改造，并且在适老化改造项目中需求最强的是地面防滑处理，而剩下大约七成的受访者表示无适老化改造意向。李雷立和高子悦（2016）在对长春市西城家园一期老人调研后发现，47.4%的老人认为适老改造很有必要，34.6%的老人认为有必要，8.6%的老人认为无所谓，9.1%的老人认为没有必要，老人的年龄对适老化改造的意愿影响显著。胡雨菲等（2016）对合肥市4个既有住区进行实地调研，研究显示37.93%的老人十分愿意进行适老化改造，51.72%的老人表示愿意，只有3.45%的老人不愿意，改造需求最迫切的前三个居家空间分别为套内卫生间、厨房以及楼梯走道。于一凡和陈金平（2014）的研究表明，老人适老化改造需求前四位的项目分别为改善淋浴和盥洗设施、改用防滑地面、安装抽水马桶以及安装助力扶手，且老人适老改造的意愿与年龄显著相关。

二 居家适老化改造影响研究

首先，居家环境适老化改造能够降低居家养老服务风险。居家环境适老化改造最明显的作用即降低老人跌倒的概率。跌倒是居家养老中最主要，也是最易发生的风险。美国疾控中心报告显示，跌倒是老人受伤致死的首要原因，且发生率高，在美国每年约有1/3的老人跌倒，而大部分跌倒发生于老人家中（Pynoos et al.，2010）。一项 Meta 分析结果显示，对于跌倒高危风险的老人，居家环境适老化改造所起作用最大（Clemson et al.，2008）。除了跌倒，有研究显示，居家环境适老化改造后，老人自我感知到的环境安全性也有所增高（Patterson et al.，2000；Heywood，2004）。由此可见，居家环境适老化改造对降低居家养老风险起到了不可忽视的作用。

其次，居家环境适老化改造能够控制居家养老服务成本。研究证明，居家环境适老化改造可提高老人自理能力，延缓功能衰退。老人自理能力的提高，意味着护理需求等级的下降，所需护理工时随之减少，节约了人力成本（Petersson et al.，2009）。美国一项随机对照实验以接受居家护理、康复及生活照料的104例老人为对象，对适老化改造的作用进行了研究，该研究对比了适老化改造费用及居家养老服务费用，结果显示，对照组（未进行适老化改造）老人的护士家访服务费及个案管理服务费明显高于实验组（进行了适老化改造）（Mann et al.，1999）。

再次，居家环境适老化改造能够提升居家养老服务品质。第一，居家环境适老化改造有助于提高老人生存质量，研究证明，居家环境适老化程度越高，老人生存质量越高（Werngren et al.，2009；Iwarsson and

Isacsson，1997）；第二，居家环境适老化改造可提高老人生活满意度，研究证明，居家环境中与老人能力不匹配的障碍越多，老人的生活满意度越低；第三，居家环境适老化与老人心理健康有紧密联系，Lawton 和 Nahemow 等人的能力－压力模型基本假设指出，居家环境适老化程度低，阻碍重要人生目标的实现（例如尽可能长时间留在家中养老），从而使老人更易产生抑郁倾向（Wahl et al.，2009；Oswald et al.，2007）。可见，营造与老人能力相匹配的良好居家环境，对老人的身心皆有积极影响，这将在很大程度上提升居家养老服务的品质，真正达到提供优质养老服务的目的。

第二节　江苏居家养老老人家庭居室适老化现状

一　城乡老年家庭居室适老化具体情况

由表 8-1 可知，从卫生间、卧室、厨房、安全及照明条件等方面了解江苏老年家庭居室的适老化情况。整体看来，洗澡时能方便及时调节水阀冷热、在床上开关照明灯很方便、家中门槛不会绊倒自己等方面适老化程度较高，比例均超过七成。

表 8-1　老年家庭居室内部适老化情况

单位：人，%

	居室适老化项目	选中	未选中
卫生间	洗澡的地方有防滑措施	417（53.32）	365（46.68）
	洗澡的地方有扶手以在需要时支撑身体	161（20.59）	621（79.41）
	洗澡的地方能轻松坐下或站起	379（48.47）	403（51.53）
	洗澡时能方便及时调节水阀冷热	603（77.11）	179（22.89）
	洗澡时能方便拿到肥皂、洗发水等洗澡用物	520（66.50）	262（33.50）
	具有厕所扶手	43（5.50）	739（94.50）
	具有坐式淋浴器	127（16.24）	655（83.76）

续表

居室适老化项目		选中	未选中
卧室	上下床时有支撑物	92（11.76）	690（88.24）
	可以轻松自主上下床	591（75.58）	191（24.42）
	在床上开关照明灯很方便	629（80.43）	153（19.57）
厨房	具有防滑措施	269（34.40）	513（65.60）
安全及照明条件	家中安装报警器	21（2.69）	761（97.31）
	家中光线充足	512（65.47）	270（34.53）
	家中门槛不会绊倒自己	640（81.84）	142（18.16）

注：括号内为百分比，括号外为该项的样本数量，下同。

从卫生间情况看，现存的适老化问题较多的是没有厕所扶手（94.50%）、没有坐式淋浴器（83.76%）以及没有洗澡扶手（79.41%），不能方便及时调节水阀冷热的问题出现最少，有22.89%的老人家庭存在该问题（见图8-1）。

项目	百分比
无防滑措施	46.68
没有洗澡扶手	79.41
不能轻松坐下或站起	51.53
不能方便及时调节水阀冷热	22.89
不方便拿到洗澡用物	33.50
没有厕所扶手	94.50
没有坐式淋浴器	83.76

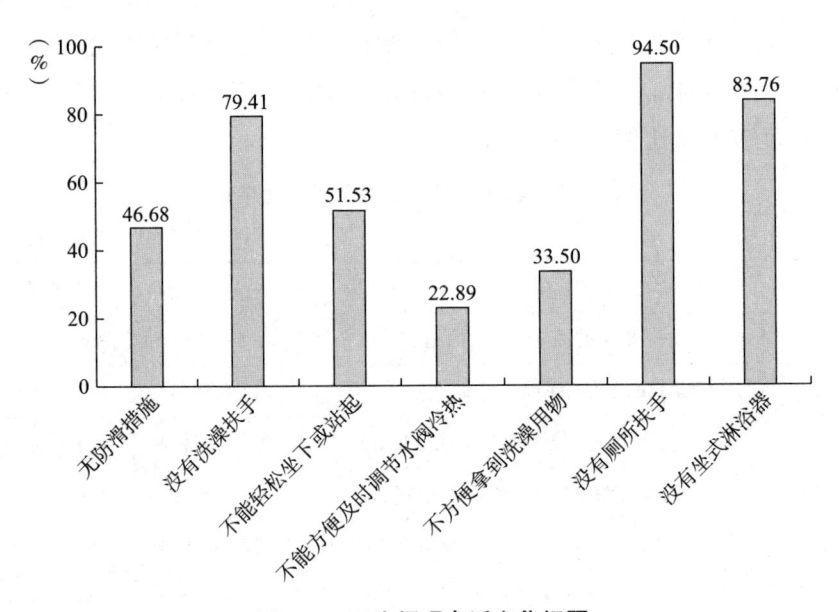

图8-1 卫生间现存适老化问题

从卧室情况看，上下床时没有支撑物的问题最为严重，出现的比例

第八章　家庭宜居环境：适老化改造

达 88.24%，而存在不能轻松自主上下床（24.42%）以及开关照明灯不方便（19.57%）问题的老人家庭较少（见图 8-2）。

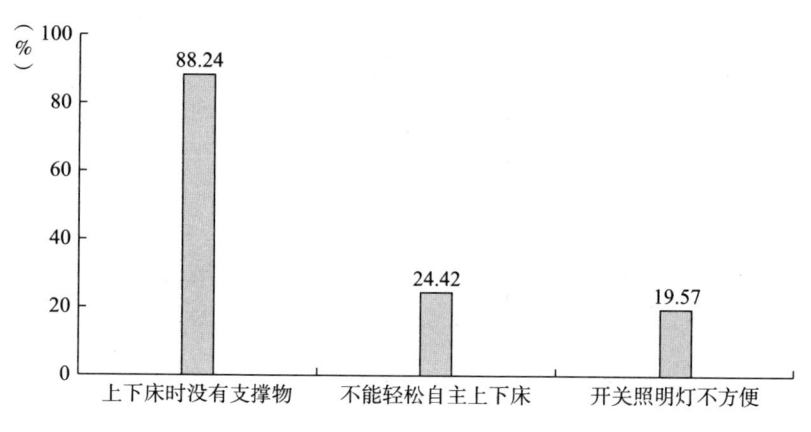

图 8-2　卧室现存适老化问题

有 65.60% 的老人家庭厨房没有防滑措施，这对老人来说存在巨大安全隐患。

对于安全及照明条件，97.31% 的老人家中没有安装报警器，有 34.53% 的老人家中存在光线不充足的问题，有不到两成的老人家中门槛存在绊倒老人的风险（见图 8-3）。

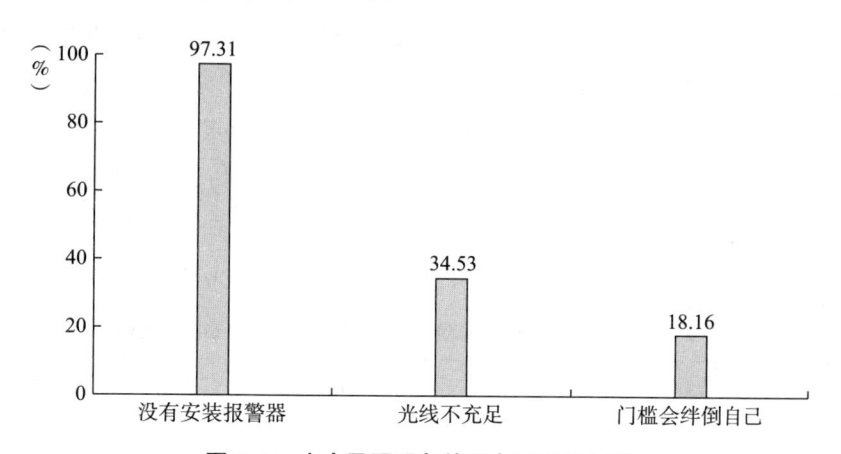

图 8-3　安全及照明条件现存适老化问题

分别给具备适老化条件的项目赋 1 分得到适老化水平总分，适老化水平的总得分计算理论值在 0~14 分，分数越高表示适老化水平越高。被调查老年家庭居室适老化平均分为 6.40±2.09 分（见图 8-4）。

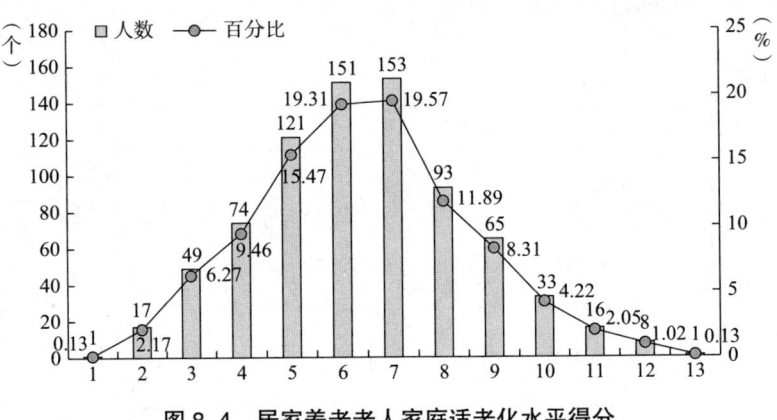

图 8-4 居家养老老人家庭适老化水平得分

二 不同特征老人家庭适老化水平比较

对不同特征老人家庭适老化水平得分进行比较分析后，可以发现老人的健康水平、家庭特征以及地区特征对老人家庭的适老化水平有显著影响（见表 8-2）。

对于健康因素，自评健康状况越好、完全自理以及没有心理健康问题的老人家庭适老化水平更高，这或许说明了居家适老化改造能够显著改善老人的身心健康状况。

对于家庭特征，子女数越少的老人家庭适老化水平越高（F=5.355，p=0.005）；而随着家庭年收入增加，老人家庭的适老化水平也升高。

对于地区特征，海安市老人家庭适老化水平最高，其次为淮安市淮安区，张家港市适老化水平最低（F=11.742，p=0.000）。

表 8-2 不同特征居家养老老人家庭适老化得分情况比较

变量		平均值	标准差	t/F 值（p 值）
健康因素	自评健康得分 0~6 分	6.06	2.23	4.462（0.012）
	自评健康得分 7~8 分	6.35	2.11	
	自评健康得分 9~10 分	6.71	1.93	

续表

	变量		平均值	标准差	t/F 值（p 值）
健康因素	自理能力	完全自理	6.46	2.04	2.983（0.005）
		不能完全自理	4.97	2.75	
	心理健康情况	没有问题	6.62	2.00	3.265（0.001）
		存在问题	6.13	2.17	
个人特征	性别	男	6.46	2.17	0.726（0.468）
		女	6.35	2.01	
	年龄	60~69 岁	6.56	2.06	2.258（0.105）
		70~79 岁	6.29	2.039	
		80 岁及以上	6.15	2.30	
	老人受教育程度	小学及以下	6.28	1.90	1.500（0.224）
		初中	6.53	2.20	
		高中及以上	6.56	2.45	
	婚姻状况	有配偶	6.41	2.08	0.203（0.839）
		无配偶	6.37	2.11	
家庭特征	子女数	0~1 个	6.60	2.09	5.355（0.005）
		2 个	6.42	2.06	
		3 个及以上	5.94	2.08	
	是否有同住子女	是	6.50	2.06	1.428（0.154）
		否	6.29	2.12	
	子女受教育程度	小学及以下	5.63	1.97	7.167（0.000）
		初中	6.36	1.83	
		高中	6.75	2.32	
		大专及以上	6.52	2.08	
	家庭年收入	1 万元以下	6.17	2.12	6.121（0.000）
		1 万~5 万元	6.29	2.01	
		5 万~10 万元	6.53	1.94	
		10 万元及以上	7.60	2.82	

续表

变量		平均值	标准差	t/F 值（p 值）
地区特征	城乡 农村	6.40	1.99	0.042（0.967）
	城乡 城市	6.40	2.19	
	区市 海安市	6.82	2.31	11.742（0.000）
	区市 张家港市	5.98	1.87	
	区市 淮安市淮安区	6.30	1.90	

三 不同支持能力家庭适老化水平比较

表 8-3 显示，不同家庭支持能力的居家养老老人家庭适老化水平差异显著（F=3.030，p=0.049）。随着家庭支持能力的提高，老人家庭的适老化水平也越来越高（见图 8-5）。

表 8-3 不同家庭支持能力的老人家庭适老化水平比较

家庭支持能力	平均值	标准差	F 值（p 值）
较差	6.21	2.00	
中等	6.33	2.00	3.030（0.049）
较好	6.72	2.26	

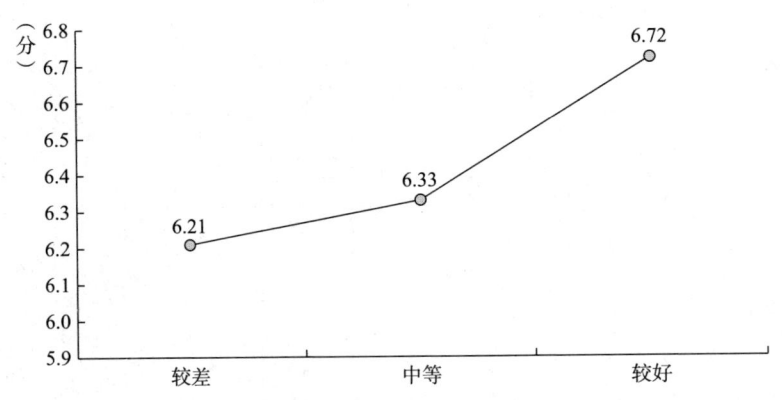

图 8-5 不同家庭支持能力的老人家庭适老化水平比较

第三节　江苏居家养老老人家庭居室适老化影响因素分析

一　变量设置

将老人家庭适老化水平得分二分类，1~6 分为适老化水平较低，7~14 分为适老化水平较高，以此作为因变量建立二分类 Logistic 回归模型（见表 8-4）。

二　分析结果

结果显示，老人自理能力、心理健康状况、子女受教育程度、家庭年收入以及区市类型对居家养老老人家庭适老化水平影响显著。相较于能够完全自理的老人，不能完全自理的老人家庭适老化水平更低（OR=0.296，p=0.026）；而相较于不存在心理健康问题的老人，存在心理健康问题的老人家庭适老化水平同样更低（OR=0.720，p=0.044）；随着老人子女受教育程度的提高，老人家庭适老化水平呈上升趋势，这一趋势在子女受教育程度为大专及以上的老人中最为明显，其家庭适老化水平更高的可能性为子女受教育程度为小学及以下老人的 3.132 倍（p=0.001）；此外，相对于淮安市淮安区，张家港市老人家庭的适老化水平更低（OR=0.437，p=0.000）。

表 8-4　老年家庭居室适老化水平影响因素 Logistic 分析结果

变量 （对照组）		B	p 值	OR 值	OR 的 95%CI	
					下限	上限
自评健康得分 （0~6 分）	7~8 分	0.050	0.829	1.051	0.667	1.655
	9~10 分	0.368	0.159	1.444	0.866	2.408
自理能力 （完全自理）	不能完全自理	-1.218	0.026	0.296	0.101	0.862
心理健康状况 （没有问题）	存在问题	-0.329	0.044	0.720	0.523	0.992

续表

变量 （对照组）		B	p 值	OR 值	OR 的 95%CI	
					下限	上限
性别（女）	男	−0.142	0.411	0.868	0.619	1.217
年龄 （60~69 岁）	70~79 岁	−0.022	0.910	0.978	0.663	1.442
	80 岁及以上	−0.385	0.189	0.681	0.383	1.209
老人受教育程度 （小学及以下）	初中	−0.023	0.905	0.977	0.670	1.426
	高中及以上	−0.444	0.089	0.641	0.385	1.070
婚姻状况 （无配偶）	有配偶	−0.221	0.267	0.802	0.543	1.185
子女数 （0~1 个）	2 个	0.052	0.793	1.053	0.715	1.552
	3 个及以上	−0.168	0.527	0.846	0.503	1.422
是否有同住子女 （否）	是	0.107	0.515	1.113	0.806	1.536
子女受教育程度 （小学及以下）	初中	0.666	0.014	1.947	1.147	3.304
	高中	0.973	0.002	2.647	1.440	4.867
	大专及以上	1.142	0.001	3.132	1.584	6.196
家庭年收入 （1 万元以下）	1 万~ 5 万元	−0.066	0.758	0.936	0.614	1.426
	5 万~ 10 万元	−0.171	0.544	0.843	0.486	1.462
	10 万元及以上	0.778	0.060	2.178	0.968	4.903
城乡（农村）	城市	−0.268	0.104	0.765	0.554	1.057
区市 （淮安市淮安区）	海安市	0.312	0.141	1.366	0.902	2.070
	张家港市	−0.828	0.000	0.437	0.280	0.681

第四节　江苏居家养老老人家庭适老化改造基本结论

本章从居家老人的角度出发，全面分析了老人家庭适老化水平现状以及可能的影响因素，主要得出以下几点结论。

一 老人家庭适老化改造水平很低

研究结果显示，老人家庭适老化项目现存最为严重的问题主要是没有安装报警器（97.31%）、没有厕所扶手（94.50%）、上下床时没有支撑物（88.24%）以及没有坐式淋浴器（83.76%）。这与前述的一些研究结果类似，老人对扶手类以及淋浴类物品需求较高。

二 居家适老化改造能够显著改善老人的身心健康状况

研究结果显示，自评健康状况、自理能力、心理健康状况越好的老人家庭适老化水平越高。这说明随着家庭适老化水平的提升，老人的身心健康状况也得到改善，居家环境适老化的改造不仅有助于避免一些安全意外的发生，提高老人生存质量，而且能够为老人提供心理上的安全感，进而改善老人的心理健康状况。这也与一些学者的研究结果相似，即营造良好的居家适老化环境，对老人的身心皆有积极影响。

三 家庭资源是影响老人家庭适老化水平的重要因素

家庭资源的丰富程度是制约老人家庭适老化水平的重要因素，家庭资源越丰富，老人家庭的适老化水平越高。家庭年收入以及作为重要家庭资源的子女的受教育程度深刻影响适老化水平。子女受教育程度的提高往往伴随收入水平的提高，因此经济上更有条件为老人的居家适老化进行改造，此外子女的受教育程度越高，养老意识越高，进而为父母进行家庭适老化改造的意愿也更强烈。胡雨菲等（2016）的研究也有相似的结论。不愿意进行适老化改造的老人认为资金问题是最大的影响因素。

第五节　江苏居家养老老人的家庭适老化改造发展建议

一　多措并举，激发老年家庭的适老化改造意愿

实施老人居家适老化改造，应坚持需求导向，政府重点保障特殊困难老人，优先支持一般家庭的最迫切的居家适老化改造需求，同时，顺应老人居家养老的意愿与趋势，以满足其居家生活照料、起居行走、康复护理等需求为核心，改善居家生活照护条件，增强居家生活设施设备安全性、便利性和舒适性，提升居家养老服务品质。

二　循序渐进，居家适老化优先惠及特殊困难老人

政府要将居家适老化改造纳入养老服务体系建设，统筹推进，对特殊困难老人最急需的居家适老化改造项目，通过财政补贴、社会捐赠等方式予以必要支持。将特殊困难老人家庭居家适老化改造中符合条件的服务事项列入政府购买养老服务指导性目录，科学确定购买服务内容和购买费用，实施全过程预算绩效管理。鼓励和引导公益慈善组织、爱心企业等社会力量捐赠，支持特殊困难老人家庭居家适老化改造。探索建立家庭养老床位，支持养老服务机构参与居家适老化改造，并上门提供照料服务，实现机构养老与居家社区养老融合发展。有条件的地区可将养老机构享受的建设补贴、运营补贴等优惠政策延伸至家庭养老床位。做好与城镇老旧小区改造的统筹衔接，根据实际情况，改善小区坡道、电梯等与老人日常生活密切相关的公共设施，为老人提供安全、便利和舒适的居住环境。

三　因地制宜，促进家庭适老化地区平衡发展

坚持因地制宜，从城乡、区市发展不平衡的实际出发，坚持市场驱动，强化政策保障，落实惠企利民政策，激发市场活力，提升供给品质，

将老人居家适老化改造需求与居家养老服务需求潜能引导释放出来，发展壮大养老服务、居家养老设施、老年用品等消费市场。坚持部门协同，加强协作配合，注重制度衔接，统筹改善老人住房内外的生活环境，形成工作合力。

第九章　志愿互助养老：社会对居家养老家庭支持的个案

南京市在 1990 年第四次人口普查时，60 岁及以上人口占总人口的比重为 10.2%，已进入人口老龄化社会。2017 年末，65 岁及以上人口占比达到 14.07%，南京市进入深度老龄化社会。"时间银行"正是该市在深度老龄化进程中进行的探索。在居家养老的社会支持方面，南京市 2014 年开始试点志愿养老服务时间银行，目前时间银行已经在全市推开。南京是全国第一个在地级市推行时间银行的地区，那么作为居家养老的社会支持的一种方式，南京时间银行是否具有可持续性？又能否在江苏乃至全国范围内推广？本章将对此进行探讨。

第一节　南京时间银行的引进与发展

一　兴起与发展：时间银行的中国化

时间银行的理念最早源于日本，旭子水岛（Teruko Mizushima）于 1973 年在日本大阪建立了自助义工网络（Volunteer Labor Network），该组织内的志愿者可通过提供志愿服务积累时间货币，以实现互助养老。20 世纪 80 年代，美国经历了严重的经济危机，在美国哥伦比亚大学埃德加·卡恩教授的推动下，时间银行走入公众视野。埃德加·卡恩主张用时间这一"货币"替代传统货币，可存储可交换，即一小时对他人服务可以换来一小时被他人服务（袁志刚等，2019）。

1988年前后，"时间银行"被引入中国，在上海自发开展。上海市部分区县通过民间互助等形式，积极探索养老服务新模式，该探索曾引起社会各界的广泛关注，多个省市上门取经，相关部门一度酝酿在全市推广。2000年后，全国兴起建设时间银行试点的浪潮（陈际华，2020）。

10多年后，上海当初的试点未能推广且难以为继，所登记储蓄的服务因居民搬迁、居委会人员更迭、记录丢失、缺乏后续参与者等成为坏账而无法支取。自2014年开始，南京市栖霞区、建邺区和鼓楼区先后在不同层面引入了"时间银行"的概念，并以此进行制度模式探索。2019年，南京将养老服务时间银行推广到全市，成为全国时间银行试点城市中的引领者。时间银行发展时间轴见图9-1。

1973年
日本旭子水岛首提时间银行概念
20世纪80年代
埃德加·卡恩在全球推广时间银行概念

1988年
上海市首次引入时间银行概念并在部分区县开展民间实践

2000年以后
北京、天津、上海、广州、南京等地试点时间银行模式

2019年
南京推出首个市级时间银行模式

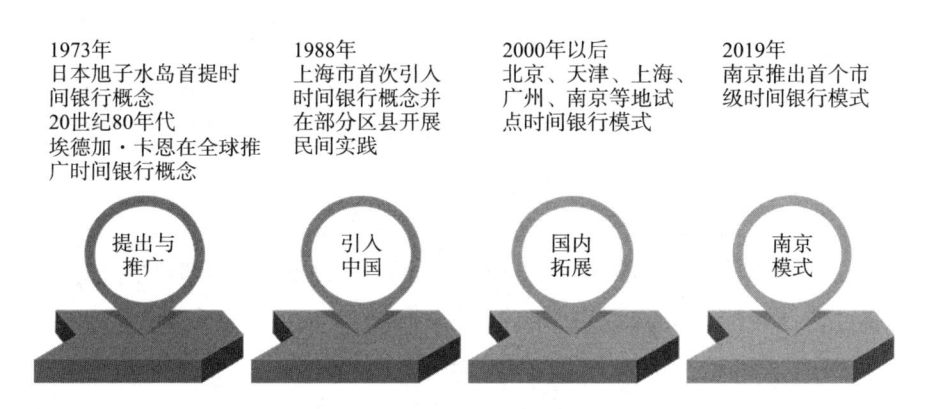

提出与推广　　引入中国　　国内拓展　　南京模式

图9-1 "时间银行"发展时间轴

二 南京时间银行的历史轨迹

2014年，由栖霞区的尧化街道成立慈善基金专项，并以此为依托成立了统一的时间银行。该时间银行委托姚坊门的彩虹社会工作服务中心运营，并引入了商业银行模式，与中信银行合作发行了联名卡，设计了"721"志愿者获益的模式，即70%时间存款兑换等额的志愿服务时间，20%的时间存款兑换生活物品，10%的志愿服务时间兑换志愿服

务成本。服务中心为每一个加入时间银行的志愿者办理了一张专用银行卡，该银行卡除了具有普通银行卡的功能，还可以直接对接时间银行系统，时间的储存、兑换都可以通过刷卡实现。在南京市全面实施统一的时间银行之前，服务中心已经发展了3012名志愿者，共存储时间8.9万小时，支取32万小时。

2016年，建邺区兴隆街道桃园居社区福惠居家养老服务中心尝试推行社会组织互助模式的时间银行。"福惠时间银行"由微爱桃园志愿培育社负责运营，下设14支为老服务队，每支队伍都有几十个老年志愿者参与，至南京全面推广前已注册2000多名志愿者。2018年建邺区政府采取政府购买形式，聘请第三方社会组织开发时间银行软件并运营管理，将时间银行模式推广到全区，利用时间银行信息化平台建立了全区的志愿者数据库，通过系统记录志愿者的服务内容和时间，实现时间的支取、兑换、转移等，为有需求的老人提供服务。

与建邺区的由社区时间银行先行先试，再推广到全区不同，鼓楼区于2018年10月直接上线区级的时间银行，时间银行的志愿服务不仅包括老年服务，还包括社区环境治理、家政维修、法律维权、健康咨询等公益服务在内的其他志愿服务。其账户时间分为两种，一是个人志愿者公益时间，账户每人每天最多存4小时，最多兑2小时，1500小时为存储上限。二是共享时间，即超出1500小时后的志愿服务时间和爱心组织通过自身资源为老人提供帮扶折算的时间。至南京全面推广前，鼓楼区时间银行有12家分行，523个养老组织，志愿者1.5万人。

2019年7月，南京市政府办公厅发布《南京市养老服务时间银行实施方案（试行）》的通知，提出时间银行要坚持公益性、互助性、激励性、持续性原则，构建起政府主导、通存通兑、权威统一的时间银行运行机制。2019年10月底前，完成时间银行管理信息系统的招标和开发；2019年12月每个区各选1个街道进行试点；2020年9月，在试点的基础上，各区全面推广，实现全市通存通兑。

三 南京市级时间银行志愿养老家庭支持服务介绍

（一）服务对象与服务内容

南京时间银行的服务对象主要有四类：一是南京市80周岁及以上空巢独居老人；二是南京市60~79周岁低保家庭中失能半失能的空巢独居老人；三是农村留守老人；四是常住南京的60周岁以上且存有时间的老人。面向以上四类服务对象，南京时间银行提供的服务内容按照两种划分标准划分为四种类型（见图9-2）。

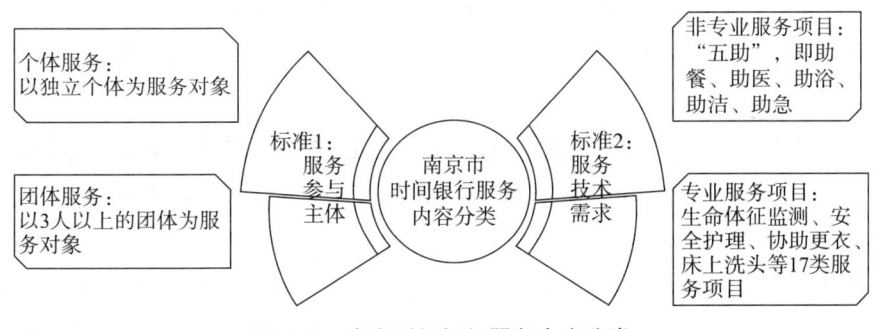

图9-2 南京时间银行服务内容分类

（二）服务流程

根据相关实施文件和实地调研走访，当前南京时间银行的服务流程主要包括五个环节，是南京时间银行的基本服务流程（见图9-3）。

环节一：需求申请。符合向政府申领时间条件的老人可以向时间银行提出服务需求申请，凡通过评估的老人，可根据自身需要，每周向市级时间银行提出申请，每周申请时间不超过3小时，并通过手机App根据需求进行下单。60周岁以上存有时间的老人可在存储时间额度内，通过手机App根据需求进行下单。

环节二：需求匹配。服务对象下单后的十五分钟内，所在街道的所有志愿者都可以接单，十五分钟后无人接单，订单可见范围扩大到整个区。仍无人接单的，转至人工派单。24小时（含）以上需求的订单，一小时以内，服务对象所在街道的所有志愿者都可以接单，若一小时后无人接单，订单可见范围扩大到全市。服务开始前一小时，仍无人接单的，转至人工派单。

环节三：服务开展。志愿者接单后，系统在接单成功和服务前一小时，通过平台将信息推送给服务对象和志愿者，以示提醒；首次接单前要签订时间银行志愿服务承诺书（可以在手机上手写签字，也可以书面签字上传至平台）；根据服务需求吻合度，服务范围内的所有在线志愿者手机上均可显示待接单任务。

环节四：服务投诉。服务双方在服务中如有不满意，可拨打各区时间银行投诉电话。服务开始时，志愿者在服务对象家中，通过服务定位、人脸识别等方式开始服务。服务结束后，志愿者通过手机结束服务，服务需求申请者若5个工作日仍未确认服务，系统将自动确认服务且将服务时间划入志愿者个人账户。

环节五：调查回访。各级时间银行需定期和不定期对管辖范围内时间银行志愿服务进行抽查，如抽查回访不合格，撤销当次服务时间，并通过信息化平台反馈给志愿者；如志愿者有疑义，可向区级平台申诉。抽查回访内容包括但不限于：志愿者是否按时提供服务，志愿者是否按要求提供服务，服务对象对服务是否满意，志愿者有无向服务对象推销、售卖商品，志愿者有无向服务对象收取报酬，以及其他与服务有关的内容。

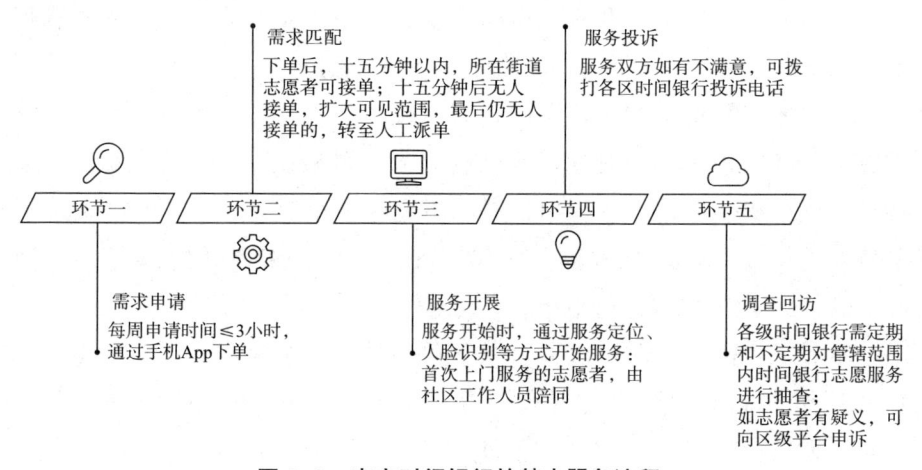

图9-3 南京时间银行的基本服务流程

四 南京时间银行的社会效应

截至 2021 年 3 月底，南京市的 12 个区已有 24 个街道、247 个社区、509 个养老组织开展养老服务时间银行试点。南京市申请注册个人志愿者 44969 名，注册团体志愿者 59 个，注册服务对象 36458 名，实际服务对象 33015 名，累计服务 85789 单（见图 9-4）。到 2021 年底，有望实现全市范围内"通存通兑"，借助市民卡实现志愿服务时间的存入和兑换。

覆盖区域
12个区
24个街道
247个试点社区

01

02

涉及人员
平台注册志愿者44969名
平台注册服务对象36458名

参与组织
509个养老组织

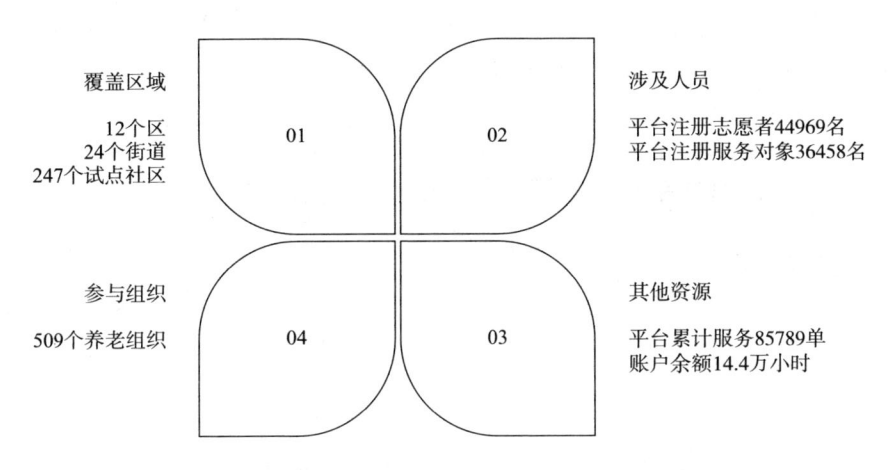

04

03

其他资源
平台累计服务85789单
账户余额14.4万小时

图 9-4　截至 2021 年 3 月底南京时间银行发展数据

时间银行除了直接服务于南京户籍的老人，实现志愿服务者的社会价值外，引起了更大范围的关注，被主流媒体"广而告之"，中央电视台、人民网和《人民日报》等国家级媒体平台先后对其进行专题报道。2019 年全国大城市养老服务工作会议在南京召开，时间银行的具体做法被广泛交流和宣传。南京成为其他地区参考学习的重要样板，外地来参观学习的民政局和社会组织代表络绎不绝。在中国社会工作教育协会理事、南京师范大学社会发展学院教授吴亦明看来，南京的时间银行不仅是对养老服务、养老事业的促进，更是社会治理的创新。他认为这是政府治理、社会调节、居民自治良性互动理念在养老服务领域的具体应用，是发展互助养老的重要方式，值得关注。

五 南京时间银行的主要特色与亮点

相较于早期各地探索的时间银行志愿养老服务，南京时间银行在服务流程和服务管理方面呈现三大特色与亮点。

（一）早期发展中政府强大的主导作用

在社区、街道和区三级都有成功试点经验之后，南京市民政局广泛调研，在充分总结经验后，制定了时间银行的专项政策，创建信息平台，由市慈善总会设立专项基金，每年拨款1000万元。专项基金主要用于服务本市80周岁及以上空巢独居老人、60~79周岁低保家庭中失能半失能空巢独居老人和农村留守老人，以及化解时间银行的运行风险。

（二）信息化手段高效服务与管理

目前南京时间银行形成了两大信息化平台：南京时间银行服务与管理专有平台（见图9-5）和内嵌于"我的南京"App的主题应用程序（见图9-6）。平台不仅用于志愿者注册、派发服务订单和志愿者接单，还用于实时监管。

（三）以"社区"为中介的线上线下融合服务

线上服务下单后，社区服务点工作人员或网格员陪同志愿者无缝对接线下服务，陪同首次上门服务的志愿者进入服务对象家中，并向服务对象介绍志愿者情况，在系统里详细备注双方意向和基本交流情况，实现线上线下服务融合互动。

图9-5 南京市鼓楼区智慧养老大数据运营调度中心

图 9-6 内嵌于"我的南京"App 的主题应用程序

第二节 南京市居民时间银行参与意愿

时间银行的主体是南京市的志愿服务者和服务对象,南京市时间银行可持续发展与他们的参与意愿和认可程度息息相关,因此本研究利用问卷调查的数据分析南京市市民对时间银行的参与意愿及影响因素,利用深度访谈的信息分析参与行为及影响机制。

一 南京市市民时间银行参与意愿

(一)宣传不足,仅不到三成市民听说过时间银行

554 位被调查者中,仅有 28.3% 的人听说过时间银行,但调研员在进行简单的概念介绍后,很多被调查者表示知道这一概念,可见南京时

间银行的内容和名词概念在市民认知中并没有形成一致。

在听说过时间银行的被调查者中，表9-1描述了他们的了解途径，排在前两位的为社区宣传（44.9%）和新闻报纸（34.0%），其余途径均不足两成。

表9-1 时间银行养老模式了解途径

单位：个，%

了解途径	个案数	百分比	个案百分比
学校宣传	8	3.3	5.1
社区宣传	70	29.0	44.9
新闻报纸	53	22.0	34.0
同事/朋友交流	24	10.0	15.4
电视	30	12.4	19.2
广播	10	4.1	6.4
公众号	17	7.1	10.9
"我的南京"等App	16	6.6	10.3
其他	13	5.4	8.3
总计	241	100.0	154.5

（二）熟识对象是服务首选

统计被调查者对服务对象类别的选择可知，绝大多数被调查者更愿意选择熟悉的人，或选择社区介绍认识的人，仅三成左右的被调查者愿意通过网络接单服务不认识的对象（见表9-2）。

表9-2 服务对象类别选择

单位：个，%

被服务者类别	个案数	百分比	个案百分比
原本认识的老人	233	44.0	83.8
社区工作人员介绍的原本不认识的老人	199	37.5	71.6
网络接单但不认识的老人	98	18.5	35.3
总计	530	100.0	190.6

(三)服务供需意愿有所不同,"精神慰藉""帮助买菜"均列前三

被调查者中,愿意提供的服务前三项分别为"精神慰藉"、"帮助买菜"和"代买物品",同愿意接受服务的前三项"精神慰藉"、"家务料理"和"帮助买菜"较为接近,接受度最低的后三项中"洗澡看护"和"其他"也均列其中。因而被调查者总体上在这两者之间不存在显著的差异,提供和接受的服务类型较为一致,详细情况见表9-3。

表9-3 愿意提供的服务类型与愿意接受的服务类型

单位:人,%

愿意提供的服务类型	频数	百分比	个案百分比	愿意接受的服务类型	频数	百分比	个案百分比
家务料理	119	10.8	42.7	家务料理	135	12.1	48.2
上门送餐	125	11.4	44.8	上门送餐	109	9.7	38.9
精神慰藉	174	15.9	62.4	精神慰藉	148	13.2	52.9
帮助买菜	150	13.7	53.8	帮助买菜	125	11.2	44.6
代买物品	141	12.9	50.5	代买物品	115	10.3	41.1
帮助清洗衣服	69	6.3	24.7	帮助清洗衣服	78	7.0	27.9
日常生活应急协助	105	9.6	37.6	日常生活应急协助	121	10.8	43.2
理发	32	2.9	11.5	理发	57	5.1	20.4
清洗床单、被罩等大件衣物	59	5.4	21.1	清洗床单、被罩等大件衣物	65	5.8	23.2
洗澡看护	34	3.1	12.2	洗澡看护	47	4.2	16.8
陪同看护	82	7.5	29.4	陪同看护	83	7.4	29.6
其他	7	0.6	2.5	其他	4	0.4	1.4
				以上都不需要	32	2.9	11.4
总计	1097	100.0	393.2	总计	1119	100.0	399.6

(四)时间币兑换首选意愿为"服务"

被问及希望存储的"时间货币"可以兑换什么时,多数人选择兑换为被服务的时间(见表9-4),其意愿基本符合时间银行志愿养老服务模式"代际接力"的延期支付概念。

表 9-4 时间银行时间币的兑换意愿

单位：个，%

兑换意愿	个案数	百分比	个案百分比
服务	198	50.0	70.5
纪念品	40	10.1	14.2
商品折扣	29	7.3	10.3
日常生活用品	77	19.4	27.4
职称晋升或其他荣誉	24	6.1	8.5
其他	28	7.1	10.0
总计	396	100.0	140.9

（五）"看好"时间银行发展，建议加大宣传力度

对于愿意成为养老服务志愿者的 284 人，我们就其对时间银行未来的发展态势进行了研究。其对南京市时间银行发展态势的看法，以十分看好（112 人，39.4%）和较为看好（147 人，51.8%）为主，而认为发展不太乐观和不容乐观总计占比仅为 8.8%。

研究利用 Nvivo 12.0 对问卷中的主观题"您对时间银行未来的发展有什么建议"进行了词频云分析，加大宣传和推广力度是最主要建议，具体见图 9-7。

图 9-7 时间银行发展建议词频云分析

二 南京市市民时间银行参与意愿影响因素

（一）半数愿意参与，"帮助有需要的人"是首因

在调查的554位南京市民中有284（51.3%）人愿意成为时间银行志愿者，剩下近一半调查对象不愿意成为时间银行志愿者，其愿意参与原因以"帮助有需要的人"、"实现个人价值"以及"多结识朋友增进交流"为主，而不参与原因以"影响个人工作生活""照顾小孩没有时间""其他"三类为主，具体数据见表9-5。

表9-5 参与/不参与时间银行原因

单位：个，%

参与原因	个案数	百分比	个案百分比	不参与原因	个案数	百分比	个案百分比
帮助有需要的人	232	41.4	83.2	缺乏信任	17	4.4	6.4
多结识朋友增进交流	102	18.2	36.6	体制机制不成熟	21	5.5	7.9
消磨时间	46	8.2	16.5	抗风险能力差	11	2.9	4.1
实现个人价值	107	19.1	38.4	家人反对	12	3.1	4.5
增加社会经历	66	11.8	23.7	担心服务纠纷	14	3.7	5.3
其他	8	1.4	2.9	影响个人工作生活	110	28.9	41.4
总计	561	100.0	201.1	照顾小孩没有时间	110	28.9	41.4
				其他	86	22.6	32.3
				总计	381	100.0	143.2

（二）年龄、对时间银行的认知是影响参与意愿的主要因素

研究采用二元Logistic回归模型探讨时间银行参与意愿（不愿意=0，愿意=1）的影响因素，性别、年龄、婚姻状况、教育水平、月收入、职业、健康状况、是否参与过志愿活动、是否听说过时间银行（是=0，否=1）为自变量，所有解释变量采用"Forward：Condition"方法引进模型，最终模型的"Hosmer-Lemeshow"解释率为67%，具有较好的统计学意义，结果见表9-6。

表 9-6　是否愿意成为时间银行志愿者影响因素的 Logistic 回归分析

自变量（参照组）	变量值	B	Wals	显著性	Exp(B)OR=95%
年龄（60 岁以上）	23 岁以下	0.397	0.280	0.597	1.488
	23~44 岁	1.062	12.901	0.000	2.892
	45~60 岁	1.072	27.337	0.000	2.921
时间银行认知（不了解）	了解	0.874	16.452	0.000	2.397
参与志愿活动（不参与）	参与	1.241	35.833	0.000	3.460
	常量	-1.134	46.367	0.000	0.322

年龄、对时间银行的认知和参与志愿活动状况对参与时间银行意愿有显著影响，其中 23~44 岁（B=1.062）和 45~60 岁（B=1.072）相比于 60 岁以上的人有更强的意愿参与时间银行志愿活动；而了解时间银行（B=0.874）和参与过志愿服务（B=1.241）相比于"不了解"和"不参与"志愿活动的人有更强的参与时间银行的意愿。

三　南京市时间银行参与行为影响因素的作用机制

研究对深度访谈资料进行分析，建立时间银行参与行为的影响因素模型，并建构影响因素之间的作用路径。研究发现，个人状况、社会环境、资源体系、实践运行、管理机制是时间银行参与行为的 5 个主要影响因素，其影响作用机制可以概括为 4 个循环路径（见图 9-8）。

（一）总循环：多元作用的逻辑体系

总循环将 5 个影响因素同核心概念"参与行为"进行联结，形成一个闭合的逻辑体系。首先，"个人状况"和"资源体系"是"参与行为"的发生条件，即良好的身心条件、正确的意识观念、足够的理解信任、和谐的家庭情况以及充足的物质、资金、信息、人力资源对参与行为具有正向驱动作用，是时间银行参与行为的基础，正如受访志愿者（编号 20200114DJ）表示：

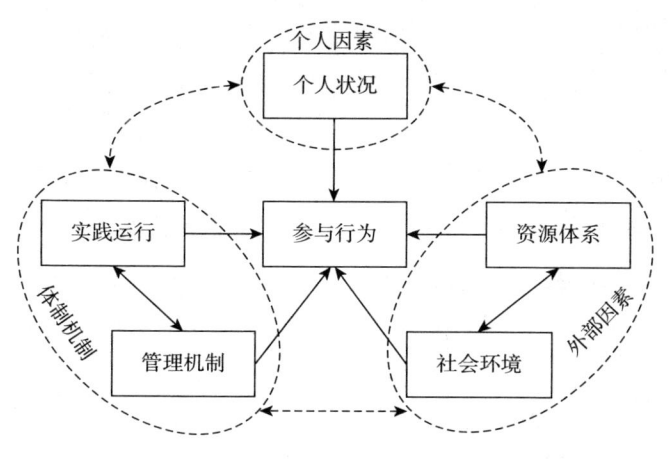

第九章　志愿互助养老：社会对居家养老家庭支持的个案

图 9-8　时间银行参与行为作用机制

如果让年轻人参与时间银行，一是没收入和物质支持，二个人未来发展，他们还有子女需要照顾、长辈需要孝顺，如果用时间来替换，那他们不生活了？

其次，"社会环境"调节"参与行为"，"参与行为"反作用影响"社会环境"。良好的社会环境包含社会支持、多群体参与、志愿观念等，它们是参与行为的"缓冲剂"和"润滑剂"，能缓和矛盾冲突并强化公众参与。与此同时，良好的参与行为又有利于改善时间银行运行的社会环境，促成更大范围和更高质量的公众参与，如受访志愿者（编号 20200114DJ）认为：

因为我是土生土长的（南京人），所以老人对经过我们介绍的陌生人并不排斥，他们就愿意相信，这样会有利于进一步的志愿活动。

再次，"社会环境"同"个人状况"和"资源体系"相互补充改善，友好互助的社会环境本身就是一种特殊的社会资源，并能够影响个人的意识与观念，增强公众对时间银行的理解和信任；"管理机制"与"实践运行"的张力差距能对"参与行为"产生强大作用，由于时间银行的运行管理机制是政府在宏观层面上展开的规划，存在实践运行中同上层理

237

念不符的情况，所以这种张力差距对参与行为的性质和特点产生了决定性影响，如社区管理者（编号20200115LL）认为：

> 因为老人不会用智能手机，所以实际操作依赖社区工作人员，老人很难想象服务通过手机注册、手机发布，有可能手机发布信息以后，服务都已经接受完了。社区下单的话是通过我们社会组织，然后我们再发任务给那些志愿者，这增加了我们的工作负担。

最后，"个人状况"和"资源体系"影响调节"实践运行"和"管理机制"，一方面不同社区根据参与者情况以及资源供给情况针对性开展相关时间银行服务，另一方面南京市时间银行的统筹规划是综合考虑参与者特点以及资源配置等多种因素的结果。

（二）上循环：行为环境与参与行为的双向作用

上循环主要说明"社会环境"与"参与行为"的双向作用机制，一方面"个人状况"和"资源体系"同"社会环境"相互补充，共同影响"参与行为"，另一方面"参与行为"对"社会环境"具有反作用，间接影响"个人状况"与"资源体系"。如受访者（编号20200115CYF）表示：

> 我一直都喜欢做志愿，周边人都认识信任我，老人的亲切问候和关怀，让我感觉做事情都挺有劲头的。一开始有些人拒绝我服务，我也会用实际行动证明我是无偿提供服务的志愿者，这样也渐渐把志愿者宣传出去，后面做志愿就好多了。

良好的社会环境有利于激发志愿者的参与热情，其获得的"理想价值"等精神收益能进一步促进行为理念的传播；与此同时，热情积极的志愿行为和体贴善良的被服务者也能够进一步营造"我为人人，人人为我"的互助氛围，改善时间银行运行的资源体系，提高参与者的意识。但从访谈调研的情况来看，时间银行运行的整体社会氛围并没有形成。由于南京时间银行起步较晚，整体宣传与互助文化氛围建设并没有展开，各社区并未有效进行宣传推广，因而了解时间银行养老模式的人并不多。

（三）下循环：实践运行与管理机制的影响

下循环是指参与行为的具体发生场所与过程，即在"个人状况"与"资源体系"调节影响下，"实践运行"中的机制特征直接影响、控制"参与行为"，但由于反馈路径被堵塞，所以产生了张力差距。一方面，"个人状况"和"资源体系"作为参与行为的发生条件，对"实践运行"与"管理机制"具有影响和调节作用，如参与者较高的文化技能保证其迅速在"抢单接单"平台上申请服务，同时，调研发现，时间银行基层实践点的信息资源和人力资源仍存在空缺，表现为虽然市级线上平台建设完成，但各区的时间银行模式仍然不统一，因而多数志愿行为发生在"熟人环境"中，此外各个时间银行站点的志愿者数量都较少，难以满足服务需求，只能通过社区工作者来"承接"老人的"服务订单"。

另外，"实践运行"与"管理机制"还存在张力差距，这种张力差距是指时间银行在实践运行过程中的性质特点，同管理设计人员所构想的运行机制存在差异。例如在时间银行社区试点阶段，管理设计人员在制定规则标准时，认为社区只是一个承接的平台，因此无须承担主要的工作。但在实际运行时，社区的工作不仅是承接，还包括帮助服务对象下单、帮助志愿者接单等烦琐的工作，这些工作和管理设计人员理解的承接工作存在很大差异，导致了张力差距，这种张力差距作用于参与行为，张力差距小，参与行为大多为积极型参与，反之则表现为中立型参与和消极型参与，如居家养老中心主任（编号20200114DLL）认为：

> 每当我们做宣传介绍时，大家都会说蛮好的，这说明制度很好。但是让他们真使用App进行时间银行志愿，他们就会说注册可以，但是没有时间和耐心去接单。

（四）待加强路径：服务管理的反馈机制

这一重要循环的理想路径为"实践运行"影响控制"参与行为"，而

"参与行为"不断反馈改善"管理机制",使"管理机制"与"实践运行"的张力差距越来越小,形成一种相互调节的关系。然而实践运行中"参与行为"的反馈路径是缺失的,如运行理念重点在于"互助",即志愿者与被服务者自主联系解决被服务者生活需求,因而管理部门在"我的南京"App设置了"发单抢单"的运行机制,但实际运行中,大部分"服务订单"由"无偿第三方"的社区"暗中"操作。一方面,导致参与者永远是熟人群体,其他群体很难提供服务;另一方面,增加了社区工作者负担且并未补偿他们实际收益,调研中一位社区工作者手机上绑定了二十几位老人的账号,有悖"社区主要进行宣传推广"的理念。因而底层"参与行为"的性质和特点无法反馈上层的"管理机制","管理机制"同"实践运行"的张力差距越来越大,"实践运行"很难进一步促进"参与行为",如居家养老工作人员(编号20200115GF)表示:

> 我们会发掘志愿者,让他们注册时间银行并下单,但实际上他们注册之后不太懂这个东西,最终还是把任务归到你这边来。比如我手机上绑定了20多个老人的账号,他需要通过时间银行这个渠道去操作的话,我就帮他操作。

第三节 南京时间银行目前存在的主要问题

一 新旧政策缺少有效过渡,试点与推广无法延续发展

(一)兑换规则差异大

早在2014年8月,南京通过募集各类的志愿服务资源,引导全市志愿者通过累计志愿服务时间兑换相应服务。如"721"兑换规则规定,服务时间可以兑换等额志愿服务、在街道慈善超市或垃圾分类惠民中心兑换日常生活物品以及兑换部分现金。但是《南京市养老服务时间银行实施方案(试行)》以公益性、互助性、激励性、持续性为原则,构建了"政府主导、通存通兑、权威统一"的时间银行运行机制,并明确规定只

有志愿者因户籍迁离本市等需注销账户时，才能按照最新公布的非全日制小时工工资标准的10%给予一次性现金补助。另外，新方案中个人志愿者的时间银行账户暂定1500小时为存储上限，超出的服务时间主要用于捐赠或社会褒奖；团体志愿服务者所超出的时间先期仅可用于捐赠，给予社会褒奖。

由此可见，时间银行新旧政策存在较大差异，新政策规定志愿者只有退出时间银行时才能获得现金补贴，一般情况无法进行实物或现金兑换。

（二）服务范围前后不一致

南京时间银行前期试点过程中招募志愿者人数过万，服务类型包括家政服务类、护理类、关爱交流类、外出代办类、维修类等；受益对象包括试点街道居民，特别是老人、残疾人、儿童等特殊群体；目标服务群体数量庞大，服务人数众多，累计服务时间长。相比试点政策，新时间银行服务内容明确为"助餐、助医、助浴、助洁、助急"等，服务对象仅包括重点空巢独居老人和存有时间的60周岁以上老人。重点空巢独居老人，是指80周岁及以上空巢独居老人、农村留守老人，或60~79周岁低保家庭中失能半失能的空巢独居老人。对比发现，试点时间银行的服务对象和服务内容较新时间银行政策范围更广，受益群体更多，这也给新政策在试点街道的运营和衔接带来了困难。

另外，若新政策的推广与试点政策之间无法实现延续发展，且试点政策缺少有效过渡，那么可能造成政府公信力下降，降低公众对现行政策的期望度；同时，新政策可能受到参与试点的居民的阻碍，并造成人、财、物的浪费，打击公众参与时间银行的积极性，不利于时间银行的进一步推广。

二 宣传效率不高，社会认知程度较低

（一）政策宣传推广效率亟待提高

在南京市统一部署和推进下，时间银行概念逐渐被大众了解和熟知。

但从宣传的广度和深度来看，本次 554 名被调查者中仅 28.3% 的人听说过时间银行；从获知渠道来看，29.0% 是通过社区宣传了解时间银行的相关政策内容的，22.0% 的被调查者通过新闻报纸了解，通过电视、同事/朋友交流了解的分别为 12.4% 和 10.0%，而通过学校宣传、广播、公众号、"我的南京"等 App 及其他途径获知时间银行概念的被调查者占比均不足 10%，说明增强南京时间银行已有宣传推广手段的有效性，才能更好地促进大众对时间银行概念的了解。

（二）政策社会认知程度较低

对了解时间银行的被调查者进行深入访谈后，发现部分被调查者对时间银行的具体运行机制缺乏深入理解，且信任度较低。已经参与时间银行的老人普遍担心，现在储存的时间，未来可能由于政策终止等原因，无法兑换服务；又或者，自己在未来并没有选择居家养老的养老方式，没有兑换服务的需要。这都是时间银行在未来发展过程中要解决的主要问题。

三　养老服务供需错位，面临不可持续风险

（一）时间银行养老服务存在供需差异

本次调查对愿意接受或提供的服务意愿进行访谈，被访谈者愿意提供养老服务的前三项与最期望获得的养老服务基本吻合，不存在显著的差异。进一步比较供需比例可知，"家务料理"的提供意愿为 10.8%，需求意愿为 12.1%，处于供小于求的局面；另外，"帮助清洗衣服""日常生活应急协助""理发""清洗床单、被罩等大件衣物""洗澡看护"等服务需求均大于供给。深入分析养老需求，发现"助餐、助医、助浴、助洁、助急"等时间银行服务项目以简单或日常的生活服务为主，而高龄、失能半失能、空巢独居的老人，在获取养老服务时还要求志愿者具备一定的专业护理或医学知识与技能，然而该类志愿者的数量较少，无法满足的老人需求。

（二）时间银行养老服务面临可持续性风险

在时间银行运行初期，"时间货币"由政府免费发放给迫切需要且无法通过服务赚取"时间货币"的"老老年人"，随着首批"时间货币"的消费，在"时间货币"总量一定的情况下，"老老年人"只能依靠志愿者捐赠（志愿者时间银行账户上限暂定为1500小时，超出部分被捐赠）和政府发放。

在针对志愿者基本情况的调查中，60岁以上志愿者占47.5%，其次是45~60岁志愿者，占38.1%，"中青老人"成为养老志愿者的主力；但在554份有效问卷中仅有半数的被调查者愿意成为时间银行的志愿者，不愿意参与的主要原因是"影响个人工作生活""照顾小孩没有时间"，占比均为41.4%。可见，愿意通过服务他人换取他人服务的中青年老人志愿者较少，这部分志愿者较少出现捐赠"时间货币"的行为。在后期走访社区居家养老服务中心时发现，服务中心工作人员逐渐成为时间银行养老服务志愿者的主力，虽然政府通过购买服务等方式保障服务中心正常运行，但居家养老服务中心与时间银行在服务项目上存在重叠，给这部分志愿者带来了工作困扰。可见，真正能够捐赠"时间货币"的主体只有大学生志愿者，以及在国家机关、企事业单位退休的志愿者。

在参与态度和意愿方面，时间银行代际接力延期支付的概念没有得到较高程度的认可，仅有半数的被调查者在深入了解后愿意成为时间银行的志愿者，对这部分"潜在志愿者"的态度进行剖析后发现，其愿意服务的对象和范围较为局限，"封闭性区域服务"的情况较为严重，阻碍了南京市时间银行全市范围内的"时间货币"的存储流通，破坏了时间银行的整体性。为此，如何确保时间银行养老服务实现持续运转成为一个不可忽视的问题。

四 专业性服务需求高，但接受专业化培训意愿低

时间银行涉及的服务项目包括"助餐、助医、助浴、助洁、助急"的"五助"服务，其中部分服务项目属于简单或日常性生活服务，如上门送餐、喂饭、沐浴、家庭与个人清洁、精神慰藉等服务项目对志

愿者没有较高的专业知识要求，但由于服务对象多处于失能半失能状态，志愿者必须具备一定的护理知识才能顺利完成上述服务项目。另外，时间银行志愿者在开展助医服务项目时，要具备专业的医疗知识及技能，同时还要掌握老人护理方面的技能。然而，南京时间银行实际运营过程中对志愿者的线上线下培训由市人社局进行指导，培训内容以较低层次的技能培训为主，专业性较强的护理和医疗常识与技能培训较少。在"您认为成为时间银行志愿者需要哪些培训？"问题的回答中，时间银行潜在志愿者认为应该接受的培训项目主要集中在服务基本要求培训、志愿者权利义务培训等方面，选择护理技能培训的较少。这意味着南京时间银行在培训宣传时对相关必备知识的重视程度有待提高。

五 智慧信息平台应用少，平台适老化设计缺失

（一）智慧信息平台应用较少、效率低

首先，南京时间银行运营平台单一。南京时间银行运营主要依托"我的南京"App，除此之外其他进入时间银行的渠道暂时没有真正投入运营。

其次，南京时间银行运营效率不高。平台的单一化，使南京时间银行无法针对用户需求对平台进行优化，这导致时间银行供需双方对平台的利用效率不高，尤其是养老服务需求方，往往需要社区工作人员"代下单"，信息平台直接出单和接单少，这与"万事找社区"的方式并无两样。

最后，时间银行运营平台无法有效连接供需双方。本次调查结果显示，时间银行志愿者更愿意向原本认识的老人或经社区工作人员介绍的老人提供服务，这表明志愿服务人员与服务对象之间缺少信任建立机制，单独依托信息平台无法实现养老服务供需双方的有效沟通。

（二）平台适老化设计缺失

"我的南京"是一款集南京居民各类生活信息于一体的城市级公共

服务移动应用软件。其以"智慧城市"建设为基础，以"信息惠民"为宗旨，主要面向南京中青年人群，提供医疗、交通、旅游、便民、政务等方面的信息服务。南京时间银行"时间货币"的消费和查询只能通过"我的南京"App实现，但在平台界面中，时间银行不能被方便地找到，而且进去后的页面也不能让老人方便地找到志愿服务或接受服务的菜单。与此同时，大部分老人对智能手机的应用还停留在接打电话阶段，对平台的操作不熟练或者不会操作。但南京时间银行暂时没有针对老人提供养老服务热线，而老人又无法单独使用"我的南京"App完成养老服务项目下单，最终导致老人的服务需求要在社区工作人员的帮助下才能完成。

可见，南京时间银行在实际运转过程中还存在种种问题，况且上述问题多基于本次社区深度调研总结，而本次调研的时间和范围存在一定局限，这意味着上述问题仅是南京时间银行运转中遇到的部分问题。若将时间银行推广到全国层面，将会暴露更多的问题，时间银行模式也将面临更大的挑战。

第四节 关于南京时间银行可持续发展与进一步推广的建议

时间银行要在全国层面成为互助养老的重要形式之一，亟须针对南京时间银行发展中的问题与挑战，采取有效的措施，完善时间银行养老服务模式，实现南京时间银行的可持续发展，减少时间银行推广过程中的种种困难，真正缓解日益严峻的养老压力，助推积极老龄化的实现。

一 完善顶层设计，推进规范化和制度化

在严峻的人口老龄化背景下，构建多元化的养老服务格局以缓解家庭和社会的巨大养老压力是大势所趋。对此，政府应对时间银行互助养老模式的探索、运行和推广加强重视，在制度和政策层面予以保障，并提供一定的资金支持。

首先，加快相应政策和法律法规的出台。应对时间银行养老服务的合法性、储户的责任义务、相关监管部门的权责等做出明确的规定，使各项工作的开展做到有法可依，以强大的公信力来消除时间银行参与者的顾虑和担忧。如以江苏省在2015年出台的《江苏省养老服务条例》为基础，制定全国性时间银行养老服务的规范指南和相关规章制度，为时间银行的通存通兑提供制度性保障。

其次，完善时间银行运行细则和配套措施。目前时间银行还处于实践、探索阶段，"时间货币"的计量较为粗放，力求简单易行，但"时间货币"的计量和兑换应合理、科学、公平、规范，做到计量精确才能保证时间银行的可持续发展。同时，逐步健全时间银行的配套运行措施，做好对参与者的解释、说明、培训等前期准备。完成服务后，及时开展后期服务评估等工作，建立申诉机制、奖励机制等，有助于服务质量的提高以及服务水平专业化的提升。

最后，时间银行运行应兼顾新老制度的衔接和转换。以南京时间银行为例，该模式早已在社区、街道和区三级成功试点，现行时间银行运行机制在继承前期时间银行部分运行机制的同时，也摈弃了许多内容，导致部分街道或社区时间银行"双轨"运行，造成人力、财力的浪费。为此，全国时间银行需在现有实施方案的基础上，兼顾前期运行经验，在体现公益性、互助性、激励性和持续性原则的基础上，通过顶层设计，总结不同试点方案的经验和政策，限定政策过渡期，如南京市栖霞区的尧化街道"721"兑换规则有认可的期限，从而体现政策的延续性，增强民众对时间银行持续存在和稳定运行的信心。

二 拓宽宣传渠道，提升时间银行知名度

时间银行作为互助养老的一种模式，公众的参与度越高越有利于其发展，而公众的参与度在很大程度上取决于他们对时间银行的了解和信任。进一步拓宽推广和宣传渠道，可以吸引更多人参与。如果时间银行宣传推广的效果欠佳，将制约时间银行的发展。

首先，继续加大主流媒体和社区的宣传力度，提高公众认知度。无

论是权威性、政治性还是影响力，主流媒体都占据强势地位，不仅可以提高公众对互助服务的关注度，还可以提高信赖度。根据不同的受众，选择差异化的宣传途径，提高宣传频率。针对时间银行养老服务参与度最高的"中青老年人"，利用社区线下宣传和老年同伴交流，对时间银行的内涵、优势及运行过程进行普及，强化公众的认知，从了解、熟悉再到参与，逐步扩大人员规模。

其次，借助自媒体平台，采取灵活的推广方式。互联网的应用使公众获取信息的途径更加多样，自媒体的发展使信息传播更加便捷，这对时间银行的宣传推广大有裨益。借助微博、微信、论坛等自媒体平台向用户推送时间银行模式，使其以通俗易懂的方式在公众中传播，在潜移默化中让大众知晓、认同并参与，进而为时间银行互助养老服务输送更多参与者和志愿者。

三 扩大参与主体，提供全方位可持续服务

全国人口老龄化、高龄化的形势不断加剧，仅仅依靠社区内部低龄老人提供内容有限的养老服务必然导致志愿服务的供需差异。在互助养老服务中要想确保后续服务资源的充足，行之有效的办法就是扩大志愿服务队伍。数量足够的志愿者队伍是时间银行互助养老模式良性运行的重要前提。在最大限度地吸引社区内低龄、健康老人加入的同时，更要积极吸纳当地大学生、社会志愿者以及辖区内机关、企事业单位职员等年轻人和中年人的加入，例如南京市的时间银行经常获得南京邮电大学等南京高校志愿者协会的帮助，协会在校大学生定期为社区内老人提供一定的公益帮助，但大部分没有注册为时间银行的志愿者，应发动他们正式参与。同时，应建立并完善志愿服务者的保障机制和激励机制，提高志愿者的参与积极性，例如，为参与社区志愿服务的志愿者购买意外险，或对志愿者中储存时间多且服务质量评估较好的给予一定的精神奖励。

另外，应努力构建"政府—社会团体—社区"多层次、多主体的时间银行互助养老体系。积极整合社会力量参与时间银行互助养老，不仅

能弥补政府在一些问题上的政策失灵，同时能够发挥如公益组织等非营利组织不可替代的作用，激励爱心民众和企业投身时间银行互助养老，可以促进时间银行的可持续发展。与此同时，还应建立有效的第三方监督机制，为时间银行互助养老模式的健康运行保驾护航。

四 加强技能培训，提升专业度和匹配度

时间银行互助养老模式的良性运行不仅需要政府的政策引导、社区的积极参与以及社会组织和企业的硬件和软件支持，更需要多方合作，加强社区养老服务人才的培养，尤其是针对失能半失能老人的服务，志愿者应具备一定的老年护理知识。

时间银行养老服务的服务质量需要志愿者的服务水平和服务项目的专业化水平加以保障。因此，要通过多种形式的技能培训来提高互助养老服务志愿者的专业化水平。比如，由当地政府鼓励并支持高校对时间银行的志愿者进行培训，鼓励高校相关专业的学生参与时间银行的志愿服务。再如，在时间银行工作机构中设立专门的培训部门，负责助老服务志愿者的招募和培训，由当地社会组织或慈善机构的护理领域的专业人士来担任培训讲师，负责服务项目的定制和服务技能的培训，并进行服务示范。而对于一些专业性要求较高的服务项目，如医疗护理，由时间银行总部与当地医院进行沟通和联系，请求定点医院派遣值班人员在社区内进行一般性医疗服务。

五 优化信息平台，跨越数字鸿沟

首先，应构建互联网信息服务平台，保证时间银行互助养老模式的高效运转。近年来，随着信息技术的飞速发展，大数据、云计算、区块链等技术不断成熟，为中国建立和完善互联网养老信息服务平台提供了技术支持。因此，应充分运用信息技术优势，建立能够支持时间银行互助养老模式高效运行的信息服务平台以及专门的门户网站，使时间银行互助养老的志愿者与服务对象实现有效对接，消除信息不对称带来的效率低下与资源浪费。同时，互联网可以将各个地区、各个社区分布零散

的时间银行互助养老机构有效联通起来，实现信息、数据与相关资源的整合，提高该模式的统筹水平。应建立和完善网络互助养老信息服务平台，为时间银行互助养老模式提供强大的技术支持。

其次，将时间银行服务管理嵌入社区"网格化治理"中，网格员为社区高龄及失能老人提供一对一服务，使其跨越数字信息鸿沟。由于高龄及失能老人对现代信息技术的掌握存在困难或不熟练的情况，无法有效利用信息平台提出服务需求，为此，社区或时间银行需设置兼职网格员，通过定期语音通话或现场登记等形式明确养老服务项目，进而实现养老服务全覆盖。

第十章 他山之石：国际居家养老家庭支持经验借鉴

国外居家养老发展较早，中国的居家养老仍处在起步阶段，国外居家养老家庭支持政策对中国居家养老家庭支持政策的完善具有借鉴意义。本章通过梳理美国、日本与芬兰特色居家养老家庭支持政策，总结相关经验，以期为中国相关政策的制定与完善提供思路。

第一节 美国家庭照料人员支持计划经验及启示

一 美国人口老龄化历程与现状

（一）美国人口老龄化历程

美国是较早进入人口老龄化社会的发达国家。在20世纪40年代，美国65岁及以上人口的比例就达到了7%。根据经济合作与发展组织数据库的资料，1950年美国65岁及以上的老年人口数量为1066万人，总人口为1.51亿人，老龄化率为7.1%。图10-1为经济合作与发展组织给出的美国和世界1960~2010年人口老龄化率的对比[①]，可以发现在20

[①] OECD, "Elderly population," https://data.oecd.org/pop/elderly-population.htm#indicator-chart.

第十章 他山之石：国际居家养老家庭支持经验借鉴

世纪 60~90 年代，美国的老龄化率高于世界老龄化率。进入 21 世纪，2000 年美国 65 岁及以上人口数量为 3499.2 万人，占总人口的比例为 12.43%，2010 年美国 65 岁及以上人口数量为 4043.4 万人，占总人口的比例为 13.09%，美国的老龄化率在这 10 年间仅上升 0.66 个百分点，增速明显放缓且低于世界的人口老龄化率。

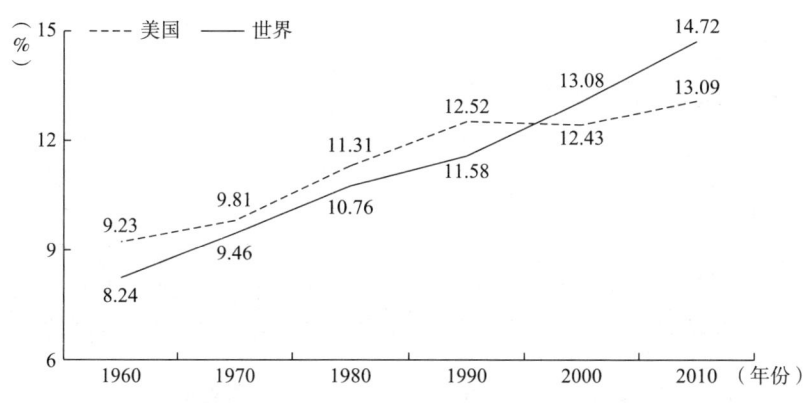

图 10-1 1960~2010 年美国和世界人口老龄化率

根据美国人口普查局给出的数据，2011 年美国 65 岁及以上人口数量为 4128.21 万人，老龄化率为 13.25%，在之后的 9 年中，老年人口数量和老龄化率逐年增长。在 2014 年，美国 65 岁及以上人口占总人口的比例超过了 14%，意味着美国进入了老龄社会。到了 2019 年末，美国老年人口数量为 5320.63 万人，老龄化率为 16.21%。[①] 图 10-2 展示了美国 2011~2019 年 65 岁及以上人口数量和老龄化率的变化趋势。美国从人口老龄化到老龄社会花了 65 年左右，近年来老龄化率增速有所放缓。

（二）美国人口老龄化现状与发展趋势

根据联合国人口基金会提供的数据，美国 2021 年 0~14 岁人口占总人口比例为 18.2%，15~64 岁人口占总人口比例为 64.8%，65 岁及

---

① U.S. Census Bureau, "2017 National Population Projections," https://www.census.gov/data/tables/2017/demo/popproj/2017-summary-tables.html.

以上人口占总人口的比例为 17%。^① 图 10-3 展示了一位学者 2017 年对 2020~2060 年美国老年人口数量的预测，2020 年美国 65 岁及以上人口数量将达到 5605.2 万人，2060 年美国的老年人口数量将达到 9467.6 万人。^② 美国的人口老龄化程度将继续加深。

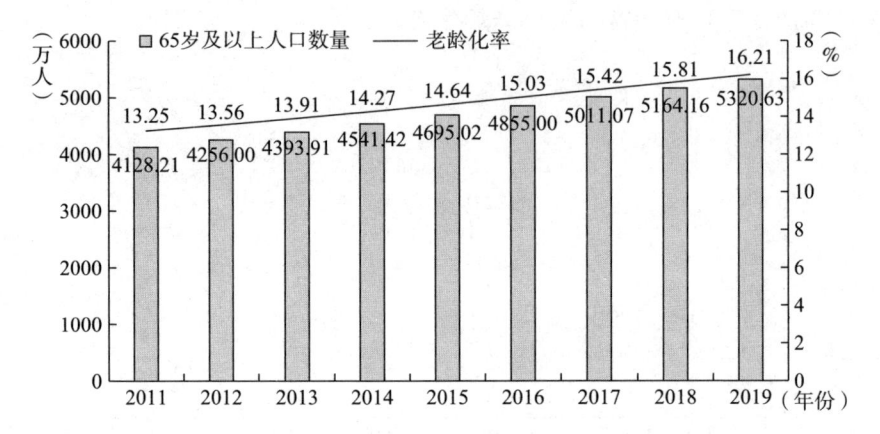

图 10-2　2011~2019 年美国 65 岁及以上人口数量及老龄化率

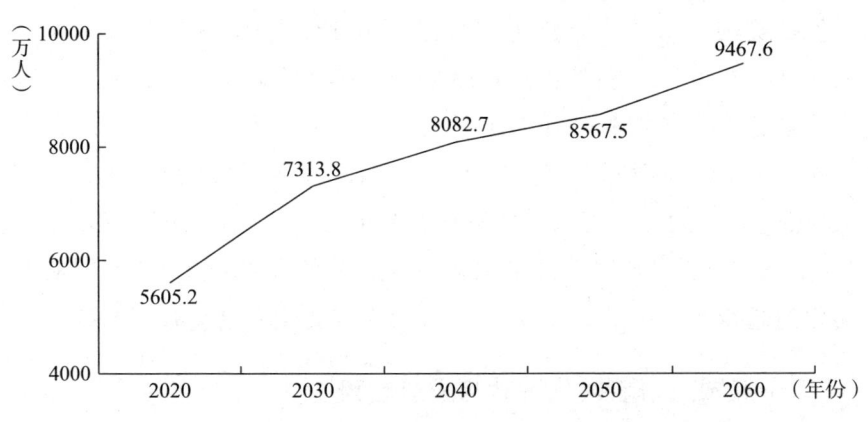

图 10-3　2020~2060 年美国 65 岁及以上人口预测数量

---

① UNFPA, "World Population Dashboard United States of America," https://www.unfpa.org/data/world-population/US.

② U.S. Census Bureau, "National Population Projections," https:// www.census.gov/en.html.

二 美国家庭照料人员支持计划介绍

人口老龄化的加速、卫生医疗费用的增长,以及家庭人口结构方面的变化,都对美国老人养老造成潜在的危机。美国已有的卫生保健和退休储蓄金等政府项目无法很好地应对人口老龄化趋势,家庭仍然是老人养老的主体。但工业革命以来,工业化、城镇化的迅速发展给家庭结构带来了巨大影响,家庭的社会保护功能日趋减弱。无论是为了有效地照顾老人、强化家庭职能,还是减少财政福利支出,颁布居家养老的经济和社会支持政策成为欧美国家的选择,美国凭借其在家庭政策方面的家庭照料人员支持计划成为欧美国家居家养老的典型。

美国22%的照料人员同时照顾2个老人,8%的照料人员同时照顾3个或更多的老人,其中近一半的照料人员年龄已经超过50岁,他们自己也将成为老人,1/3的照料人员认为他们的健康变得越来越差。基于这一情况,美国国会通过了《美国老年人法案修正案》(*Older Americans Act Amendments*),该修正案确立了美国家庭照料人员支持计划(National Family Caregiver Support Program,以下简称"NFCSP")。

调查数据显示,在2014年美国就有超过70万的家庭照料人员通过NFCSP获得了服务和帮助。支持服务能够有效地帮助家庭照料人员履行家庭照顾责任,延长家庭照顾时间:近42%的家庭照料人员已经提供了2~5年的家庭照顾,约27%的家庭照料人员已经提供了5~10年的家庭照顾;74%的家庭照料人员表示支持服务能够让他们提供更长时间的家庭照顾;88%的家庭照料人员表示支持服务帮助他们成为更好的照料人员;62%的家庭照料人员表示是支持服务使得被照料人员能够居住在家中被照顾,而不是被送往疗养院。①

(一)美国家庭照料人员支持计划

根据《美国老年人法案修正案》,满足以下条件之一的家庭照料人员能够获得支持服务:正在为60岁及以上的老人提供照顾的成年家庭成员

---

① "National Family Caregiver Support Program," https://acl.gov/programs/support-caregivers/national-family-caregiver-support-program.

或其他年满18周岁的非正式照料人员；正在为任何年龄患有阿尔茨海默病或相关疾病患者提供照顾的成年家庭成员或其他年满18周岁的非正式照料人员；正在为未成年人提供照料的55岁及以上的其他非父母亲属；正在为18~59岁残疾人提供护理的包括55岁及以上父母在内的年龄较大的亲属。美国根据各州70岁及以上的老人在总人口中所占比例向各州提供资金，用以一系列支持家庭和非正式照料人员的项目。NFCSP主要为家庭照料人员提供五种类型的服务，具体如下。

1. 向家庭照料人员提供服务信息，协助家庭照料人员获取服务

美国通过《老年健康指南》为家庭照料人员提供便利的可用支持服务信息。每一个家庭照料人员需要的支持服务内容不尽相同，各个州和地方能够提供的服务内容也不相同，《老年健康指南》将各个地方的支持服务内容整合，家庭照料人员就可以通过《老年健康指南》来查询自己所需要掌握的服务内容的情况。在查询到自己需要的支持信息以后，家庭照料人员可以致电美国老龄局（U.S. Administration on Aging）进行咨询，以获得相应的支持服务。另外，美国还启动了"承认、协助、包容、支持和参与家庭照料人员行动"（The Recognize, Assist, Include, Support, and Engage Family Caregivers Act），设立家庭护理咨询委员会，专门为家庭照料人员提供信息咨询服务和培训服务。

2. 提供老人功能评估服务

美国政府为家庭提供专业的老人功能评估服务。评估员要求具有医学、护理学或社会工作的学历背景，由专业的老年健康评估委员会进行培训并发放资格证书。美国政府选择inter RAI（inter Resident Assessment Instrument）居民评估工具作为指定的评估工具，评估内容包括老人的人口学信息、日常生活能力、疾病诊断和用药情况、健康状况及问题、治疗性干预信息以及认知、沟通、情绪和行为状态等。

3. 提供家庭照料人员支持服务

美国主要为家庭照料人员提供心理咨询、互助小组和照料人员培训服务。利用面对面辅导、电话、邮件和在线视频辅导等方式为家庭照料人员提供心理咨询服务。组织家庭照料人员互助小组，与其他照料人员建立联系，分享照顾经验，相互支持。制订各项技能训练课程和培训计

划，提供康复器材，为家庭照料人员提供培训服务。

4. 为有困难的家庭照料人员提供喘息服务

美国为家庭照料人员提供喘息服务（Respite Care），具体就是为家庭照料人员提供计划性或临时性的短期照护服务，目的是减轻照料人员负担。喘息服务有助于支持和维护主要的照顾关系，还有利于避免老人长期入住养老机构，预防对老人的虐待和忽视。喘息服务提供的服务类型包括计划性的定期短期护理、紧急临时护理和托管看护等。

5. 有限的附加服务

美国提供的附加服务主要包括经济援助、家政服务、房屋维修、居家环境改造、法律援助、交通服务、电话问候服务和志愿者服务等。根据调查数据，在2013~2016年，美国联邦政府每年都提供约1.5亿美元用于该项目，由此可以看出美国对于家庭照料人员支持计划的重视程度（汪泳，2020）。

（二）各地对家庭照料人员的特色支持举措

通过梳理各地的家庭照料人员支持举措，可以发现，这些举措的出发点在于减轻家庭照料人员的负担。支持举措制定的思路分为两种，一是直接针对老人或残疾人士提供各种服务支持，为家庭照料人员的照料服务提供补充；二是为上述人士的家庭照料人员提供经济与福利支持。从支持举措的内容上看，范围广泛，涉及衣食住行等各方面，直接提供家庭照料服务、喘息服务与现金支持是最为常见的支持举措。虽然各地家庭照料人员支持举措存在共性，但各州的家庭照料人员支持举措的特点也非常鲜明（见表10-1）。

1. 亚拉巴马州——受照顾人自由选择家庭照料人员

在亚拉巴马州的相关支持举措中，个人选择计划（Personal Choices Program）可以让接受照顾的人选择自己的照顾提供者，州政府将会每月提供津贴，供受助人用来雇佣照料人员、购买医疗设备或支付其他护理费用。其中，受助者必须符合亚拉巴马州医疗补助资格。另外，亚拉巴马州的寿命喘息资源网络也是一大特点，该资源网络为了缓解家庭照料人员服务压力，可以提供所在地区在线暂息照料人员列表以及暂息热线的信息。

2.科罗拉多州——交通运输为最主要支持服务类型

科罗拉多州的家庭照料人员支持计划（FCSP）通过地区机构（AAA）为家庭照料人员提供支持服务[①]，科罗拉多州为老人提供衰老和残疾资源（ADRC）及老人支持服务，协助老人规划自己的长期服务和支持需求，并提供咨询服务。另外，科罗拉多州政府考虑到当地老人的具体需求，将交通运输服务作为最主要的支持服务类型，其他还包括护理协调、信息资源帮助、家庭保健等服务。[②]

3.纽约州——跨地域带薪家庭假

纽约州为居民提供带薪家庭假，当纽约州的居民需要照顾身体状况不好的家人时，即使家人不在纽约州，也可以申请带薪家庭假。申请成功后就可以获得工作保障、健康保险、减薪投诉等方面的支持，这为纽约州的家庭照料人员在家照看老人提供了很好的法律支持。[③]家庭照料人员计划关怀网（Net of Care, The Family Caregiver Program）——贝斯以色列医疗中心能够为纽约州的家庭照料人员提供在线信息和支持服务，如关于照顾和判断健康状况的日常在线教育，可以按照疾病类型、服务需求和所在位置搜索的当地和国家服务目录，电话照料人员支持小组等。[④]

4.华盛顿哥伦比亚特区——家庭成员可被雇佣

华盛顿的医疗补助个人护理计划（Medicaid Personal Care Program）为老人和残疾人的日常生活活动提供帮助，该计划允许家庭成员（不包括配偶）被雇佣为个人照料人员。[⑤]

---

① 参见 The Denver Regional Council of Governments (DRCOG), "Area Agency on Aging," https://drcog.org/programs/area-agency-aging。
② 参见 The Colorado Department of Human Services (CDHS), https://cdhs.colorado.gov/our-services/older-adult-services/state-unit-on-aging/support-services-for-older-adults。
③ 参见 New York State, "Paid Family Leave: Your Rights and Protections," https://paidfamilyleave.ny.gov/protections。
④ 参见 Beth Israel Medical Center, "Net of Care: The Family Caregiver Program," http://www.netofcare.org。
⑤ 参见 Washington Health Care Authority, "Medicaid Personal Care," https://www.hca.wa.gov/health-care-services-supports/program-administration/medicaid-personal-care。

第十章　他山之石：国际居家养老家庭支持经验借鉴

表 10-1　美国多地居家养老家庭支持举措一览

地区	项目	受助对象	内容
亚拉巴马州	个人选择计划	老人	自由选择照顾提供者，津贴补助
夏威夷州	援助计划项目；Med-QUEST 计划	老人、残疾人	现金、食物、衣服、住所和其他必需品的现金补助；为家庭照料人员提供现金补助
加利福尼亚州	居家支持服务计划	加利福尼亚州的老年居民	打扫房子、个人护理服务、陪同医疗预约
科罗拉多州	家庭照料人员支持计划	家庭照料人员	为家庭照料人员提供支持服务
宾夕法尼亚州	老人生活独立性计划	55 周岁以上的老人	日间保健服务、临终关怀服务、居家支持服务
纽约州	家庭照料人员计划关怀网	家庭照料人员	跨地域带薪家庭假；关于照顾和健康状况的在线教育
华盛顿哥伦比亚特区	医疗补助个人护理计划	老人	日常生活帮助；家庭成员（不包括配偶）可被雇佣为个人照料人员

三　美国家庭照料人员支持计划的主要特色

（一）提供公共政策和相关机构支持服务，降低家庭照料的成本

随着老龄化对照料资源需求的快速增加，美国政府也无力通过机构照料的方式来弥补老年照顾的不足。美国社区照料的发展以及"政府—市场—家庭"责任边界的调整，改变了老年照料的发展方向，呈现由机构照料到社区照料再到家庭照料的路径（朱浩，2014）。与中国的养老传统不同，美国并没有家庭养老的传统观念，因此美国国家层面和各州层面均通过公共政策以及相关养老服务机构对老人以及家庭照料人员提供支持服务，帮助他们降低家庭照料的成本，通过信息咨询、喘息服务、心理辅导以及构建照料人员信息网络等支持服务来为家庭照料人员减轻压力和负担，提升家庭的照料能力。

（二）强调工作家庭平衡，缓解家庭照料人员的角色冲突

家庭照料人员支持计划的出现主要是出于对就业市场的支持以及

缓解家庭照料人员在工作角色和照顾角色上的冲突。从美国的经验来看，家庭照料人员更加容易出现缺勤、工作效率低等问题，同时，相较于儿童照料，老年照料给予家庭照料人员的压力更大。基于这种现实情况，美国政府不仅直接为家庭照料人员提供服务和经济的支持，还鼓励企业积极履行社会责任，为其提供工作津贴以及宽松的工作计划，例如纽约市提供的带薪家庭假，为当地家庭照料人员提供法律支持，帮助家庭照料人员平衡工作和老年照料的关系。

（三）政策对象为家庭，政策目标为帮助老人居家生活

从美国的发展经验来看，回归家庭价值、支持家庭发展成为美国社会政策的新支点（吴帆，2012）。美国于20世纪60年代开始关注的社区照料以及之后的家庭化，都倡导老年照料从机构回到家庭，呈现老年照料"再家庭化"的趋势。这种"再家庭化"不是政府、市场和家庭成员的简单转换，而是政府通过给予家庭照料人员服务和经济各方面的支持，为其在工作和家庭之间提供角色选择权，降低国家财政和家庭照料人员经济方面的压力。不仅如此，美国国家和各州都通过对家庭照料人员的支持来促使当地老人能够在家中独立居住，这不仅能够降低老年照料的成本，也符合老人的心理需求，提高其老年生活质量。

（四）鼓励州和地方建立资源共享网络，帮助家庭照料人员整合服务信息

美国的家庭照料人员支持计划的资源供给主体是多元的，联邦、州和地方、企业以及非营利机构都会给家庭照料人员提供不同的支持服务。因此，家庭照料人员支持服务的资源供给呈现碎片化的特征。在美国家庭照料人员支持计划中，国家根据各州70岁及以上的老人在总人口中所占比例向各州提供资金，用以一系列支持家庭和非正式照料人员的项目。同时，国家和各州也建立起照料人员支持服务和资源的信息网络，例如国家层面的《老年健康指南》、亚拉巴马州的寿命喘息资源网络、加利福尼亚州的看护者资源中心（Caregiver Resource Centers）等，这些共享资源为家庭照料人员整合服务信息，帮助他们更快寻求到家庭照料的支持

第十章　他山之石：国际居家养老家庭支持经验借鉴

服务，同时也能够让不同的资源供给主体形成良好的合作。

（五）完善的法律保障，护航家庭照料人员支持计划实施

在20世纪六七十年代，由于养老机构运行成本高、管理僵化等，跟其他发达国家一样，美国也掀起了"去机构化"的热潮，"社区照顾"这一养老模式有了快速发展，为其他各国养老社区的建设提供了良好借鉴。

《美国老年人法案》（Older Americans Act）和《家庭和医疗休假法案》（Family and Medical Leave Act）两项法案是美国主要的家庭养老法案，也是美国家庭照料人员支持计划得以实现的保障性法案。1965年，美国颁布了《美国老年人法案》，老龄管理局通过政府拨款开展了一系列老人福利服务项目，为美国老人提供以家庭和社区为基础的养老服务，服务类型包括送餐服务、日间照料、老人中心、营养服务、长期照顾计划、法律援助和健康促进等。1993年出台的《家庭和医疗休假法案》规定了企业的家庭照料责任，员工可以因产假、照顾产假、照顾家庭成员等每年向企业申请12周的假期，大多数企业会为员工提供带薪假期，而且为员工保留职位。

（六）国家级的社会组织机构，为家庭照料人员提供组织信息与技术援助

美国有3个主要的国家级家庭照料人员组织机构，即家庭照料人员联盟（Family Caregiver Alliance，以下简称"FCA"）、国家照料人员联盟（National Alliance for Caregiving，以下简称"NAC"）和国家家庭照料人员协会（The National Family Caregivers Association，以下简称"NFCA"），其服务比较见表10-2。

表10-2　美国国家级主要家庭照料人员组织机构服务比较

组织机构名称	服务目标	服务内容
FCA	提高照料人员和被照料人员的生活质量	提供晚期疾病和生命终止、户外护理、在家照顾、日常护理、与医疗服务提供者交往、法律和财务计划等的信息帮助
NAC	政策分析与跟踪处理美国的家庭护理问题	制定统一策略来支持全国范围内的家庭照料人员

续表

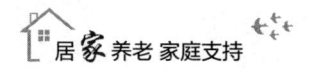

组织机构名称	服务目标	服务内容
NFCA	改善生活质量	面向全国的家庭照料人员免费提供教育、同伴支持和资源；帮助个人完成家庭照料人员的身份转变

FCA位于加利福尼亚州的旧金山，旨在提高照料人员和被照料人员的生活质量。FCA通过问卷调查、港区照料人员资源中心、组建支持小组、帮助寻找国家服务、开展活动和课程以及分享家庭照料人员的故事来与家庭照料人员建立联系。家庭照料人员可以通过FCA学习各种有关照顾家人的护理信息，包括晚期疾病和生命终止、户外护理、在家照顾、日常护理、与医疗服务提供者交往、法律和财务计划等信息帮助。另外，当家庭照料人员自身出现悲伤与失落、健康问题、压力问题、自我保健问题等情况时，也可以向FCA寻求帮助。FCA还会依据具体的疾病为家庭照料人员提供相关咨询和资源，包括肌萎缩侧索硬化（ALS）、脑肿瘤、痴呆、沮丧、中风、失明等老人常患的疾病。另外，FCA在2014年整合了美国50个州已有的相关资源，供需要的个人查阅。

NAC位于华盛顿哥伦比亚特区的中心地带，主要进行政策分析与跟踪处理美国的家庭护理问题，NAC会特别关注国家有关家庭照料人员的倡议，以及以同样方式影响受照料人员的行为。

NFCA位于华盛顿哥伦比亚特区，它构建的非营利组织照料人员行动网络（Caregiver Action Network，以下简称"CAN"）是美国领先的家庭照料人员组织。CAN致力于为超过9000万的美国人提供生活质量改善的帮助，主要面向照顾患有慢性病、残疾、疾病或年老体弱的亲人的家庭照料人员。CAN面向全国的家庭照料人员免费提供教育、同伴支持和资源，既帮助个人顺利进行家庭照料人员的身份转变，也为长期家庭照料人员、提供远距离照护的家庭照料人员以及仍有工作责任的家庭照料人员提供帮助和资源。①

---

① 参见 Caregiver Action Network，"I Have Been a Family Caregiver For Years，" https://www.caregiveraction.org/i-have-been-family-caregiver-years。

四 美国家庭照料人员支持计划对居家养老家庭支持的启示

（一）推动相关部门的协同治理

家庭养老服务需要国家与相关部门协同治理。协同治理是指利益相关者以互动、协商、合作、确立认同和共同的目标等方式对公共事务实施治理的过程（刘亚娜，2016）。在家庭照顾中，各资源供给主体的协同是非常必要的。中国目前的家庭照顾政策主要集中在计划生育和福利儿童方面，对于家庭照料人员的支持政策也主要在低保、就业援助、医疗救助等方面，缺乏专门性的政策（朱浩，2014）。同时由于国家、地方和相关部门没有做好协同工作，这些支持服务呈现碎片化的特征，无法有效延续和推广，惠及更多的家庭照料人员，这种情况与中国以家庭养老为基础的现实相违背。国家在2019年颁发了《国家积极应对人口老龄化中长期规划》、2020年颁布了《关于促进养老托育服务健康发展的意见》等一系列政策，《中共中央关于制定国民经济和社会发展第十四个五年规划和二〇三五年远景目标的建议》指出"实施积极应对人口老龄化国家战略"，具体为"发展普惠型养老服务和互助性养老，支持家庭承担养老功能……健全养老服务综合监管制度"。这些国家层面的政策都表明国家积极完善家庭支持体系，但各地相关部门目前未做出相应的政策响应。构建系统化的家庭支持体系需要专门的政策法律和相关部门共同治理。

（二）帮助家庭照料人员平衡工作与养老照顾

跟美国的家庭照料人员一样，中国的家庭照料人员也面临工作和养老照顾的双重压力。中国现行的老人长期照护服务和家庭支持体系仍存在不足。在针对家庭照料人员的支持方面，如照护假期、养老保障等照料人员社会权利缺失，照顾津贴有限（王莉，2018）。在《国家积极应对人口老龄化中长期规划》中，也只是提到要继续完善家庭支持体系，目前还没有类似于美国部分地区"带薪家庭假"的正式支持政策帮助家庭照料人员来平衡工作和养老照顾。在国家出台正式的支持政策之前，各个企业应该根据自身实际情况，给予家中有老人需要照顾的职工灵活的上下班时间，或者带薪半带薪的假期，支持他们赡养老人。

（三）将养老支持政策对象由老人个体转为家庭整体

中国养老服务政策的对象主要是高龄、失能、空巢以及低保老人，过分强调家庭中子女的经济支持、生活照料等责任义务，很少考虑如何提升家庭养老能力。然而，随着失能半失能老人数量的增多和养老机构照顾发展的不足，还是由老人的家庭成员承担绝大多数的老年照顾责任。因此，应该从促进家庭成员全面发展的角度构建政策体系，既突出"老人"，也重视"家庭照料人员"，以整个家庭为服务对象。美国通过家庭养老公共政策为家庭照料人员提供支持服务的经验，对中国完善家庭支持体系有借鉴意义。

（四）建立家庭养老支持资源和服务共享平台

由于中国家庭养老资源供给主体的多元性，其提供的资源和服务呈现碎片化的特征，这对家庭照料人员在需要支持服务时寻找相关资源造成困难。并且目前已有的家庭养老服务平台更关注老人自身，往往忽略家庭照料人员的需求。可以借鉴美国建立的家庭照料人员支持服务和资源的信息网络，在国家、地方和机构层面都建立资源共享平台，同时保持这些平台信息的畅通，家庭照料人员能够方便地从任何一个信息平台找到服务信息。这些信息平台可以为家庭照料人员提供在线指导、照护培训视频、热线电话以及建立互助小组等服务，让家庭照料人员在家中通过网络就能够寻求支持服务。

第二节 日本居家养老家庭支持经验及启示

一 日本人口老龄化历程与现状

1970年，日本65岁及以上人口占总人口的7.0%，进入老龄化社会；1985年，日本65岁及以上人口占总人口的14.8%，意味着日本进入了老龄社会。据联合国人口基金会网站数据，2020年日本65岁及以上人口占总人口的28.7%。

第十章 他山之石：国际居家养老家庭支持经验借鉴

日本的人口老龄化呈现以下特征。第一，日本人口老龄化速度快。由老龄化社会到老龄社会仅经过了15年，同时老年人口总量由1970年的721.4万人增长到2020年的3591.6万人；第二，日本少子高龄化现象显著，14岁及以下人口占人口总数的比例由1970年的24.1%下降至2020年12.4%；第三，人口老龄化地区差异显著，日本农村老龄化率高于城市；第四，日本老年抚养比增速明显，15~64岁劳动力人口锐减，占人口总数的比例由1970年的69.0%下降到2020年的59.2%，65岁及以上人口抚养比由1970年的10%增长到2020年的48%，社会养老问题日渐严峻（见图10-4）。

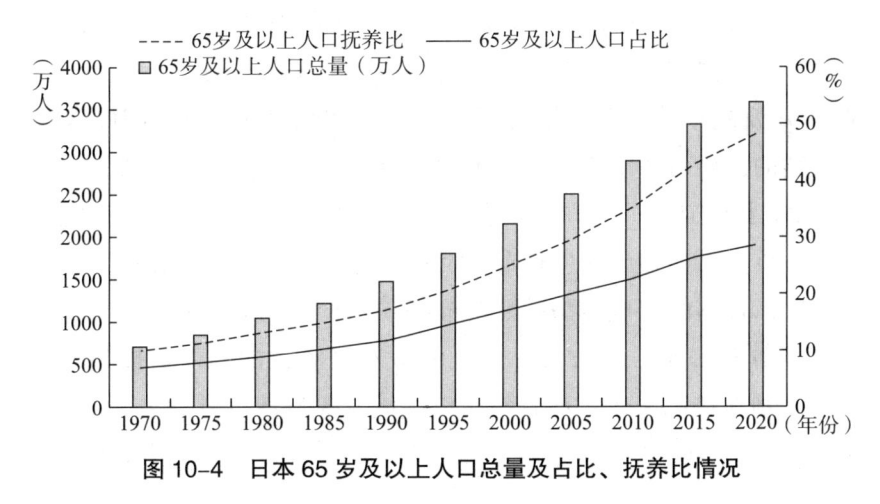

图10-4　日本65岁及以上人口总量及占比、抚养比情况

日本已成为全球人口老龄化最严重的国家。根据联合国人口与发展委员会预测数据，到2050年，日本60岁以上人口比例将增长至42.5%，80岁以上人口比例将从15.1%增长至18.5%。

二　日本居家养老家庭支持体系

日本家庭养老具有悠久的社会文化根源。家庭是养老的主要场所，老人生活的资源和支援基本都是家庭来保障的。长子夫妇要和父母同住，承担赡养老人的责任，供奉祖先，生育子孙。孝顺作为伦理观念深入人心，生根于家庭，风行于社会。1947年，日本大幅度修改民法，去除了专制的家长权和长子优先继承权，但是由于儒家思想文化根深蒂固以及新民法将赡养老人的责任扩大到全部子女（孙作文，2019），老人依然主要由家庭赡养。日本社会保障制度的最显著特征也在于重视家庭的作用，对于需要护理的老人大多数以家庭或亲属的护理为前提，市场化的服务和公共福利服务等仅是一种补充。同社会保障相关的法律，大都把家庭和家庭的赡养关系作为前提条件。因此，日本居家养老家庭支持的经验对中国"十四五"乃至更长时期内，完善"居家为基础"的养老服务体系，巩固家庭养老地位，完善家庭政策支持体系有借鉴意义。

（一）经济补贴支持

首先，日本于 2000 年 4 月起推行的《介护保险法》规定，日本的护理保险是一种强制性的社会保险制度，国民年满 65 周岁后只需负担总费用的 10% 就能享受相关的护理服务，剩余 90% 由各级政府财政补贴和个人交纳的保险费各承担一半；于 2012 年 4 月通过的《介护保险法修订案》将 24 小时定期居家访问服务归入护理保险制度覆盖范围，以减轻家庭的经济负担，向独居或患有重度疾病的老人提供更好的服务。

其次，日本政府以经济补贴为杠杆鼓励子女和老人同居。根据 2016 年年度预算和税制改革方案，不仅将应对老龄化的社保费提到 319738 亿日元，刷新最高纪录，而且给予三代同堂家庭改造补助金，减免其所得税。

（二）家庭照料人员支持

首先，日本重视社区服务，而且在社区服务中提供家庭照料人员社会支持性服务。日本为市政长期护理行政管理部门和地区综合支持中心的负责人编撰的《家庭照料人员支持手册》指出，针对家庭照料人员周围情况的重大变化，将家庭照料人员支持措施的目标设定为家庭照顾、工作和社会参与，在保持身心健康和生活质量的同时，向护理对象提供高品质的家庭看护支持。

其次，日本开展生活方式护理支持者培训项目，项目实施指南中要求开展对生活护理支持者的培训，并对具有一定护理知识与技能的公民（包括老人自身）进行培训（通常约 20 小时的讲座和实践培训），为公民提供更高水平的生活和护理支持服务。另外，日本提供减轻家庭照料人员负担的喘息服务，主要是指间歇性地在家庭或机构中为家庭照料人员提供临时性支持的服务，为照料人员提供一种短暂的、临时的、减轻负担的服务。

最后，日本还采取了一系列综合性的对策，来改善专业护理人才的流失状况以保障居家养老服务具有充足的人力资源。其一，通过8000日元的待遇改善，将介护类职员的平均工资同看护类职员371430日元的平均工资间的约77500日元的差距缩小。其二，通过建立完备的护理产业国家资格认证体系和养老服务专业人才制度体系，提高护理人员的专业水平。日本《介护保险法》中规定"介护支援专门员是开展护理管理工作的基础"，同时将其定义为"根据需要介护者等的咨询，开展和市区町村、服务机构等的联络协调，使需要介护者等可以合理利用符合其身心状态的服务，拥有为需要介护者等实现日常生活自立提供必要的援助所需的专业知识和技术，已取得介护支援专员证的人员"，由各都道府县组织相关考核认证工作。其工作内容主要包括编制护理方案、需要介护认定业务、护理方案的管理、给付管理业务以及需要介护者及其家人的咨询业务等。其三，组织全日本介护大赛，民众可以观看养老机构或居家来院过程中提供的介护服务。该大赛从全国介护从业人员中征集参赛选手，共分为失智症、进餐、入浴、排泄、临终关怀、口腔介乎六个领域，参赛者根据不同主题展示实操技能，由评审员进行审查评估后选出获胜者并进行表彰。

（三）居家养老服务支持

日本居家养老服务涉及面广，主要包括护理服务、助浴服务、康复训练、日间托老、短期入院疗养等。其一，考虑到老人独居和老年夫妻家庭数量的显著增长，日本发展了兼有代际交流功能的复合型设施，例如联合周围大学生将部分老人聚居的老旧公寓改造为廉租学生宿舍，前提是需要学生每周用一天的时间和老人谈心，帮助老人做一些日常事情。

其二，提供福祉用具的出借服务。日本《介护保险法》中规定，福祉用具是指方便失能者等日常生活的用具以及失能者等功能训练所需的用具，能够帮助使用者在其住宅实现生活自理的用具，是保险给付的对象，通常包括轮椅、护理床、防褥疮用具、体位转换器等,也包括坐便器、简易浴缸等。2018年对介护报酬进行修订时,就重点关注了生活自理用具,使国民能够在自己住得更久更习惯的地区生活。为此,政府需要为老人在自家生活提供扶手、步行器和轮椅等福祉用具,而福祉用具咨询专员的需求也不断增加,其主要工作是咨询业务和计划书的制订、监管。

其三,社区形式多样的居家养老服务满足差异化需求,如上门服务、社区日托或夜托等。日本提供小规模多功能型居家服务,其主要设立在以大概30分钟车程距离为半径的社区内,配备小型养老护理服务的设施,推行小规模、多功能居家服务,如短期入住服务、日托服务和居家上门服务等。同一家护理服务机构可一体化提供上门家庭援助、日间护理和短期住宿服务,具备灵活和多功能的特点,能减轻服务对象及家人的负担,使其在选择护理服务时更自由。但是由于小规模多功能型居家服务是地区紧密型服务,可能出现对象居住地和机构所在地不同而无法使用该服务,或对象居住地未开展该服务的情况。

(四)适老化宜居环境支持

日本注重社区适老化改造环境建设。日本唯一一个处理都市住宅问题的政策执行机关——日本都市再生机构,出台了大量的都市主要住宅再生计划,提到"对高层住宅和公寓进行楼梯井增建,满足老年住户需要"。《护理保险法》中住房适老化改造的最高额度为20万日元,其中10%自行承担。按照居民户内日常活动空间类型将住房适老化改造要素进行分类,主要分为外部、门厅、楼梯、卧室、卫生间、浴室和走廊;项目主要分为护理保险支付项目、护理保险支付对象之外的次要的改造项目和居民可以租赁或购买的福利用具;关注停车、休闲广场、人行道、绿化、无障碍、小型社交休憩、照明和卫生间等保障老人安全、健康、便利、舒适的空间和设备改造要素。

(五)失智症患者家庭支持

日本政府在国家层面出台《指定地区紧密型服务事业的人员、设备及运营的相关基准》,规定专门护理失智症患者的机构,必须在住所营造充满家庭氛围的环境，在保持和当地居民交流的情况下，提供沐浴、排便、就餐等日常生活护理以及功能训练，使其能够根据自身的能力维持日常生活。

三 日本经验对完善居家养老家庭支持体系的启示

随着人口老龄化的发展和社会环境的变迁，中国家庭养老能力逐渐减弱，家庭养老风险增大，陷入了前所未有的困境：家庭规模微型化使家庭养老能力弱化；空巢和独居老人家庭数量迅速增长，家庭养老无能为力；传统孝道文化悄然变化，家庭养老伦理基础不稳；家庭成员照料能力不能满足日渐丰富的养老需求。

国家和社会为回应和解决社会环境变迁带来的家庭养老问题，出台了一系列家庭养老公共政策，内容包括生活照料、健康服务、经济补贴、税收优惠、适老化改造、养老保险、权益维护和再就业等。但是中国居家养老家庭支持体系还存在如下问题：碎片化特征突出，未形成统一的体系；政策内容未明确支持居家养老；政策对家庭照料人员的关注不足。借鉴日本经验，建议中国在以下六个方面重构家庭养老公共政策。

（一）改革社会保障制度，减轻老年家庭经济负担

日本的经验表明，建立全民化和多层次的社保制度能有效减轻深度老龄化阶段老人及其家庭的经济负担（封婷，2019），中国需尽可能打通地域的限制，提高个人参保的积极性。倡导社会保险多层次发展，以税收优惠政策引导企业年金、补充医疗保险等制度发展，提高企业投保的积极性。促进医疗制度建设与医疗改革相结合，降低医疗费自付比例和金额。

（二）关注家庭照料人员，提高老年护理队伍素养

在日本，为家庭照料人员提供喘息服务是一项必要措施，中国也应当加强对家庭照料人员的关注，在为家庭照料人员提供必要的经济与福利支持的同时，也要关注其身心健康，保证家庭照料人员能够获得合理的休息时间。2011年国务院办公厅颁布了《社会养老服务体系建设规划

（2011—2015年）》，同年实行养老护理员执业资格认证制度，但至2021年养老机构从业人员不足100万，持证上岗人数不足2万。因此，中国还应当从以下三个方面促进护理人才专业化：一是提高护理人员的社会地位及工资水平，加强大众对护理工作的认同感，促使护理人员安心工作，积极奉献；二是在大中专院校增设老年护理专业，通过系统化理论和实践教学，培育高质量老年护理工作者；三是和有相关经验的老龄化国家进行合作，共同开展长期护理人员的学历教育、继续教育和职业教育的培训。

（三）丰富居家养老服务，发挥好社区的互助功能

各方多措并举关注老人心理状况，将心理护理融进老人日常交往过程，从而使老人和家庭关系融洽。搭建老人、家庭照料人员和社会互动交流的平台，为老人居家养老提供心理支持和精神抚慰。对于老年心理健康，护理服务应做到尊重老年患者，了解患者的心理状况；加强和老人家属的交流配合；合理使用心理疗法。

建立健全社区居家养老服务体系。以家庭养老为中心，重视家庭的养老功能，改善老人的生活品质，缓解社会养老的巨大压力。中国由于居家养老服务内容不完善，不能充分满足老人的各种要求，也没有依据老人的具体身体情况制订相应的服务计划，因此服务内容更需要细化，按照老人不同身体情况、不同文化和不同需求，为老人提供多样化的养老服务。构建居家养老和社区服务紧密结合的新型养老模式，推进居家护理模式创新，推进小规模大功能社会养老服务模式，完善社区卫生服务体系，丰富社区护理服务内容。

（四）发展智能家庭养老，科技助力老年幸福生活

中国从2019年2月正式发布"互联网+"护理服务文件开始推进健康产业发展，运用信息技术、人工智能以及机器人等新兴技术推进居家养老生活的发展。推进机器人广泛应用于服务业，既能缓解服务产业从业人员高龄化趋势，也有益于降低人工成本，以此解决人口老龄化带来的经济社会问题。面对匮乏的人力和医疗资源，机器人疗法已逐渐成为一种前沿的老年心理健康护理方法（黄鲁成等，2020；王坚等，2019；李海舰等，

2020；黄剑锋、章晓懿，2020；邢鸥、张建，2020；关昕宇，2020）。

为促进社会辅助型机器人等智能家庭养老设备与服务的落地，政府、社会和家庭三方需要共同努力。于政府而言，一方面要为智能家庭养老产业提供财政补贴和税收优惠政策，鼓励相关产业的发展；另一方面要为老人购买智能家庭养老服务提供补贴，降低购买成本。于社会而言，要形成鼓励、支持智能家庭养老产业发展的氛围，智能家庭养老产业也要承担起社会责任，保证产品质量，提升服务满意度。于家庭而言，子女要首先认识到智能家庭养老的优势与便利，支持、鼓励老人使用智能家庭养老设备。

（五）建设老年家庭宜居环境，提高老年环境适应能力

2012 年修订的《中华人民共和国老年人权益保障法》增设宜居环境专章，推进宜居环境、老年宜居社区建设，给老人提供安全、便利和舒适的环境；2016 年，全国 25 部门出台《关于推进老年宜居环境建设的指导意见》，以改善老人生活环境。值得注意的是，即使国家层面意识到老年宜居环境的重要性，但是未出现具体的分级标准，未能区分最不宜居、最不方便的环境问题；缺少改造标准条例，目前还是各城各样，仅有部分城市做到老有所居。政府部门主导，集合企业、公益性机构和家庭等推进老年宜居环境建设；探索创新政策补贴和社区治理机制，做到市场和居民共同协调，处理好老旧小区改造项目经费来源问题，促进邻里关系和谐，营造良好的老年生活氛围。

（六）发挥社会舆论作用，营造尊老敬老社会氛围

营造良好的社会舆论氛围，肯定老人对社会的贡献。注重孝文化在树立良好家教与涵养时代家风中的关键作用。通过尊老、敬老和助老道德建设，宣扬敬老孝亲传统美德，提高社会全体成员对家庭养老的认识水平。全社会推行尊重、关心、支援老人的良好风尚，营造代际和谐的社会氛围，提倡亲情互助、温馨和谐的家庭环境。开展老年友好型城市、老年宜居社区和老年温馨家庭比赛，促进家庭道德以依靠公民自觉为主向依靠政府推进转变，实现家庭养老舆论倡导和现实激励的有机结合。

第三节　芬兰长期照护制度中的家庭支持设计及启示

与福利国家的"辅助"模式不同，芬兰的福利制度率先将家庭关系的成本社会化，目的不是实现对家庭依赖的最大化，而是使个人独立最大化。在芬兰，长期照护制度与其他福利政策相似，均采用一种普遍主义原则，国家福利是长期照护的主要来源，家庭扮演着支持性的角色。芬兰的长期照护体制以照护需求为首要准则，不以个人收入或资产设限，照护服务普及性较高，体现了北欧福利国家的普惠性原则。虽然芬兰养老制度设计对家庭作用的发挥与中国"居家为基础""重视家庭的作用发挥"的理念并不相符，但芬兰养老制度设计中"个人独立最大化"的理念基础值得中国借鉴。如何让家庭发挥更大作用的同时，最大限度地让"老人独立""自身养老能力成分发挥"，也是积极老龄化的必要条件。因此，本节将以芬兰的长期照护保障制度为例，对芬兰长期照护制度中的家庭支持情况进行介绍，并结合中国实际情况，借鉴相关经验。

一　芬兰人口老龄化历程与现状

（一）芬兰人口老龄化历程

根据芬兰人口统计年鉴的数据，在20世纪50年代，芬兰65岁及以上人口在总人口中的比例超过了7%，开始出现人口老龄化。到了90年代，芬兰的老年人口在总人口中的比例超过了14%，根据国际标准，芬兰开始进入老龄社会。[①]2015年，芬兰65岁及以上人口在总人口中的比例为20.4%，这意味着芬兰在进入人口老龄化65年后，正式进入超老龄化社会。从图10-5可以看出2010~2019年芬兰的人口年龄结构变化趋势。其中，根据2020年的芬兰统计年鉴数据，2010年芬兰65岁及以上人口在总人口中的比例为17.5%，在之后的9年中，老龄化率逐年上升，

---

① Statistics Finland, "Statistical Yearbook of Finland 2020," https://www.stat.fi/ajk/julkistamiskalenteri/kuvailusivu_fi.html?ID=23211.

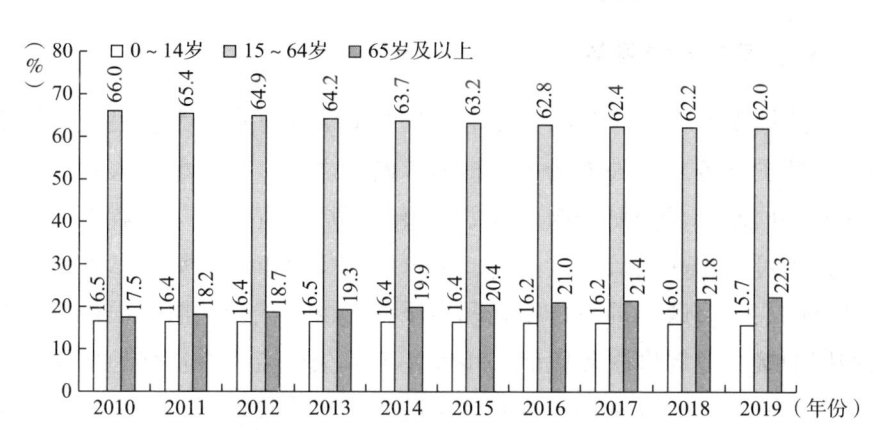

在 2019 年末，芬兰的老年人口占总人口的比例达到了 22.3%。

图 10-5　2010~2019 年芬兰人口年龄结构

（二）芬兰当前人口老龄化的状况

图 10-6 为 2021 年芬兰按年龄段划分的人口百分比情况。根据联合国人口基金会提供的数据[①]，2021 年芬兰 0~14 岁人口在总人口中的比例为 15.6%，15~64 岁人口在总人口中的比例为 61.4%，65 岁及以上人口在总人口中的比例为 23.0%。

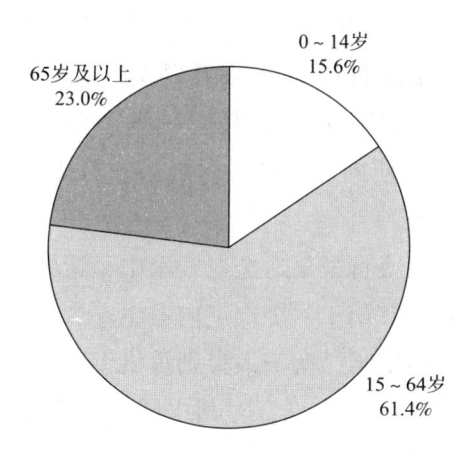

图 10-6　2021 年芬兰按年龄段划分的人口百分比情况

---

① UNFPA, "World Population Dashboard Finland," https://www.unfpa.org/data/ world-population/FI.

二 芬兰长期照护制度中的家庭支持设计

(一) 居家照护服务

在照护服务上，芬兰的 342 个市政府都认为有责任为居民提供健康和长期照护服务。在失能老人照护需求确定之后，与失能老人及其家庭或朋友共同制订长期照护服务计划，市政当局有责任向失能者提供照护服务，既可由市政当局直接提供，也可以从其他市政当局或私人服务提供者处购买。市政当局可以委托私人服务提供商或公共服务提供商，向长期照护接受者提供服务凭证。2011 年起，失能老人在居住地接受长期照护超过一年者有权利选择到其他市政地区接受长期照护服务，其原所在市政当局有义务支付失能老人在新地区接受服务的费用。

按照护场所划分，芬兰的长期照护服务主要分为两种——居家照护与机构照护，在此主要介绍居家照护服务。居家照护又分为正式照护和非正式照护。正式照护主要由专业机构提供居家照护服务，包括由医疗系统提供的居家医疗护理、上门基础医疗照护和专业医疗照护；由居家照护服务机构提供的生活照料服务、家政服务、支持性服务等。非正式照护是指由家人、亲戚、朋友、邻居等提供的照护。由于非正式照护者缺乏专业知识和技能，非正式照护常作为正式照护服务的支持与补充。在芬兰，有居家照护需求且年满 75 岁及以上的老人可以申请居家照护服务。服务内容主要包括以下几个方面。

其一，帮助行动不便的老人洗漱、淋浴、剪指甲、换尿不湿，帮老人穿衣、脱衣和洗衣服。

其二，为老人做饭或将饭菜送至老人家中，帮助老人进行食品采购。

其三，每月为老人打扫 1～2 次室内卫生。

其四，若老人行动困难，医护人员则提供上门医疗保健服务。

其五，根据老人的生活特点，对其房屋进行适老化改造，如去掉门槛，加宽门框，拆掉卫生间内的浴盆，改成适合老人的淋浴，为行动不便的老人添置轮椅、助步车等辅助器具等。

值得一提的是，芬兰为了满足日常看病、刚出院或者需要短期照顾的老人服务需求，提供过渡性照料服务，地点在老年日间医院、日间照料中心和托老所。过渡性服务将医疗服务与社会服务结合起来。医疗系统提供有关老年病方面的专业服务，社会服务机构则负责提供生活照料、支持性服务和日常活动照料等服务。过渡性服务主要具有两大功能：一是当老人需要从医院或者长期照护机构回到家中养老时，过渡性服务能够帮助老人逐渐适应这种转变，最终回归家庭；二是为家庭照料人员提供喘息服务，家庭照料人员因为工作或健康问题不能提供照顾时，可以临时将老人送往过渡性服务机构，这样既能够保证老人得到专业照顾，又可以让家庭照料人员有喘息的机会。

（二）家庭照护津贴制度

芬兰的长期照护制度体现了福利国家的普遍主义原则。早在20世纪80年代，芬兰地方自治体就建立了家庭照护津贴制度，政策对象是失能老人和照护提供者。1982年，家庭照护津贴被正式纳入芬兰《社会福利法案》，这为地方自治体推行照护服务制度构建了一个良好的法律框架。芬兰政府于1993年通过了《非正式照护者支持法令》，要求地方自治体广泛开展包含喘息性服务、照护者津贴和休假制度等在内的家庭照护者支持项目，同时，地方自治体保留津贴发放资格审查的权限。芬兰于1997年和2000年对《社会福利法案》进行了两次修订后，规定接受地方自治体照护津贴的照护提供者可获得每月一次的休假。2007年颁布的《非正式照顾保障法》首次从法律层面保障了家庭照料人员的权利，明确了地方自治体与照护提供者签订合同的标准，照护者有资格获得养老保险和工伤保险，并获得喘息性照护服务，以及每月3天的照护休假。这项法案同时确定了地方自治体支付照护津贴的最低标准。2012年，芬兰的照护者补贴每月不低于364.35欧元，并根据不同的照护强度制定了不同的补贴标准，主要标准有以下几个方面。

其一，当照护者为了照护老人而不得不离开工作时，在离开工作期间每月最少可得到728.98欧元的补贴。

其二，如果照护者在老人家中提供了24小时的照护或较长时间的连续日间照护，则照护者可获得1天的喘息服务。

其三，如果照护者需要连续提供1个月以上的照护服务，则每月可

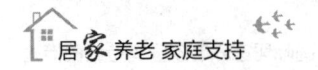

获得至少 3 天的休息时间。

其四，照护者津贴不采取收入审查模式，即无论照护者或被照护者个人的家庭收入或资产情况如何，只要承担照护责任就可获得津贴；同时，在这一法律框架下，地方自治体在照护者津贴获取资格和获取水平上拥有较大的自由裁量权，这在一定程度上提高了芬兰长期照护制度的灵活性。

（三）长期照护筹资主体——政府

芬兰的照护提供责任主体是市政府，资金主要来源于中央政府转移和市政府税收，照护需求者仅仅承担照护服务的部分成本。2005 年，照护需求者承担了照护费用的 9%，中央政府向市政转移费用占 31%，市政所得税占 60%。中央政府向特定地区转移的用于社会和卫生保健支出的金额由该地区的年龄构成、发病率和就业率决定，市政当局可以在法律规定的范围内决定支付金额，这一支付金额可以是固定的，也可以取决于失能者的支付能力。2012 年，芬兰的长期照护公共支出在 GDP 中的比重为 2.3%，高于欧洲 1% 的平均水平，100% 的照护需求者能得到正式的照护服务或现金补贴，高于欧洲 53% 的平均水平。15 岁及以上人口中得到长期照护服务或现金支持的比重为 9.5%，高于欧洲 4.2% 的平均水平。从长期照护服务支出花费来看，机构服务的支出占长期照护公共总支出的 34.3%，65.7% 的长期照护服务支出花费在居家照护服务上。

三　芬兰长期照护制度经验与启示

（一）遵循家庭政策的设计逻辑

芬兰的长期照护制度充分体现了家庭政策的设计逻辑，在长期照护制度中，不仅要考虑老人个人的需求，更要考虑老人及照护者家庭情况，从家庭出发制定相关照护政策，例如芬兰的家庭照护津贴制度，政策对象便是失能老人和照护提供者，这有利于解决老人长期照护的相关问题。中国的福利制度表现出碎片化特征，家庭福利制度仍以补缺为主，政府和社会只有在家庭出现困难或危机时才给予家庭积极的干预。家庭政策仅将重点放在失去家庭依托的边缘弱势群体,如城市"三无"老人和农村"五保户"等,而那些拥有老人、儿童及其他不能自立成员的家庭,则必须首先依靠家庭来保障其生存和发展需求。

中国现有的对家庭功能进行补充的社会保障制度,如养老保险、医疗保险等大多数以就业为其准入门槛,并没有将家庭作为整体进行干预,而仅仅局限于个人。中国可参照芬兰的家庭政策设计逻辑,在广泛调研的基础上,关注居家养老中的家庭需求,制定政策时尝试从家庭角度出发,可能更有利于居家养老家庭支持体系的长期发展。

(二)筹资制度与服务体系相辅相成、共同发展

芬兰在建立长期照护筹资制度的同时,也在推动长期照护服务市场的发展。现有建立长期照护保障制度的国家,在制度建立之初,都实施了发展长期照护服务市场和建立长期照护筹资制度并重的政策。发达福利国家在长期照护保障制度建立之初,大多存在养老服务体系发展不足、照护服务设施和人才相对匮乏的问题,养老服务市场的发展严重滞后于人口老龄化程度,但在长期照护筹资制度建立后,照护需求者的购买能力得到提高,长期照护服务的需求得到释放,推动了长期照护服务市场的发展。

在中国居家养老家庭支持体系的建设过程中,芬兰长期照护筹资制度与长期照护服务市场共同发展的经验具有借鉴意义。一方面,要从老人及照护者家庭情况出发,制定相关政策与法规,地方政府应开展喘息性服务、照护者津贴和休假制度等家庭照护者支持项目,建立符合照护者实际需求的家庭照料人员福利制度体系;另一方面,政府应作为居家养老服务供给主体,制订长期照护服务计划,提升居家养老服务家庭支持政策的灵活性。

与此同时,芬兰的长期照护制度内容全面,福利化程度和公平程度都非常高,能更好地帮助老人"独立自主",但其代价之一是以政府为筹资主体的高支出绝对数额,这值得中国政府警醒。如此高的数额与比例并不一定适合当前中国社会经济发展阶段,但笔者认为这可以是未来政策的目标、中国居家养老家庭支持的远景规划,目前的政策完善需要从"兜底"低保障型,逐步走向"发展"普惠型,最终走向"乐享"高福利型。

第十一章　江苏居家养老高质量家庭支持体系构建与发展路径

"十三五"时期江苏养老服务体系已经初步建成，面向居家养老老人及家庭的服务内容不断增加，各项服务的覆盖面也在渐渐扩大。可以说，通过"十三五"时期的努力，江苏已经将养老服务从"兜底"型服务逐步提升至"发展"型，"十四五"时期，乃至今后的更长时期内，江苏养老服务体系应当在此基础上实现服务内涵和服务覆盖面提档升级的"高质量"发展，服务的目标应该锁定在：特殊困难老人全面兜底保障，一般老人基本养老公共服务可及性高，内容丰富的多层次养老服务和养老产品市场体系全面建成，个人、家庭、政府和市场共建共享积极老龄化社会。依据这一目标，本章将首先基于相关理论对居家养老的家庭支持主体进行责任界定，明确家庭支持体系构建的基本原则，并在此基础上进一步明确居家养老家庭支持的主要任务与保障体系建设。

第一节　居家养老家庭支持主体与责任界定

研究在确定中国居家养老老人的家庭支持的责任主体和责任边界时，主要借鉴了福利多元主义、元治理理论，对照当前国内政策中居家养老责任的界定现状，为今后居家养老家庭支持各方的责任边界给出本研究的界定，为后文的居家养老责任体系构建奠定理论基础。

第十一章 江苏居家养老高质量家庭支持体系构建与发展路径

一 基于理论的居家养老家庭支持的责任界定

充分梳理对政府、社会、家庭和个人责任界定的相关理论，结合中国的政治经济体制，本研究综合借鉴了福利多元主义、元治理理论和需求溢出理论来分析与界定居家养老家庭支持责任。

（一）福利多元主义

福利多元主义是当前在讨论诸多领域的责任边界时被较多认可的理论，其源于1978年英国沃尔芬德的研究报告（彭华民、黄叶青，2006），沃尔芬德主张把志愿组织纳入社会福利提供者体系。但对福利多元主义有较明确界定的是罗斯，罗斯认为福利国家容易被误认为福利完全是政府的行为，但政府并不能垄断福利，政府、市场和家庭都提供福利，三方联合起来，相互补充，扬长避短。其后，在一些学者的讨论中，对国家、市场和家庭三方有进一步的补充或细分，提出四分法，五分法，甚至六分法。福利多元主义的核心是多元化和分散化，即多方主体联合提供社会福利和服务，福利来源多元化，福利提供也分散化。但国内学者在研究时指出，福利多元主义也有内生性和外源性困境，其理论支柱并不坚实，提供的政策方案不能有效解决新的福利供求矛盾，中国当前的社会政策制定要辩证地对待西方福利多元主义的经验（王家峰，2009）。

中国老年人口的居家养老的家庭支持，仅仅基于政府或市场来提供，显然过于简单化，福利多元主义的多方福利来源与供给理念正有利于缓解中国快速人口老龄化进程中所面临的养老资源高度紧张的压力。福利多元主义积极鼓励与引导非营利的社会组织参与家庭支持，同时也鼓励家庭充分发挥老人自我养老的功能和老年家庭成员的家庭养老功能（见图11-1）。

还需要进一步注意的是，如果不建立完善的多方参与的养老资源协调机制，家庭的养老功能逐步弱化和市场的逐利主义倾向同样会导致内生性的困境。随着中国社会经济的不断发展和新冠肺炎疫情突袭而至后国际社会的动荡，政府在履行养老责任时也面临外源性的风险与困境，内外部的困境使福利多元主义应用于本研究的具体讨论领域时，多方主体都可能面临"失灵"风险，因而建立多方的责任边界非常关键。

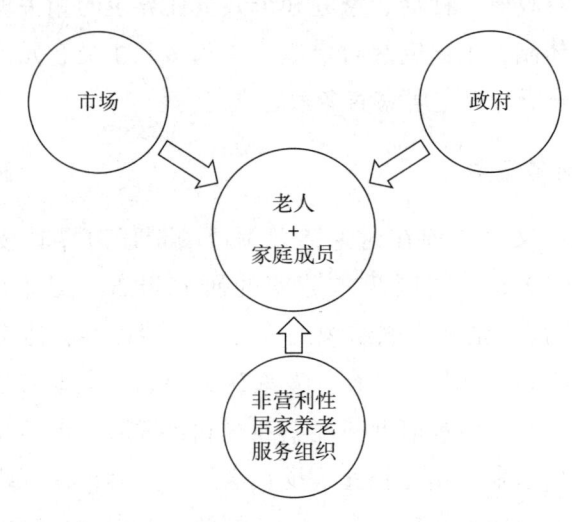

图 11-1　居家养老家庭支持的多元参与体系

（二）元治理理论

在 20 世纪末西方国家科层制、市场制和网络治理均面临治理危机的情形下，英国兰卡斯特大学的鲍勃·杰索普教授在《治理的兴起及其失败的风险：以经济发展为例的论述》中提出"元治理"概念，认为"元治理"是自组织的组织，其通过制度设计，提出远景设想，促进自组织的协调。元治理一方面通过制度上的设计，提供各种机制，使各方相互依存；另一方面进行战略上的规划，建立共同的目标，推动治理模式的更新与进化。在元治理理论中，政府是核心，是促使政策主张不同的人进行对话的主要组织者；是有责任保证各个子系统实现某种程度的团结的总体机构；是规章制度的制定者，使有关各方遵循和运用规章制度，实现各自的目的；是最高权力机关，在其他子系统失败的情况下采取补救措施（杰索普，1999）。伊娃·索伦森继杰索普之后，进一步指出元治理的实施是在构建一种"使公共权力或其他资源拥有者，能够启动或刺激协商治理机制并引导和推动治理方向的一致性"的机制。马克·怀特黑德延续了杰索普对元治理的理解，认为元治理是政治权威通过规则、组织知识、机构策略以及政策战略等方式，促进和引导自组织治理体系的构建。吕克·弗朗桑指出，在跨国经济日益活跃的背景下，元治理面临的问题已经超越传统政府管理的边界，私人与非政府组织在元治理中的影响越来越大。我国学者张骁虎（2017）在系统回顾了元治理理论的生成与拓展后指出，中国不能简单地套用元治理模式，但其思路与视角值得借鉴。

研究认为福利多元主义在给我们指出了居家养老的家庭支持需要多元主体但又面临协调不足的"失灵"风险后，元治理理论给如何实现多主体的协调指明了思路，而这一思路与当前中国居家养老相关政策所体现的思路高度一致，即政府处于治理的中心，通过规划、政策引导、监督等协调多方资源，共同促进老人的居家养老（见图11-2）。

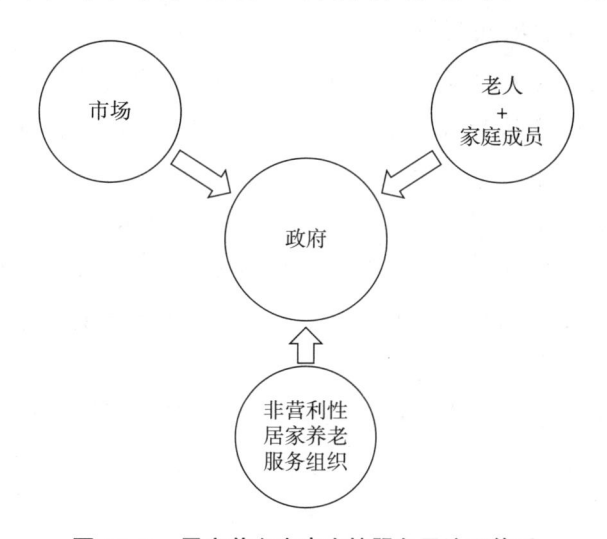

图 11-2 居家养老家庭支持服务元治理体系

（三）需求溢出理论

元治理理论虽然指出政府在多元主体提供居家养老家庭支持服务中处于协调的中心，但仍然没有提出各方参与主体居家养老家庭支持服务责任边界的划分依据。研究借助需求溢出理论和责任伦理理论划分各方参与主体的责任边界。

需求溢出理论由我国学者刘太刚（2016）提出，他将个人需求分为个人及其家庭有能力或资源保障得到满足的需求和不能满足的需求，其中超出本人及家庭满足能力的需求即为需求溢出，个人的需求溢出生成社会的公共事务，解决个人的需求溢出问题是公共管理的终极使命。个人需求分为人道需求、适度需求和奢侈需求三类。解决个体需求溢出问题的方式如下。第一，两种模式选择：一是通过他人自愿的利他行为来解决，二是通过他人非自愿的利他行为来解决。第二，两条基本途径：一是物质治理的路径，二是心灵治理的路径。第三，两个解决思路：一是通过抑制需求来解决需求溢出问题，二是通过满足需求来解决需求溢出问题。尽量满足人道需求和适度需求，而适当抑制、引导奢侈需求。当不同方面的需求存在矛盾冲突时，确定满足的先后顺序的依据在于个人需求的价值或正义性——价值越高或正义性越强的个人需求，越优先享有解决其需求溢出问题的权利。

对于刘太刚提出的需求溢出理论，在居家养老家庭支持需求的领域，基本适用。但研究认为有两点需要改进。从公共服务的角度看，适度需求改为基本需求更合适，很多家庭的需求是适度的，但在政府能力有限的情况下，需要由家庭购买或市场供给，遵循自愿的原则来满足，这部分的政府管理与后面的更高端的需求是基本一致的。因此相应的第二个有待改进的是奢侈需求改为中高端需求，因为奢侈带有一定的负面色彩，而中高端是相对中性的表述。

对于居家养老家庭支持的需求，个人和家庭能够满足的部分，个人和家庭解决；不能满足的部分，可以再细分为人道需求、基本需求、中高端需求。其中人道需求没有被满足的话，会使老人的个人基本生存权、健康权等受到严重威胁，而基本需求则是指维持老人的基本生活需要。

对于一般老年家庭，从家庭支持内容看，最低经济需求、最低生活照料需求和最低医疗需求均属于人道养老需求，此三类需求的压缩空间极小。但是，超出基本范畴后，也可以划转到下一层级甚至更高层级的基本需求或中高端需求中。老人的精神慰藉需求和适老化需求依据其需求的程度属于基本或中高端的养老需求，能影响养老生活和质量，但并未能从根本上危及基本生存（见图11-3）。

第十一章 江苏居家养老高质量家庭支持体系构建与发展路径

中高端需求：中高端生活照料需求、中高端健康医疗需求、中高端精神慰藉需求、中高端适老化需求

基本需求：适度经济需求、适度生活照料需求、适度健康医疗需求、适度精神慰藉需求、适度适老化需求

人道需求：最低经济需求、最低生活照料需求、最低医疗需求

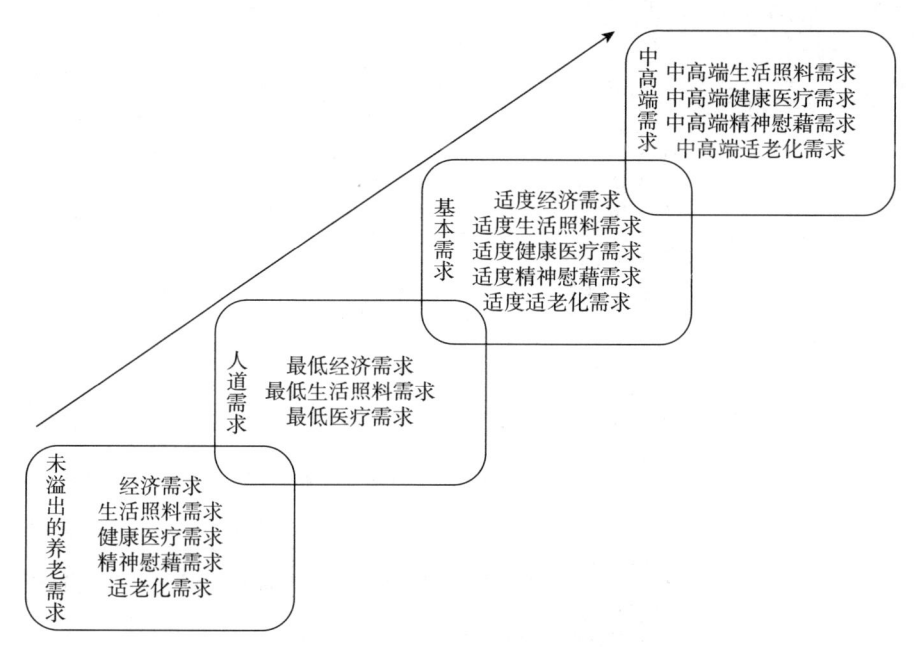

未溢出的养老需求：经济需求、生活照料需求、健康医疗需求、精神慰藉需求、适老化需求

图 11-3　居家养老家庭支持需求分级

二　中国法律对居家养老家庭支持的责任界定

《中华人民共和国宪法》对养老的责任有总体界定，具体涉及的条款为第四十五条和第四十九条。《中华人民共和国老年人权益保障法》从总则到各章，对国家、地方政府、家庭成员及赡养人和社会的具体赡养责任进行了规定，以对国家及地方政府、家庭成员及赡养人的规定居多。表 11-1 摘抄了二者涉及居家养老家庭支持主体责任的界定。

表 11-1　《中华人民共和国宪法》和《中华人民共和国老年人权益保障法》对居家养老家庭支持主体责任的界定

居家养老家庭支持主体	主体责任
国家和地方政府	1. 发展为公民享受这些权利（获得物质帮助的权利）所需要的社会保险、社会救济和医疗卫生事业。 2. 建立和完善以居家为基础、社区为依托、机构为支撑的社会养老服务体系。倡导全社会优待老年人。 3. 国家通过基本医疗保险制度，保障老年人的基本医疗需要。享受最低生活保障的老年人和符合条件的低收入家庭中的老年人参加新型农村合作医疗和城镇居民基本医疗保险所需个人缴费部分，由政府给予补贴

续表

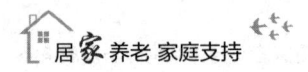

居家养老家庭支持主体	主体责任
国家和地方政府	4. 对生活长期不能自理、经济困难的老年人，地方各级人民政府应当根据其失能程度等情况给予护理补贴 5. 老年人无劳动能力、无生活来源、无赡养人和扶养人，或者其赡养人和扶养人确无赡养能力或者扶养能力的，由地方各级人民政府依照有关规定给予供养或者救助 6. 国家建立和完善老年人福利制度，根据经济社会发展水平和老年人的实际需要，增加老年人的社会福利
家庭成员	1. 成年子女有赡养扶助父母的义务；禁止虐待老人 2. 老年人养老以居家为基础，家庭成员应当尊重、关心和照料老年人 3. 赡养人应当履行对老年人经济上供养、生活上照料和精神上慰藉的义务，照顾老年人的特殊需要 4. 赡养人应当使患病的老年人及时得到治疗和护理；对经济困难的老年人，应当提供医疗费用 5. 对生活不能自理的老年人，赡养人应当承担照料责任；不能亲自照料的，可以按照老年人的意愿委托他人或者养老机构等照料 6. 赡养人应当妥善安排老年人的住房，不得强迫老年人居住或者迁居条件低劣的房屋 7. 家庭成员应当关心老年人的精神需求，不得忽视、冷落老年人。与老年人分开居住的家庭成员，应当经常看望或者问候老年人 8. 老年人与配偶有相互扶养的义务。由兄、姐扶养的弟、妹成年后，有负担能力的，对年老无赡养人的兄、姐有扶养的义务
社会	1. 用人单位应当按照国家有关规定保障赡养人探亲休假的权利 2. 赡养人、扶养人不履行赡养、扶养义务的，基层群众性自治组织、老年人组织或者赡养人、扶养人所在单位应当督促其履行

资料来源：《中华人民共和国宪法》《中华人民共和国老年人权益保障法》。

可以看出，中国现行法律对于居家养老的家庭支持与福利多元主义和元治理理论保持高度的一致。对老人的家庭成员，包括配偶、子女、赡养人等，从经济支持、生活照料、患病治疗、精神慰藉、失能照料和住房保障等多方面给出了行动要求，明确了具体责任内容。但是，这些责任界定中没有给出程度的边界，如经济支持需要至少达到什么程度，患病治疗是否无上限支持等。

在现行法律的规定中，政府的元治理中心地位也非常明确，政府负责引导建立制度体系和服务体系，对于困难老人的经济、医疗和生活照料等给予全面的救助和保障，提高社会福利水平。

但是，现行法律对于市场的责任没有明确提及，研究认为可以从总体上将家庭和政府之外的部分纳入市场，而法律对于政府对市场的引导和监督做了明确规定。

三 本研究对居家养老的家庭支持责任的界定

本研究认为当前居家养老的家庭支持责任体系如下（见图11-4）。

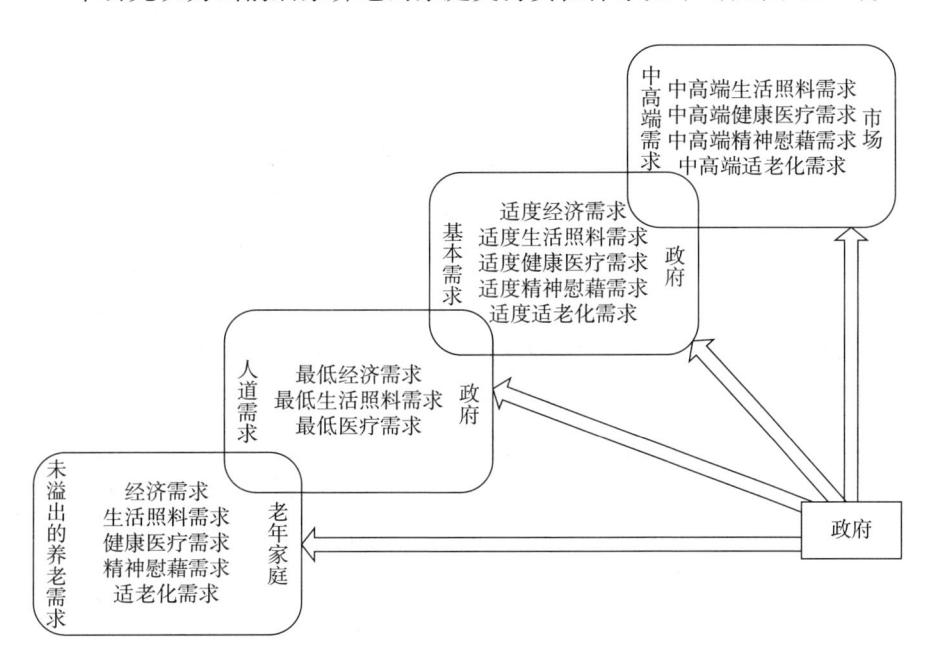

图11-4 居家养老家庭支持责任体系构建

老年家庭责任，包括老人自身的责任和其他家庭成员的责任。前者是指老人及其配偶根据自己的能力，尽量实现自我养老。后者是指当自身能力不能满足自我养老需求时，子女或其他赡养人，在不影响自身及家庭的基本生活的情况下，对老人履行经济支持、生活照料、精神慰藉、适老化居住条件维持等赡养义务。

老年家庭内部未能够满足的养老需求，即溢出的需求，主要由政府和市场予以满足，但有所区分的是，如果是基本需求，政府应根据福利供给的能力尽力满足，如果是中高端需求，市场满足，但如果市场不能满足或者超过老人家庭的能力范围，则需要老人自我抑制需求，政府没有义务全面满足。

市场责任，可能用市场定位更为合适。因为市场上的企业没有义务必须满足养老需求，而是遵循自愿原则。市场主要针对中高端养老服务或产品需求，如生活照料方面的24小时居家全程化精准服务，健康医疗方面的高级专家入户咨询指导，智能窗帘、智能电器、智能床垫等高端居室布置要求等。这些需求的满足由供需双方基于市场规律自愿提供与消费。市场的责任是了解老人及其家庭的需求，研发并生产或提供有针对性的服务，满足老人居家养老高端需求的同时实现盈利。需要注意的是，在居家养老的家庭支持方面，市场的主要责任虽然是满足中高端需求，但其可以参与政府购买的满足人道需求的兜底性服务，也可以参与满足基本需求的公共养老服务，这部分的服务是自愿且非营利的运营模式。政府不能强制市场上的企业提供服务，但可以采用政策进行引导与激励。

政府责任。对于不同类型的居家养老的家庭支持需求，政府的责任应该有所不同。其一，未溢出的居家养老家庭支持需求。政府可以通过社会倡导与宣传，形成良好的氛围，引导老人及其配偶发挥自身的作用以减少对他人的依赖，引导家庭中的子女或其他赡养人更多、更好地赡养老人，同时对未尽赡养义务的对象依法给予相应的惩罚。其二，人道居家养老家庭支持需求。目前的法律和相关政策性文件虽然对范围有清晰的陈述，但对程度或与基本公共服务的边界还没有清晰定义。研究建议，根据当前政策"兜底"的对象与具体内容，结合"人道需求"的内涵，将之界定为：老人及其家庭如果没有得到这些支持，就无法维持日常生活，甚至是生命受到威胁。因此，经济支持方面可以界定为最低保障支持；生活照料支持方面可以界定为没有家庭照料人手，或家庭照料人手不能满足最低照料需求；医疗需求方面则为疾病医治的需求，可以参照基本医疗保障相关规定执行。如果家庭在这三个方面无法通过自身的努力满足需求，政府就需要对这些家庭中的老人提供"兜底"性支持。其三，基本居家养老家庭支持需求。基本需求是一个弹性和动态的概念，需要结合当地的社会经济发展水平和人均水平谈"基本"，在保障水平之上，但低于人均水平，且与政府的提供能力相适应的都属于这一范畴，而当一部分家庭未能达到这一水平时，政府可以根据其财政能力和资源的供给能力，采用津贴、服务补贴、免费服务等多种方式提供给家庭,政府有义务让每个家庭有均等的机会获得此类"普惠性"基本公共服务。市场失灵时,政府可以通过事业单位作为供给主体来提供服务。其四,中高端居家养老家庭支持需求。政府的主要义务不是保证需求的满足,而是制定规划、出台政策、监督管理,引导市场满足老人多方面的养老需求。

其他主体责任。目前参与居家养老家庭支持较为活跃或相关性较高的还有基层组织和志愿者队伍。基层组织,特别是居民委员会,在促进老年友好型社会构建、监督家庭成员更好履行赡养义务、反映老年家庭支持需求、搭建居家养老家庭支持服务平台等方面可以充分发挥作用。江苏目前也正在推行前面章节中介绍的南京时间银行志愿养老服务的模式,在一定程度上可以缓解政府兜底服务和基本公共服务中老年服务人力不足的问题。但本研究认为:这些主体虽然为居家养老家庭做出了贡献,具有相关的功能,但还不能界定他们应该履行某类或某方面的居家养老家庭支持的责任,当他们积极主动地提供优质的居家养老家庭支持时,政府可以予以一定的扶持与奖励。

第二节 江苏居家养老家庭支持体系构建

一 江苏居家养老家庭支持体系构建原则

研究认为"十四五"时期,乃至更长的时期内,江苏居家养老家庭支持体系建设需要遵循以下基本原则。

(一)坚持政府主导、多元参与原则

充分发挥各级政府在制定规划、出台政策、引导投入、规范服务、监督管理等方面的作用,为居家养老家庭支持体系的发展提供有力保障。积极发挥政府对养老事业发展的主导作用,为居家养老老人提供基本公共卫生、基本生活照料、家庭适老化改造等基本公共服务。进一步发挥政府对养老产业的引导作用,广泛动员社会力量参与老年产业发展,为

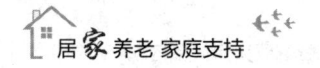

老人及其家庭提供多层次、多样化养老产品与服务。

(二)坚持区域统筹、均衡发展原则

充分关注不同地区老年家庭在居家养老家庭支持能力上的差异,省级政府统筹多方资源,促进各地区养老服务资源有序自由流动,推动养老服务提质、扩量、增效,确保居家养老兜底保障和家庭支持基本公共服务的公平性和精准性。

(三)坚持因地制宜、可持续发展原则

对居家养老老人的家庭支持,既要随着社会经济发展水平的提高不断提升养老服务保障能力,充分考虑发展的阶段性特征和财政承受能力,将保障和改善养老服务建立在经济可持续基础上,合理引导养老需求,满足广大居家养老家庭最关心、最直接的现实需求,实现老有所养、老有所依、老有所乐、老有所安,努力增进人民福祉。

(四)坚持以老年家庭为基本单位、以需求为导向原则

对老人所在家庭进行全面评估,判断其居家养老时对外部的需求,既有老年个体的需求,也有老年家庭成员或赡养者的间接养老需求,即家庭成员或赡养者为了更好地赡养老人而提出的支持需求。以老年家庭的需求为导向,推动老年服务供给侧结构性改革,继续加强老年服务设施建设,完善老年服务体系;推进老年家庭支持政策体系建设,完善老年家庭保障机制。

二 居家养老家庭支持体系构建

依据本研究对居家养老的家庭支持的需求界定,居家养老家庭支持体系的构建从五个维度进行,即生活照料、健康、精神慰藉、经济和居室适老化。

(一)生活照料支持体系

人道需求。维持基本的生存需求,即吃饭、穿衣、上下床、如厕、

洗澡和室内走动等需求。但这部分基本生活照料需求，如果家庭完全或大部分无法满足，建议采用机构养老的模式。如果家庭可以大部分满足，建议按照老人的意愿，可选择居家养老，对于家庭不能满足的时段，采用喘息服务方式提供兜底支持。

基本需求。包括助餐、帮助买菜、家庭卫生、洗澡看护、理发、日常用小家电维修等服务需求。

中高端需求。前述人道需求和基本需求外的高品质生活照料需求。

（二）健康支持体系

人道需求。常见病治疗、大病救助等已经纳入中国医疗保障体系的医疗服务需求。

基本需求。包括健康生活方式教育、慢性病预防、健康检查等在内的保健需求管理，慢性病健康管理等基本公共卫生服务需求，陪同就医和帮助买药等相关非专业服务。

中高端需求。目前江苏医保政策和前述基本需求外的健康服务需求。

（三）精神慰藉支持体系

人道需求。属于高层次的家庭支持需求，不纳入人道需求。但失独家庭和患有精神疾病的老人的精神慰藉需求属于这一部分，因为其极有可能会对生理健康造成危害，甚至对生存欲望造成挑战。

基本需求。留守、空巢等老人的适度陪伴需求。

中高端需求。前述人道需求和基本需求外的高品质精神慰藉需求。

（四）经济支持体系

人道需求。最低生活保障经济支持或补贴。

基本需求。最低生活保障线之上，户籍所在地人均消费水平之下的经济支持需求。建议根据江苏经济发展水平，以养老服务券和高龄津贴的方式经予适当满足。

中高端需求。户籍所在地人均消费水平之上的经济支持需求。政府没有义务满足，建议采取需求抑制的原则进行引导。

（五）居室适老化支持体系

人道需求。居室内紧急情况下的呼叫装置，12小时及以上老人无活动信息监测。

基本需求。居室墙壁、马桶、浴室等处的扶手，浴室防滑垫，坐式淋浴器等防跌倒设施，居室电器防漏电设施，煤气泄漏报警等。

中高端需求。前述人道需求和基本需求外的居室适老化需求。

第三节　江苏居家养老家庭支持服务高质量发展路径

加大江苏居家养老服务对家庭的支持力度，巩固居家养老的基础性定位，促进江苏居家养老服务高质量发展，建议"十四五"时期，重点着力以下四个方面。

一　需求评估，精准服务居家养老的老年家庭

目前江苏尚未建立起全省统一的老人及其家庭的养老能力评估体系，南京、苏州等地探索了地方老年健康评估标准，大部分养老机构也会选择一些现成的或略做改良的老年能力评估量表，定期或根据需要不定期评估老人，并根据评估结果对老人制订相应的服务计划进行服务管理。但是，这些既有量表大多仅仅评价老人的生理机能和生理功能状况，缺少对老人心理和社会功能的全面评估，更缺少对老年家庭照料资源与能力的评估。研究建议，为更好执行即将全面推广的长期失能护理保险制度，应根据老人及其家庭的实际状况，按需求精准提供基本养老公共服务，而不是进行简单的"撒胡椒面"式服务，应尽快建立全面统一的老年能力和老年家庭照护能力评估指标，根据老人健康状况、老年家庭的照料资源现状和老年居室的适老化评估结果，确定老年补贴和基本养老服务内容，精准服务老年家庭。

二 分类管理，制定省级居家养老公共服务标准

将目前国家和省级政策文件中所规定的引导性服务项目和老年福利待遇进行系统梳理，明确区分满足居家养老家庭支持人道需求的兜底型公共服务、满足基本需求的基本公共服务和满足中高端需求的市场化服务。一方面，设置兜底型的居家养老家庭支持的服务项目和福利保障的全省统一标准，确保居家养老兜底保障的公平性和可及性。另一方面，根据江苏的基本老年公共服务的财政保障能力和社会服务资源供给能力，制定省级最低老年基本公共服务清单，制定居家养老家庭支持服务指南，明确居家养老家庭支持基本公共服务的范畴、服务频次和质量要求。而对于满足中高端需求的市场化服务则由市场规律实现需求与供给的匹配，减少政府政策性干预，加强监督性管理，保障市场的良性运行。

三 赋能家庭，开展老年家庭居家养老能力提升工程

通过面对面咨询、讲座、在线交流咨询群、广播电视节目、微视频、公众号推送等多种宣传形式，采取立法、经济补贴、社会救助和基本公共服务等多种方式，进一步激发家庭的养老潜能。一是激发老人自身潜能，将老年健康管理服务、家庭医生服务做实做好，指导老人保持健康的生活方式，能进行科学就医、慢性病诊治、康复训练和高危症候自我识别等。二是激发老年家庭成员的潜能。重点指导失能半失能老人的家庭成员家庭照护常识与方法，指导老年饮食、慢性病防治、急救常识、老年沟通技巧等。对子女的基本赡养行为、社会对老年家庭的支持行为等提出明确的约束性法律规范或引导性法律规定。同时，在政府支持中，将家庭照料与社会照料予以相同的价值认可，将基本公共服务补贴到老人，老人既可以从社会机构中购买，也可以将补贴给予提供家庭赡养者。鼓励企业创造更多兼职就业岗位，立法保障家庭成员每年有一定时段的带薪假期，用于必要时照料包括老人在内的家庭成员。三是激励家庭适老化改造，改善居家养老环境。省级相关部门邀请专家研发居室适老化改造指南，向老人家庭宣传指南内容，建设实体适老化居家改造样板间并进行网络平台演示，引导市场适老化居家产品研发与生产，监督适老

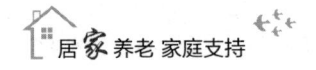

化产品与服务质量，条件许可的情况下采用政府适量补贴的方式激励家庭主动进行适老化改造。

四 两端发力，提升居家养老家庭支持服务可及性

影响江苏既有居家养老家庭支持服务可及性的主要原因，一方面是供给端的供给能力不足和供给错位，另一方面是需求端对服务了解少，缺少信任。因此，要提升服务的可及性需从两方面着手，供给端要进行供给侧改革，提升服务的能力，以高质量有针对性的服务吸引老人及其家庭；要面向老人及其家庭，通过老年同伴骨干宣传、社区宣传、广播电视、网络等大众媒体的宣传，让他们更了解获取既有服务或产品的渠道、地点和服务提供者／产品生产商、服务／使用效果等，改变传统的消费观念，增加对社区和社会提供的居家养老服务的信任，促使家庭借助智能设备、"互联网＋服务"等现代化手段进行居家养老，应对家庭和社会变化带来的养老功能弱化的影响，甚至超越传统家庭养老方式的效能。

第四节 江苏居家养老家庭支持保障体系建设

本节将从政策、人力、财力和物力四方面对江苏居家养老家庭支持保障体系的建设提出建议。

一 顶层设计，完善江苏居家养老家庭支持政策

建议江苏通过省级层面的规划设计，在居家养老的家庭支持政策完善方面实现"三个转向"。第一，从"老年个体"转向"老年家庭"的服务基本单元。以"家庭"为单位设计居家养老服务政策，改变以"老年个体"为单位的政策设计思路。一方面，加大对家庭照料成员的支持力度，如设立带薪照料假期、提供家庭护理指导、提高家庭非正式照料的价值认可等。另一方面，使家庭整体受益，如家庭居住环境的改善。第

二，从"碎片"型政策转向"系统"型政策。统筹规划,将长期护理保险制度中的服务内容与既有兜底性和普惠性居家养老服务内容做系统性安排。建议改善目前江苏不少县市开展的80岁及以上老人的同质性居家养老服务,根据老人及其家庭的能力与资源评估结果,确定保障内容和提供方式。第三,从以激励"供给端"为主转向以激励"家庭端"为主。尽管在家庭经济支持层面,江苏已经提供了全面覆盖的养老保障体系,为80岁及以上的老人提供不同的高龄津贴,计划生育老年家庭也有相关的经济支持,但在其他居家养老家庭支持方面,更多是针对社区、社会服务组织和社会力量提供居家养老服务的支持措施,针对老年家庭端的刺激并不显著,建议加大居家养老的宣传和引导措施,提高老人及其家庭的基本公共服务利用率和市场化消费水平,改变当前有效需求低、服务利用率不高的局面。

与此同时,加强既往政策的实施效果评估也非常重要,江苏很多涉老政策走在全国前列,政策的设计理念比较新颖,但实施时并不一定都能如预期,可能在达成目标外产生其他问题,因此要在政策创新的同时,加强政策的实施监督与效果评估,及时采取措施应对"意外"出现的问题。

二 整合资源,多途径缓解居家养老家庭支持人力资源需求压力

养老服务人力资源流失率高,队伍稳定性差,养老护理服务人员缺口极大,中高端养老服务人才匮乏,远不能满足事业产业发展需求,这是大多数学者研究的共识。聚焦居家养老家庭支持的人力资源,需求量最大也最为紧缺的是可以到家庭中或到社区居家养老服务组织中的一线的生活照料和护理人员。建议江苏立足现实,整合资源,多路径努力,增加正式照料和非正式照料人力资源。正式照料人力资源方面,中老年农村家庭妇女、贫困待业人员、企业内退人员和延迟退休的中青年老年人等相对年轻大中专学生来讲,更有可能加入养老照料的队伍,建议采取政府采购免费职业培训的方式,鼓励此类人员的入职。另外,家政服务的人力资源和养老照料的人力资源的能力要求有极大的相似性,建议

在家政服务人力资源培训中加上老年家庭照料系列内容，为其增加职业流动的可能性。非正式照料人力资源方面，主要包括老人及其家庭成员、养老服务的志愿者队伍。对于老人及其家庭成员，一方面要强调其主体责任和义务，另一方面更要充分赋能，通过培训和智慧化手段提升其自我照料和家庭照料的能力，通过推行父母照料假、增加兼职就业岗位、增加居家办公时间/岗位、进行住房制度改革、引导父母与子女共同居住或比邻而居等，给子女更多的照料时间。对于志愿养老服务，如何借助于诸如南京广纳中青年老年人的时间银行平台、射阳的以农村妇女为主的互助养老组织，有效激励更多人加入志愿者队伍，建立志愿者和被服务老人间的相互信任关系是关键。

三　优化资金投入结构，改革居家养老家庭支持资金保障路径

鉴于"十三五"时期，江苏已经基本建成居家养老的服务体系，"十四五"时期，政府原本直接用于补"砖头"（投资/补贴机构设施建设）和补"床头"（补贴每个养老床位）的费用，需要根据形势的变化，进行投入结构优化，将大部分转移到直接补贴/刺激消费端——老人及其家庭，并且对不同层级的家庭支持需求采取不同的方式进行补贴，以提高服务的精准性。具体而言，对于老年家庭溢出的人道需求，政府可以采取"为家庭购买居家养老服务/产品＋最低生活保障费"的方式，提供"兜底保障"。对于基本需求，则采取"免费服务＋低偿服务"的方式，免费服务主要指基本健康管理和公共文化等服务，以社区和基层医疗卫生服务机构为提供主体。而低偿服务，并不是指服务/产品的价格本身一定低廉，其价格定位仍然可以遵循市场机制，政府可以采取发放"总额限制，但内容适当可选的服务/产品优惠券"的方式，让老人及其家庭自主选择服务内容和服务机构，机构也根据自身的能力与意愿选择性提供服务，而政府主要做好监管和适当的政策倾斜以引导市场提供一些"需求高但供给意愿低"的服务。对于中高端需求，政府不必直接投入资金，更多的是营造良好的营商环境和做好市场监督。

四 居家、社区和机构相衔接，多元一体化养老服务体系建设

同医疗卫生服务一样，多层次、多元化和散于各处的养老服务，对于老年家庭来说也是很难全面了解和有效利用的，因而要使居家、社区和机构做到无缝衔接，使老年家庭在充分知情的情况下，在老人不同健康状况和生活能力阶段，结合家庭的照料能力，及时而方便地选择居家养老或机构养老。一方面，政府应规划和建设综合养老服务信息平台，同时面向老年家庭、市场和其他相关机构/组织，委托第三方进行平台运营管理，通过数字/虚拟综合养老服务中心建设，突破传统养老模式时间空间的约束，打造数字化养老模式，实现居家养老、社区养老、机构养老三大养老场景的创新融合，让老人可以在各个情景下享受智能化、个性化、专业化的养老服务，有效解决传统养老模式存在的问题。另一方面，应利用广泛宣传和一键式服务，提升居家养老服务的可及性。应通过定期更新的线上线下服务指南、养老服务信息一体化平台查询、专兼职养老服务咨询员免费咨询等多种形式相结合的基本养老公共服务，让老人及其家庭充分知情。应遵循自愿原则，为有需求的居家养老家庭安装"一键呼叫"，以呼叫平台为中介，为老人转介所需服务/产品的可能供给主体。同时，引导社区居家养老服务机构、养老机构、医疗机构的机构一体化建设，鼓励有条件和有意愿的养老机构，通过虚拟化养老院服务模式，延伸服务触角，拓展服务内容，丰富服务模式，实现上门、社区定点和机构可选择，日托、夜托、喘息和长期入住可选择，生活照料、身体护理、精神慰藉和适老化改造可选择。

参考文献

鲍勃·杰索普，1999，《治理的兴起及其失败的风险：以经济发展为例的论述》，漆燕译，《国际社会科学杂志》（中文版）第1期。

陈柏峰，2009，《代际关系变动与老年人自杀——对湖北京山农村的实证研究》，《社会学研究》第4期。

陈成文，1998，《农村老年人的生活状况及其社会支持——对湖南省1000名农村老年人的调查》，《社会科学研究》第6期。

陈斐、陈柢伸、施凯欣、白志彬、林佳洁，2018，《居家养老住宅改造需求调研》，《重庆建筑》第9期。

陈际华，2020，《"时间银行"互助养老模式发展难点及应对策略——基于积极老龄化的理论视角》，《江苏社会科学》第1期。

陈皆明、陈奇，2016，《代际社会经济地位与同住安排——中国老年人居住方式分析》，《社会学研究》第1期。

陈树德，1990，《传统中国社会与"老年人"》，《社会学研究》第6期。

陈友华，2012，《居家养老及其相关的几个问题》，《人口学刊》第4期。

陈友华、吴凯，2008，《社区养老服务的规划与设计——以南京市为例》，《人口学刊》第1期。

成海军，2000，《中国农村老年人经济供养方式的现状与前瞻》，《北京科技大学学报》（社会科学版）第2期。

慈勤英、宁雯雯，2013，《多子未必多福——基于子女数量与老年人养老状况的定量分析》，《湖北大学学报》（哲学社会科学版）第4期。

狄金华、韦宏耀、钟涨宝，2014，《农村子女的家庭禀赋与赡养行为研究——基于 CGSS 2006 数据资料的分析》，《南京农业大学学报》（社会科学版）第 2 期。

丁建定，2013，《居家养老服务：认识误区、理性原则及完善对策》，《中国人民大学学报》第 2 期。

丁志宏，2014，《城市子女对老年父母经济支持的具体研究》，《人口学刊》第 4 期。

丁志宏、夏咏荷、张莉，2019，《城市独生子女低龄老年父母的家庭代际支持研究——基于与多子女家庭的比较》，《人口研究》第 2 期。

丁志宏、游奇、魏海伟，2017，《谁更会给老年父母经济支持？》，《中国农业大学学报》（社会科学版）第 2 期。

杜鹏，2000，《中国 谁来养老？》，鹭江出版社。

杜鹏、孙鹃娟、张文娟、王雪辉，2016，《中国老年人的养老需求及家庭和社会养老资源现状——基于 2014 年中国老年社会追踪调查的分析》，《人口研究》第 6 期。

杜鹏、谢立黎，2013，《以社会可持续发展战略应对人口老龄化——芬兰老龄政策的经验及启示》，《人口学刊》第 6 期。

段云奎，1999，《老年人的渴求：精神赡养》，《价格与市场》第 10 期。

方菲，2001，《影响家庭养老精神慰藉的因素分析》，《社会》第 5 期。

费孝通，1983，《家庭结构变动中的老年赡养问题——再论中国家庭结构的变动》，《北京大学学报》（哲学社会科学版）第 3 期。

风笑天、乌静，2014，《在职青年"家庭-工作"冲突及其影响因素》，《北京青年研究》第 3 期。

封婷，2019，《日本老龄政策新进展及其对中国的启示》，《人口与经济》第 4 期。

富永建一，2004，《日本的现代化与社会变迁》、李国庆、刘畅译，商务印书馆。

顾国权，1994，《发展上海社区养老生活服务事业的思考》，《上海统计》第 5 期。

顾林正，2006，《家庭变迁与老龄化人口的精神赡养问题》，《医学与社会》第 11 期。

关昕宇，2020，《三四线城市人口年龄结构对储蓄率和经济增长的影响——以辽阳市为例》，《银行家》第 1 期。

郭志刚、张恺悌，1996，《对子女数在老年人家庭供养中作用的再检验——兼评老年经济供给"填补"理论》，《人口研究》第 2 期。

哈尔·肯迪格、哀基科·哈希莫托、拉里·科珀德编，1997，《世界家庭养老探析》，杨衡平等译，中国劳动出版社。

韩涵，2018，《北京地区老年人身体情况与居家适老化改造需求调研报告》，《华中建筑》第 9 期。

何晖、刘卓婷，2015，《城乡居民基本养老保险制度对农村老人生活及家庭关系的影响分析》，载《湖湘公共管理研究》(第六卷)，湘潭大学出版社。

贺雪峰，2009，《农村代际关系论：兼论代际关系的价值基础》，《社会科学研究》第 5 期。

胡惠琴、常晓雪，2018，《高龄、失能、失独老人住宅适老化改造需求探究——以北京市东城区为例》，《建筑实践》第 12 期。

胡仕勇、李佳，2016，《子代数量对农村老年人代际经济支持的影响——以亲子两代分居家庭为研究对象》，《人口与经济》第 5 期。

胡仕勇、石人炳，2016，《代际投入与农村老年人代际经济支持：代际合作与家庭效用》，《人口研究》第 5 期。

胡雨菲、冯四清、白浪，2016，《合肥市既有住区适老化改造需求研究》，《建筑与文化》第 4 期。

黄晨熹、郑悦、汪静，2019，《我国城市独居老人生活照料服务供需状况及对策建议——基于 5 个城市的分析》，《上海城市管理》第 2 期。

黄剑锋、章晓懿，2020，《中国智慧养老产业政策研究——基于政策工具与技术路线图模型》，《中国科技论坛》第 1 期。

黄健元、常亚轻，2020，《家庭养老功能弱化了吗？——基于经济与服务的双重考察》，《社会保障评论》第 2 期。

黄健元、贾林霞，2019，《家庭养老功能的变迁与新时代家庭养老功能的发挥》，《中州学刊》第 12 期。

黄匡时，2014，《中国老年人日常生活照料需求研究》，《人口与社会》第4期。

黄鲁成、李晋、吴菲菲，2020，《基于文献的养老科技学科体系研究》，《情报杂志》第2期。

黄庆波、杜鹏、陈功，2018，《老年父母与成年子女间的代际支持及其影响因素》，《人口与发展》第6期。

季庆元，1995，《农村家庭养老向社会养老过渡的思考》，《人口学刊》第1期。

江克忠、裴育、夏策敏，2013，《中国家庭代际转移的模式和动机研究——基于CHARLS数据的证据》，《经济评论》第4期。

李海舰、李文杰、李然，2020，《中国未来养老模式研究——基于时间银行的拓展路径》，《管理世界》第3期。

李来西、孙宁、于立博、董晓欣、应宇辰，2020，《基于居家养老模式的失能老年人适老化改造需求研究》，《城市住宅》第2期。

李雷立、高子悦，2016，《保障性住房适老化改造意愿和需求分析——以长春市西城家园一期为例》，《四川建材》第4期。

李瑞芬、童春林，2006，《中国老年人精神赡养问题》，《中国老年学杂志》第12期。

李学斌，2008，《我国社区养老服务研究综述》，《宁夏社会科学》第1期。

梁瑞敏、毕可影，2010，《老龄化对农村传统家庭养老的影响及对策分析》，《劳动保障世界》（理论版）第2期。

刘爱玉、杨善华，2000，《社会变迁过程中的老年人家庭支持研究》，《北京大学学报》（哲学社会科学版）第3期。

刘红，2009，《中国机构养老需求与供给分析》，《人口与经济》第4期。

刘立国，2004，《农村家庭养老中的代际交换分析及其对父代生活质量的影响》，《南方人口》第2期。

刘娜、董莉娟、孙鹏鹏、王翠丽，2016，《农村老年人日常生活照料需求及影响因素研究》，《中国卫生事业管理》第7期。

刘妮娜、郭月青，2016，《中国城乡老年人照料方式的变化及影响因素研究——以社会资本为视角》，《中国农业大学学报》（社会科学版）第

1期。

刘太刚，2016，《心灵治理：公共管理学的新边疆——基于需求溢出理论和传统中国心灵治理范式的分析》，《中国行政管理》第10期。

刘晓梅，2012，《我国社会养老服务面临的形势及路径选择》，《人口研究》第5期。

刘亚娜，2016，《中美老龄者家庭长期照护比较与启示——基于美国"国家家庭照护者支持计划"的考察》，《学习与实践》第8期。

刘一伟，2016，《互补还是替代："社会养老"与"家庭养老"——基于城乡差异的分析视角》，《公共管理学报》第4期。

马岚，2019，《新中国70年来我国社会养老服务的本土化实践》，《兰州学刊》第8期。

马姗伊，2021，《人口老龄化视角下我国家庭养老支持体系建设研究》，《当代经济研究》第3期。

马忠东、周国伟，2011，《市场转型下的老年供养研究》，《人口研究》第3期。

孟皓、王毅杰，2021，《民族地区家庭养老支持力的身体塑造与具身实践》，《云南民族大学学报》(哲学社会科学版)第2期。

米峙，2011，《丧偶事件对老年人的影响》，《中国老年学杂志》第10期。

穆光宗，2004，《老龄人口的精神赡养问题》，《中国人民大学学报》第4期。

穆光宗，2016，《社区居家养老的思考》，《中国国情国力》第8期。

穆光宗、姚远，1999，《探索中国特色的综合解决老龄问题的未来之路——"全国家庭养老与社会化养老服务研讨会"纪要》，《人口与经济》第2期。

聂洪辉，2017，《代际支持过度与代际回馈断裂：农村养老的代际结构性困境》，《广西社会科学》第6期。

宁雯雯，2012，《城乡养老中"多子多福"的实证研究》，博士学位论文，华中师范大学。

潘泽泉，2005，《现代家庭功能的变迁趋势研究》，《学术交流》第1期。

彭华民、黄叶青，2006，《福利多元主义：福利提供从国家到多元部门的转型》，《南开学报》第6期。

祁玲、张继荣，2018，《宁夏南部地区农村老年人养老意愿、健康状况及卫生服务需求》，《中国老年学杂志》第14期。

秦瑶、康钊，2016，《心理辅导对城市独居老人精神慰藉的干预研究》，《法制与社会》第16期。

青连斌，2016，《我国家庭养老的困境与居家养老服务发展的趋势》，《晋阳学刊》第4期。

冉晓醒、宋振瑜、杨秀玲，2017，《河北省社区养老的发展困境与对策研究》，《经济研究参考》第32期。

撒日拉，2018，《农村空巢老人精神养老的困境及对策》，《内蒙古农业大学学报》（社会科学版）第1期。

舒奋，2019，《从家庭养老到社会养老：新中国70年农村养老方式变迁》，《浙江社会科学》第6期。

宋金文，2001，《当代日本家庭论与老年人扶养》，《社会学研究》第5期。

宋璐、李树茁，2010，《照料留守孙子女对农村老年人养老支持的影响研究》，《人口学刊》第2期。

宋璐、李树茁，2011，《当代农村家庭养老性别分工》，社会科学文献出版社。

宋璐、李树茁、张文娟，2006，《代际支持对农村老年人健康自评的影响研究》，《中国老年学杂志》第11期。

宋洁、石作荣、王迎春，2009，《空巢老人生活自理能力现状及其影响因素分析》，《护士进修杂志》第6期。

孙作文，2019，《老龄化背景下日本居家养老服务体系的构建及启示》，《当代经济》第3期。

谭英花、于洪帅、史健勇，2015，《中国城市独居老人精神慰藉缺失》，《中国老年学杂志》第23期。

田北海、王彩云，2014，《城乡老年人社会养老服务需求特征及其影响因素——基于对家庭养老替代机制的分析》，《中国农村观察》第4期。

童星，2015，《发展社区居家养老服务以应对老龄化》，《探索与争鸣》第8期。

万春龙，2005，《空巢老人期盼精神赡养》，《中国保健营养》第3期。

汪泳，2020，《社会资本视域下支持家庭养老的政府行动逻辑及策略》，《理论探讨》第 4 期。

王海燕，2002，《发展城市社区养老 应对人口老龄化》，《理论学刊》第 3 期。

王红波，2019，《认知社会资本对农村中老年人自评健康的影响——来自 CFPS 2016 的证据》，《调研世界》第 1 期。

王家峰，2009，《福利国家改革：福利多元主义及其反思》，《经济社会体制比较》第 5 期。

王坚、张玥、朱庆华，2019，《智慧养老领域的研究现状与热点分析》，《信息资源管理学报》第 1 期。

王金营，2004，《高龄老人健康状况与子女经济支持及生活习惯依存度分析》，《中国人口科学》第 S1 期。

王锦成，2000，《居家养老：中国城镇老人的必然选择》，《人口学刊》第 4 期。

王莉，2018，《政府还是家庭：长期照护服务供给责任反思》，《学术论坛》第 5 期。

王萍、李树茁，2011，《代际支持对农村老年人生活满意度影响的纵向分析》，《人口研究》第 1 期。

王萍、李树茁，2012，《子女迁移背景下代际支持对农村老人生理健康的影响》，《人口与发展》第 2 期。

王萍、连亚伟、李树茁，2017，《居住安排对农村老人认知功能的影响》，《中国人口报》10 月 26 日，第 3 版。

王世斌、申群喜、余风，2009，《农村养老中的代际关系分析——基于广东省 25 个村的调查》，《社会主义研究》第 3 期。

王硕，2016，《家庭结构对老年人代际支持的影响研究》，《西北人口》第 3 期。

王婷、贾建国，2017，《我国养老及社区养老现状分析》，《中国全科医学》第 30 期。

王雪、赵成玉、白灵丽等，2019，《中国社区居家养老现状》，《中国老年学杂志》第 4 期。

王依明、蔡泉源、李斌，2018，《中高龄独居老年人的住宅改造需求与影响因素——基于我国五个典型大城市的调查》，《新建筑》第6期。

王宜乐，2014，《代际支持及其与成年子女婚姻状况的研究——以上海市为例》，博士学位论文，复旦大学。

王永梅、李雅楠、肖颖，2020，《居家养老服务对城乡老年人生活质量的影响——基于三期CLASS数据的效应评估》，《人口研究》第6期。

王羽贤，2019，《居家适老化改造研究》，《城市住宅》第5期。

王跃生，2009，《制度变革、社会转型与中国家庭变动——以农村经验为基础的分析》，《开放时代》第3期。

王跃生，2012，《城乡养老中的家庭代际关系研究——以2010年七省区调查数据为基础》，《开放时代》第2期。

魏章玲，1990，《论老有所养与中国家庭》，《社会学研究》第4期。

吴帆，2012，《第二次人口转变背景下的中国家庭变迁及政策思考》，《广东社会科学》第2期。

武萍、周卉，2018，《社会养老服务多元化供给的改革与借鉴——以辽宁省为例》，《辽宁大学学报》(哲学社会科学版)第1期。

夏传玲，2007，《老年人日常照料的角色介入模型》，《社会》第3期。

夏传玲、麻凤利，1995，《子女数对家庭养老功能的影响》，《人口研究》第1期。

笑冬，2002，《最后一代传统婆婆？》，《社会学研究》第3期。

谢萌，2016，《家庭支持与合肥市老年人养老选择及影响因素》，《中国老年学杂志》第11期。

邢鸥、张建，2020，《人口老龄化背景下日本健康产业发展现状、政策及启示》，《中国卫生经济》第3期。

熊必俊，1992，《建立有中国特色的社会养老保险制度》，《老年学杂志》第1期。

熊必俊，1999，《发展社区助老事业 为老人提供居家养老服务》，《市场与人口分析》第3期。

熊跃根，1998，《中国城市家庭的代际关系与老人照顾》，《中国人口科学》第6期。

徐勤，2011，《农村老年人家庭代际交往调查》，《南京人口管理干部学院学报》第1期。

许传新、陈国华，2005，《城市社区老年人生活照料网的构成及影响因素分析》，《市场与人口分析》第3期。

许琪，2015，《儿子养老还是女儿养老？基于家庭内部的比较分析》，《社会》第4期。

鄢盛明、陈皆明、杨善华，2001，《居住安排对子女赡养行为的影响》，《中国社会科学》第1期。

阎云翔，2000，《礼物的流动：一个中国村庄中的互惠原则与社会网络》，李放春、刘瑜译，上海人民出版社。

阎志强、宋淑洁，2020，《老年人口居住安排、健康状况与广东养老机构发展》，《南方人口》第6期。

杨菊华、李路路，2009，《代际互动与家庭凝聚力——东亚国家和地区比较研究》，《社会学研究》第3期。

杨庆芳，2020，《居家养老服务需求研究：现状、问题和展望》，《兰州学刊》第6期。

杨宗传，2000，《居家养老与中国养老模式》，《经济评论》第3期。

姚兴安、朱萌君、苏群，2021，《我国老人居家养老研究现状、热点与前沿分析》，《江汉学术》第3期。

姚远，2000，《对家庭养老概念的再认识》，《人口研究》第5期。

姚远，2001，《中国家庭养老研究述评》，《人口与经济》第1期。

姚远，2003，《非正式支持理论与研究综述》，《中国人口科学》第1期。

伊庆春，2014，《台湾地区家庭代间关系的持续与改变——资源与规范的交互作用》，《社会学研究》第3期。

尤吾兵，2015，《中国老年人口精神慰藉的现实矛盾及支持系统构建》，《中国老年学杂志》第12期。

于一凡、陈金平，2014，《上海既有住宅区适老化改造意愿和需求分析》，《上海城市规划》第5期。

余泽梁，2017，《代际支持对老年人生活满意度的影响及其城乡差异——基于CHARLS数据7669个样本的分析》，《湖南农业大学学报》（社会科学版）第 1 期。

袁缉辉，1992，《家庭养老与在家养老》，《社会》第 1 期。

袁缉辉，1995，《强化家庭作用 支持居家养老》，《上海大学学报》(社会科学版)第 6 期。

袁志刚、陈功、高和荣、桂世勋、陈友华、陈体标、徐大丰、孙秀林，2019，《时间银行：新型互助养老何以可能与何以可为》，《探索与争鸣》第 8 期。

曾富生、滕明雨，2019，《农村家庭养老变迁的经济因素和家庭结构因素分析》，《经济研究导刊》第 34 期。

张莉，2019，《从性别和婚姻状况的角度探讨代际支持对我国老年人抑郁的影响》，《华中科技大学学报》(社会科学版)第 5 期。

张文娟，2012，《成年子女的流动对其经济支持行为的影响分析》，《人口研究》第 3 期。

张文娟、李树茁，2005，《子女的代际支持行为对农村老年人生活满意度的影响研究》，《人口研究》第 5 期。

张文娟、王东京，2018，《中国老年人口的健康状况及变化趋势》，《人口与经济》第 4 期。

张晓虎，2017，《"元治理"理论的生成、拓展与评价》，《西南交通大学学报》(社会科学版)第 3 期。

张新梅，1999，《家庭养老研究的理论背景和假设推导》，《人口学刊》第 1 期。

张翼，2013，《中国老年人口的家庭居住、健康与照料安排——第六次人口普查数据分析》，《江苏社会科学》第 1 期。

张友琴，2001，《老年人社会支持网的城乡比较研究——厦门市个案研究》，《社会学研究》第 4 期。

赵立新，2006，《社区服务型居家养老：当前我国农村养老的理性选择》，《广西社会科学》第 12 期。

赵尉、沈岸，2010，《浅谈中国老年人口的精神赡养》，《中小企业管理与科技》(下旬刊)第 6 期。

郑杭生，1998，《社会学概论新修》，中国人民大学出版社。

郑娟、许建强、卓朗、苗春霞，2018，《家庭代际支持对老年人居家养老意愿的影响》，《现代预防医学》第 20 期。

周晓虹，2000，《文化反哺：变迁社会中的亲子传承》，《社会学研究》第 2 期。

周云，2000，《家庭成员年龄特点与家庭养老》，《中国人口科学》第 2 期。

周云、陈明灼，2007，《我国养老机构的现状研究》，《人口学刊》第 4 期。

周兆安，2014，《家庭养老需求与家庭养老功能弱化的张力及其弥合》，《西北人口》第 2 期。

朱浩，2014，《西方发达国家老年人家庭照料者政策支持的经验及对中国的启示》，《社会保障研究》第 4 期。

左冬梅、吴正，2011，《中国农村老年人家庭代际交换的年龄轨迹研究》，《人口研究》第 1 期。

左鹏、高李鹏，2004，《精神慰藉与健康老龄化——以北京某大学离退休教师为例》，《西北人口》第 5 期。

Adhikari, R., et al. 2011."Impact of Children's Migration on Health and Health Care-seeking Behavior of Elderly Left Behind," *BMC Public Health* 11:18.

Anne, R. P., Karina S., Eva S. 2011. "Emerging Theoretical Understandings of Pluricentric Coordination in Public Governance," *American Review of Public Administration* 41:375–394.

Antman, F. M. 2010. "Adult Child Migration and the Health of Elderly Parents Left Behind in Mexico," *The American Economic Review* 100:205–208.

Antonucci, T. C. 2001. "Social Relations: An Examination of Social Networks, Social Support and Sense of Control," in J. E. Birren & K. W. Schaie, eds., *Handbook of the Psychology of Aging*, Academic Press, pp.427–453.

Bob, J. 1998. "The Rise of Governance and the Risks of Failure: the Case of Economic Development," *International Social Science Journal* 155.

CDC.2015 "Preventing Falls Among Older Adults,"December 15,http://

www.cdc.gov/injury/pdfs/Falls2009CDCFactSheet-FINAL-a.pdf.

Clemson, L. et al. 2008. "Environmental Interventions to Prevent Falls in Community-dwelling Older People: A Meta-analysis of Randomized Trials," *Journal of Aging and Health* 20:954–971.

Cox, D. 1987. "Motives for Private Income Transfers," *Journal of Political Economy* 95:508–346.

Fritzell, J., Lennartsson C., 2005,"Financial Transfers Between Generations in Sweden," *Ageing and Society* 25:397–414.

Gale, W. G., Scholz J. K. 1994. "Intergenerational Transfers and the Accumulation of Wealth," *John Scholz* 8:145–160.

Goode, W. J. 1970. *World Revolution and Family Patterns*, Free Press.

Goodger, B. et al. 1999. "Assessment of a Short Scale to Measure Social Support Among Older People," *Australian and New Zealand Journal of Public Health* 23:260–265.

Grundy E. 2005. "Reciprocity in Relationships: Socio-Economic and Health Influences on Intergenerational Exchanges Between Third Age Parents and Their Adult Children in Great Britain," *The British Journal of Sociology* 56:233–255.

Grundy, E. 2005. "Reciprocity in Relationships: Socio-Economic and Health Influences on Intergenerational Exchanges Between Third Age Parents and Their Adult Children in Great Britain," *The British Journal of Sociology* 56:233–255.

Guo, M. Aranda M.P., Silverstein M. 2009. "The Impact of Out-migration on the Inter-generationa Support and Psychological Wellbeing of Older Adults in Rural China," *Ageing & Society* 7:1085–1104.

Ham, J. C., H. Song. 2004. "The Determinants of Bargaining Power in an Empirical Model of Transfers Between Adult Children, Parents, and In-laws for South Korea," *Journal of Development Economics* 109:73–86.

Hartnett, C.S. et al. 2013. "Parental Support During Young Adulthood Why Does Assistance Decline with Age?" *Journal of Family Issues* 34:975–

1007.

Helen, B. Miltiades. 2002. "The Social and Psychological Effect of an Adult Child's Emigration on Non-immigrant Asian Indian Elderly Parents," *Journal of Cross-Cultural Gerontology* 17:33–55.

Heywood, F. 2004. "The Health Outcomes of Housing Adaptations," *Disability and Society* 19:129–143.

Homans, G. C. 1958. "Social Behavior as Exchange," *American Journal of Sociology* 63:597–606.

Iwarsson, S. Isacsson A. 1997. "Quality of Life in the Elderly Population: An Example Exploring Interrelationships Among Subjective Well-being, ADL Dependence, and Housing Accessibility," *Archives of Gerontology and Geriatrics* 26:71–83.

Kalmijn, M. Saraceno C. 2008. "A Comparative Perspective on Intergenerational Support," *European Societies* 10:479–508.

Lee, Y. J., Parish W. L., Willis R. J. 1994. "Sons, Daughters and Intergenerational Support in Taiwan," *The American Journal of Sociology* 99:1010–1041.

Leinonen, A. M. 2011. "Adult Children and Parental Care-giving: Making Sense of Participation Patterns Among Siblings," *Ageing & Society* 31:308–327.

Lillard, L. A., R. J. Willis. 1997. "Motives for Intergenerational Transfers: Evidence from Malaysia," *Demography* 34:115–134.

Liu, S.Y., Lapane K. L. 2009. "Residential Modifications and Decline in Physical Function Among Community-dwelling Older Adults," *The Gerontologist* 49:344–354.

Luc, F. 2015. "The Politics of Meta-governance in Transnational Private Sustainability Governance," *Policy Sciences* 48:293–317.

Mann, W.C. et al.. 1999. "Effectiveness of Assistive Technology and Environmental Interventions in Maintaining Independence and Reducing Home Care Costs for the Frail Elderly: A Randomized

Controlled Trial," *Archives of Family Medicine* 8:210.

Marieke, V. d. P. et al. 2014. "Geographic Proximity of Adult Children and the Well-Being of Older Persons," *Research on Aging* 37:524-551.

Mark, W. 2003. "In the Shadow of Hierarchy: Meta Governance, Policy Reform and Urban Regeneration in the West Midlands," *Area* 35:6-14.

Neuharth, Tennille J., Stern S. 2000. "Shared Caregiving Responsibilities of Adult Siblings with Elderly Parents," *Journal of Human Resources* 37:441-478.

Oswald, F. et al. 2007. "Relationships Between Housing and Healthy Aging in Very Old Age," *The Gerontologist* 47:96-107.

Patterson, I. et al. 2000. "Impact of Home Modification Services on Ability in Everyday Life for People Ageing with Disabilities," *Journal of Rehabilitation Medicine* 40:253-260.

Pei, Xiaomei, Pillai V. K. 1999. "Old Age Support in China: The Role of the State and the Family," *The International Journal of Aging and Human Development* 49:197-212.

Petersson, I. et al. 2009. "Longitudinal Changes in Everyday Life after Home Modifications for People Aging with Disabilities," *Scandinavian Journal of Occupational Therapy* 16:78-87.

Pynoos, J, Steinman B.A. Nguyen A.Q. 2010. "Environmental Assessment and Modification as Fall-prevention Strategies for Older Adults," *Clinics in Geriatric Medicine* 26:633-644.

Rothwell, R. and Zegveld, W. 1981. *Industrial Innovation and Public Policy*: *Preparing for the 1980s and 1990*s, Frances Printer, pp.10-12.

Sarkisian, N., Gerstel N. 2008. "Till Marriage Do Us Part: Adult Children's Relationships with Their Parents," *Journal of Marriage and Family* 70:360-376.

Spitze, G., J. Logan. 1990. "Sons, Daughters, and Intergenerational Social Support," *Journal of Marriage & Family* 52:420-430.

Stoller, E. P. 1983. "Parental Caregiving by Adult Children," *Journal of*

Marriage & Family 45:851–858.

Thompson, B. 2000."Sons as Sole Caregivers for Their Elderly Parents: How Do They Cope?" *Can Fam Physician* 46:360–365.

Wahl, H.W. et al. 2009. "The Home Environment and Quality of Life-related Outcomes in Advanced Old Age: Findings of the Enable-Age Project," *European Journal of Aging* 6:101–111.

Werngren-Elgström, M., Carlsson G., Iwarsson S. 2009. "A 10-year Follow-up Study on Subjective Wellbeing and Relationships to Person-environment Fit and ADL Independence of Older Swedish Adults," *Archives of Gerontology and Geriatrics* 49:e16–e22.

Zimmer, Z, Kwong J. 2003. "Family Size and Support of Older Adults in Urban and Rural China: Current Effects and Future Implications," *Demography* 1:23–44.

Zimmer, Z. Kwong Julia. 2003. "Family Size and Support of Older Adults in Urban and Rural China: Current Effects and Future Implications," *Demography* 40.

附　录

附录1　江苏居家养老家庭调查问卷[①]

江苏城乡老人居家养老调查

老人编号 _____

问卷填答方式

（1）自填；（2）调查员询问本人后填写；（3）调查员询问他人后填写。

一、个人和家庭基本情况

1. 您的性别为：

  （1）男　　（2）女

2. 您出生于_____年。（公历）

3. 您目前的婚姻状况为[②]：

  （1）在婚　　（2）离婚　　（3）丧偶　　（4）未婚　　（5）同居

4. 您目前有_____个儿子，_____个女儿。

5. 目前和您一起居住的有哪些人？（可多选）

  （1）老伴[③]　　（2）父母　　（3）保姆　　（4）女儿/女婿

  （5）儿子/媳妇　　（6）其他人，为_____　　（7）一个人居住

[①] 调查问卷中的内容在正文中进行了简化和标准化，下同。
[②] "婚姻状况"在正文中简化为"有配偶""无配偶"。
[③] "老伴"在正文中标准化为"配偶"，下同。

6. 您的受教育程度为：

（1）小学及以下　　（2）初中　　（3）高中及以上

二、居家养老经济状况

1. 去年一年，您和老伴两人大概有多少收入？（包括工资、退休金、种田收入、子女给的、固定资产收入等方面）

（1）0.5 万元以下　　（2）0.5 万~1 万元　　（3）1 万~3 万元

（4）3 万~5 万元　　（5）5 万~10 万元　　（6）10 万元及以上

2. 去年一年，您和您老伴主要有哪些支出[①]？（填写要求同上）

（1）日常生活支出_____元；（2）医疗保健支出_____元；

（3）人情往来支出_____元；（4）文体娱乐支出_____元；

（5）给子女/媳婿_____元，给物品约_____元；

（6）给孙子女/孙媳婿_____元，给物品约_____元；

（7）其他支出（如保姆、房屋租赁等），为_____，共_____元。

3. 近三年来，在您遇到急难情况时，曾经得到的经济支持的来源有：（可多选）

（1）没有　　（2）老伴　　（3）其他家人　　（4）朋友

（5）亲戚　　（6）同事　　（7）党团工会等官方或半官方组织

（8）宗教、社会团体等非官方组织　　（9）工作单位

（10）邻居　　　　　（11）其他_____（请列出）

三、居家养老健康照料

1. 总体来讲，如果满分 10 分的话，您给您的健康打_____分。

2. 请问您在以下日常活动方面的自理情况如何？（请在相应的选修下打"√"）

项目	没有困难	有困难，但仍然可以自主完成	有困难，需要帮助才能完成	无法完成，完全需要他人帮助
自己吃饭				

[①]（5）（6）在正文中标准化为"家庭转移支出"，下同。

续表

项目	没有困难	有困难，但仍然可以自主完成	有困难，需要帮助才能完成	无法完成，完全需要他人帮助
自己穿衣				
自己洗脸刷牙梳头等				
自己室内走动				
自己洗澡				
自己上厕所				

3. 您目前是否患有以下慢性病？（经过医生确诊的）（可多选）

　　（1）中风　　（2）心脏病　　（3）高血压病　　（4）肝脏疾病

　　（5）肾脏疾病　　（6）癌症等恶性肿瘤　　（7）关节炎或风湿病

　　（8）血脂异常（高血脂或低血脂）　　（9）糖尿病或血糖升高

　　（10）与记忆相关的疾病　　（11）情感及精神方面问题

　　（12）慢性肺部疾患如慢性支气管炎或肺气肿、肺心病、哮喘

　　（13）胃部疾病或消化系统疾病

　　（14）其他_____

　　（15）没有慢性病

4. 平日里，您是否经常有以下的情况？（请在相应的选项下打"√"）

项目	一直有	经常有	偶尔有	基本没有
做什么事情都觉得没意思				
入睡困难，或总是想睡觉				
不想吃饭，或者吃得太多				
心情不好、郁闷、没希望				
总是感觉自己不成功，不如别人				

5. 您家里主要由谁来操心您的健康问题？（可多选）

　　（1）自己　　　　　　　（2）老伴　　　　　（3）子女/媳婿

　　（4）孙子女/孙媳婿　　（5）其他人_____　（6）没人操心

6. 身体不舒服或生病时，主要是谁照料您？（可多选）

（1）老伴　　（2）儿子　　（3）女儿　　（4）儿媳

（5）女婿　　（6）孙子女/孙媳婿　　　（7）邻里

（8）朋友　　（9）保姆　　（10）其他人＿＿＿＿＿＿

（11）没人照顾

7. 心里不舒服或生病时，谁安慰您比较多？（多选）

（1）老伴　　（2）儿子　　（3）女儿　　（4）儿媳　　（5）女婿

（6）孙子女/孙媳婿　　　（7）邻里　　（8）朋友

（9）保姆　　（10）其他人＿＿＿＿＿＿　　（11）没人安慰

8. 如果去医院看病，是否有家人陪您去？

（1）每次都有　　（2）大部分时候有　　（3）偶尔有

（4）没有　　（5）从不去医院

9. 您个人需要以下哪些方面的专业健康服务？（可多选）

（1）健康知识宣传　　（2）健康体检　　（3）健康咨询

（4）上门诊疗　　（5）医疗救助　　（6）康复护理

（7）建立个人健康档案　　（8）慢性病病人的定期服务

（9）其他，请说明＿＿＿＿＿＿＿＿＿＿

（10）以上都不需要

10. 总体来讲，如果满分 10 分的话，您给您的老伴健康打＿＿＿分。

四、家庭生活照料

1. 近年来，您从家庭成员那儿得到的支持和照顾情况为：

	非常多	比较多	比较少	极少	没有
老伴					
父母					
儿女/媳婿					
孙辈					
兄弟姐妹及其家人					
其他人，为＿＿＿					

2. 您是否愿意与子女一起居住：

（1）愿意　　（2）不愿意　　（3）无所谓　　（4）说不清楚

3. 和子女一起居住，您觉得有哪些好处？（可多选）

（1）心情愉快　　（2）减少经济压力

（3）得到更多子女的照顾

（4）可以帮助照顾子女一家

（5）其他　　（6）没什么好处

4. 和子女一起居住，您觉得不好的地方有哪些？（可多选）

（1）没什么不好　　（2）给子女添麻烦　　（3）造成家庭矛盾

（4）生活习惯差异造成矛盾

（5）子女不喜欢老人一起居住

（6）不是自己的家住的不自在

（7）其他

5. 遇到烦恼时，您的主要倾诉方式是：

（1）从不向任何人倾诉

（2）主动倾诉自己的烦恼，以获得支持和理解

（3）只向关系极为密切的1~2个人说

（4）如果家人/朋友主动问您会说

（5）没有什么烦恼

6. 遇到困难时，您的主要求助方式是：

（1）只靠自己，不接受别人帮助　　（2）很少请求别人帮助

（3）有时请求别人帮助　　（4）经常向别人求助

7. 目前，您需要经常帮助子女做以下事情吗？（可多选）

（1）做家务　　（2）照顾孙辈　　（3）帮助子女家进行田间劳动

（4）帮助子女做生意　　（5）其他　　（6）不需要帮助

五、适老化改造

1. 您家里有以下哪些老年家庭辅助工具？（可多选）

（1）拐杖　　（2）轮椅　　（3）厕所扶手　　（4）坐式淋浴器

（5）厨房防滑措施　　（6）报警器　　（7）以上均无

2. 对您来说，您家里房间光线充足吗？

（1）所有房间　　（2）大部分房间

（3）个别房间　　（4）都不太亮

3. 对您来说，您家里房间的开关方便使用吗？

（1）所有房间　　（2）大部分房间

（3）个别房间　　（4）都不方便

4. 您家里的门槛会绊到您吗？

（1）总是会　　（2）经常会

（3）偶尔会　　（4）从来不会

5. 您家里洗澡的地方，具备以下哪些条件？（可多选）

（1）有防滑措施

（2）有扶手以在需要时支撑身体

（3）您能轻松坐下或站起

（4）能方便及时调节水阀冷热

（5）方便拿到肥皂、洗发水等洗澡用物

6. 您平时睡觉的床，具备以下哪些条件？（可多选）

（1）上下床时有支撑物　　　　（2）能让您轻松自主上下床

（3）在床上开关照明灯很方便　（4）以上均不具备

六、社区/村居居家养老

1. 如果您生病卧床需要照顾，可以有几位邻居或朋友可帮助提供暂时性照料？

（1）0人　　（2）1~2人　　（3）3~5人　　（4）6人及以上

2. 社区/村居组织的活动，您：

（1）从不参加　　（2）偶尔参加　　（3）经常参加

（4）基本每次都参加

（5）社区/村居没有组织活动

3. 您平时有参加某个团体（包括非正式团体）的活动吗？

（1）没有参加　　（2）偶尔参加

（3）经常参加　　（4）主动参加并积极活动

4.您愿意免费为周围有需要的老人提供力所能及的照料服务吗？
（1）愿意　（2）不愿意，为什么

5.您所居住的社区/村居中，以下方面对老人的适合程度如何？

	非常好	比较好	不太好	很不好	说不清楚
交通设施					
体育锻炼设施					
安全保障					
日用品购买					
环境卫生					
邻里互助					

6.您接受过社区/村居以下活动或服务吗？如何评价？

服务项目	参加过，对这项服务的评价为?				没有参加过	不清楚有这些服务	目前没有此项服务
	非常好	比较好	不太好	很不好			
家庭/签约医生							
上门看病							
康复护理							
文体娱乐活动							
助餐服务							
助浴服务							
陪聊服务							
上门做家务							
陪着外出							
陪同看病							
帮助解决家庭/邻里纠纷							

7. 您目前在家里养老有以下困难吗？

　　（1）孤独　　（2）没人照顾　　（3）经济困难　　（4）子女不孝顺

　　（5）居住条件不好　　　　　（6）吃饭/做饭不方便

　　（7）生病了不能及时就医　　（8）想住养老院住不进去

　　（9）有紧急情况时不能得到及时的帮助

　　（10）其他　　　　　　　　（11）没有以上困难

子女情况（每个子女按排序逐一询问，不够补页）

　　　　　　　　　　　　　　　老人编号 ＿＿＿＿＿＿

1. 在您的子女中排行第＿＿＿＿＿。

2. 她/他的性别为：

　　（1）男　　（2）女

3. 出生于＿＿＿＿年。

4. 受教育程度：

　　（1）小学及以下　　　　　（2）初中

　　（3）高中　　　　　　　　（4）大专及以上

5. 目前的工作单位属于：

　　（1）机关事业单位（国家机关、事业单位）

　　（2）无工作单位（农民、不定期外出打工以及失业人员）

　　（3）企业　　（4）个体户　　（5）其他，为＿＿＿＿＿

6. 去年一年的收入约为＿＿＿＿＿万元。（不清楚，填99）。

7. 子女和您的居住距离：

　　（1）一起居住　　　　（2）本村　　（3）同镇不同村

　　（4）本县区市其他乡镇或街道　　（5）本地级市其他地区

　　（6）本省其他地市　　（7）外省　　（8）国外

8. 去年一年，您和您的老伴一共给这位子女一家＿＿＿＿元（包括支付房租费、水费、电费等各类费用），给物品约＿＿＿＿元。（不清楚，填99）。

9. 去年一年，您这位子女一家一共给您和老伴＿＿＿＿元，给物品约＿＿＿＿元。

10. 去年一年，他们看望您和您的老伴的频率如何？

（1）每天 （2）至少每周一次 （3）12次以上

（4）7~12次 （5）4~6次 （6）1~3次 （7）0次

11. 去年一年，请问您和您的这个子女及其家庭成员联系的频率为：

（1）一起居住 （2）每天1次 （3）每2~3天一次

（4）每周1次 （5）1~2周1次 （6）2周到1个月1次

（7）一个月以上联系一次 （8）几乎不联系

12. 请问您和这位子女及其家庭之间是谁主动联系对方多些：

（1）一起居住 （2）自己/老伴 （3）子女/媳婿

（4）孙子女/孙媳婿 （5）很少联系

13. 您和子女一家平时联系或当面聊天涉及您和老伴的话题主要有：（可多选）

（1）健康 （2）饮食 （3）家庭经济 （4）照料问题

（5）安全问题 （6）家里人的关系 （7）邻里/同事的事情

（8）社会/国家大事 （9）基本不联系/聊天 （10）其他

14. 去年一年，这位子女和其家人一共专门照顾您_____天。（没有，填"0"）

15. 如果您需要人照顾，这位子女及其家人可以在什么时段来照顾您？（可多选）

（1）不可能来 （2）全天候 （3）白天 （4）晚上

（5）双休日 （6）节假日 （7）说不清楚，视情况而定

16. 如果您生病需要人照顾，这位子女或他家人可以照顾您多长时间？

（1）不可能来 （2）十天 （3）一个月

（4）一个季度 （5）半年 （6）一年

（7）一直照顾 （8）说不清楚，视情况而定

附录 2　失能老人家访提纲

家访对象：问卷调查样本点中的失能半失能老人及其家庭。

（进门后礼貌问候，询问是否可以采访过程全程录音）

（1）家庭的基本构成情况（如多少人，哪些人，平时是否都一起居住等）。

（2）老人的个人基本情况、患病历史、治疗情况，治疗费用及其来源。

（3）老人目前需要照顾的情况；如何照顾的？（照顾人员，照顾时间，照顾方式）家庭成员彼此间是如何商定的？

（4）去年一年，老人生活开销有哪些？这些费用的来源是怎样的？家庭成员彼此间是如何商定的？

（5）因为要照顾老人，家庭的居住方式是否发生了变化？具体有哪些？

（6）因为要照顾老人，家庭的家具布置和房间功能安排上有没有发生一些变化？是如何考虑的？

（7）因为要照顾老人，家庭成员的工作/打工发生了哪些变化？收入呢？

（8）因为要照顾老人，家庭成员间的关系发生了哪些变化？

（9）您家有专门学习过如何照顾老人的知识/信息吗？都学习了哪些？从哪儿学的？

（10）您家庭当中，主要是谁来负责家庭成员的健康问题？是如何负责的？家里有准备一些急救药吗？家庭成员中有没有人掌握一些心脏按压、应对呛咳等急救的方法？家庭有没有因为老人的生病，而更多关注彼此的健康？是否调整了一些生活方式？如饮食、吸烟、饮酒等。

（11）您家有没有因为要照顾老人而得到了家里亲戚的一些帮助？主要是哪些帮助？您家主动向哪些亲戚求助过吗？如何求助的？

（12）您家有没有因为要照顾老人而得到了邻居的一些帮助？主要是哪些帮助？您家主动向邻居们求助过吗？如何求助的？

（13）您家有没有因为要照顾老人而得到了社区居委会/村委会的帮助？主要是哪些帮助？您还希望进一步得到他们哪些帮助？您家主动向居委会求助过吗？如何求助的？

（14）您家有没有因为要照顾老人而得到了政府或某个部门的帮助？主要是哪些帮助？您还希望进一步得到他们哪些帮助？您家主动向政府或哪个部门求助过吗？如何求助的？

得到许可后拍照记录家庭情况

附录3 南京市市民志愿养老服务参与调查问卷

南京市时间银行志愿养老服务意愿调查

尊敬的先生/女士：

您好！占用您的宝贵时间我们深感歉意。非常感谢您参与我们的问卷调查，此次调查是为了了解您对南京市时间银行志愿养老服务的参与意愿，探索更优的未来社区时间银行养老模式，现特邀请您完成问卷调查。问卷不记名，答案无好坏、对错之分，数据只做科学研究使用，请您根据真实情况如实填写这份问卷，感谢您的参与！

养老服务"时间银行"课题组
2021年3月

1. 您的性别

    ① 男　　② 女

2. 您的年龄

    ① 23 岁以下　　② 23~44 岁　　③ 45~60 岁　　④ 60 岁以上

3. 您的婚姻状况

    ① 未婚　　② 已婚　　③ 离异　　④ 丧偶

4. 您的教育水平

　　① 文盲或识字很少　　② 小学　　③ 初中

　　④ 高中　　　　　　　⑤ 专科　　⑥ 本科及以上

5. 您的职业

　　① 国家管理干部　　② 经理人员　　③ 私营企业主

　　④ 专业技术人员　　⑤ 办事人员　　⑥ 个体工商户

　　⑦ 服务员工　　　　⑧ 工人　　　　⑨ 农民/农民工

　　⑩ 失业/无业　　　　⑪ 其他_____

6. 您的经济来源（多选）

　　① 本人及配偶　　② 子女　　③ 孙子女　　④ 父母　　⑤ 其他

7. 您目前每月收入

　　① 0~1500 元　　　② 1501~3000 元　　③ 3001~5000 元

　　④ 5001~9999 元　　⑤ 10000~19999 元　⑥ 2 万元及以上

8. 健康状况自评

　　① 非常好　　② 较好　　③ 一般　　④ 较差　　⑤ 非常差

9. 您是否参加过志愿活动？

　　① 是　　② 否

10. 在本次调查之前，您是否听说过时间银行？

　　① 听说过

　　② 没有听说过（若听过，转到 11 题；若没有听说过，转到 12 题）

11. 您是通过什么途径了解"时间银行"养老模式的？（多选）

　　① 学校宣传　　　　② 社区宣传　　　　　③ 新闻报纸

　　④ 同事/朋友交流　 ⑤ 电视　　　　　　　⑥ 广播

　　⑦ 公众号　　　　　⑧ "我的南京"等 App　⑨ 其他

12. 您是否愿意成为时间银行志愿者？

　　① 愿意

　　② 不愿意（若愿意，转到 13 题；若不愿意，转到 21 题）

13. 您为什么愿意成为时间银行志愿者？（多选）

　　① 帮助有需要的人　　　② 多结识朋友增进交流

　　③ 消磨时间　　　　　　④ 实现个人价值

⑤ 增加社会经历　　　　　　⑥ 其他_____

14. 您愿意为以下哪些类型的老人提供服务？（多选）

　　① 原本认识的老人

　　② 社区工作人员介绍的原本不认识的老人

　　③ 网络接单但不认识的老人

15. 您愿意为老人提供哪些服务？（多选）

　　① 家务料理　　② 上门送餐　　③ 精神慰藉　　④ 帮助买菜

　　⑤ 代买物品　　⑥ 帮助清洗衣服　　⑦ 日常生活应急协助

　　⑧ 理发　　　　⑨ 清洗床单、被罩等大件衣物

　　⑩ 洗澡看护　　⑪ 陪同看护　　⑫ 其他_____

16. 您或您的家人愿意接受时间银行志愿者为您提供哪些服务？（多选）

　　① 家务料理　　② 上门送餐　　③ 精神慰藉　　④ 帮助买菜

　　⑤ 代买物品　　⑥ 帮助清洗衣服　　⑦ 日常生活应急协助

　　⑧ 理发　　　　⑨ 清洗床单、被罩等大件衣物

　　⑩ 洗澡看护　　⑪ 陪同看护　　⑫ 其他_____　　⑬ 以上都不需要

17. 您认为成为时间银行志愿者需要哪些培训？（多选）

　　① 时间银行基本规则　　　② 志愿者权利义务

　　③ 线上平台注册及使用　　④ 服务基本要求

　　⑤ 突发事件应急处置预案　⑥ 护理技能　　⑦ 其他_____

18. 您希望您的时间币可以兑换为？（多选）

　　① 服务　　② 纪念品　　③ 商品折扣　　④ 日常生活用品

　　⑤ 职称晋升或其他荣誉　　⑥ 其他_____

19. 对于时间银行的发展，您有什么看法？

　　① 十分看好　　② 较为看好　　③ 不太乐观　　④ 不容乐观

20. 您对时间银行未来的发展有什么建议？

　　_____

21. 您为什么不愿意参与时间银行？（多选）

　　① 对时间银行经办主体缺乏信任

　　② 时间银行的功能体系制度不够成熟

③ 认为时间银行这类公益机构抗风险能力较差

④ 家里人反对

⑤ 担心与被服务方产生摩擦与纠纷

⑥ 担心影响自己的工作与生活

⑦ 要照顾孙子女，没有时间

⑧ 其他_____

衷心感谢您的认真填写！

附录 4　发表的课题研究论文

Zhou J, Yang L. 2020. "Who is Taking Care of the Chinese Functionally Impaired Older People? The Characteristics of Family Caregivers From China Health and Retirement Longitudinal Study," *Australasian Journal Ageing* 00:1–12.

Jianfang Zhou ,Norman Hearst. 2016. "Health-related Quality of Life of Among Elders in Rural China: the Effect of Widowhood," *Qual Life Res* 25:3087–3095.

Janfang Zhou ,Norman Hearst. 2014. "Individual and Household-level Predictors of Health Related Quality of Life Among Middle-aged People in Rural Mid-east China: A Cross-sectional Study," *BMC Public Health* 14:660.

林文浩、周建芳，2021，《我国居家养老家庭支持政策研究：政策工具、作用对象与预期家庭影响》，《老龄科学研究》第 3 期。

林文浩、公茗、魏梦妍、周建芳，2020，《文字阅读与创作活动对居家老人心理纾困作用探究》，《汉字文化》第 S1 期。

魏梦妍、林文浩、公茗、周建芳，2020，《江苏城乡老年家庭居室适老化水平及其影响因素研究》，《城市住宅》第 11 期。

周建芳、徐钰茹、俞晶晶，2020，《城市老人志愿养老服务参与意愿与行为》,《中国老年学杂志》第 22 期。

王静怡、季园、崔海任、周建芳,2020,《南京市大学生对社会代际养老模式认知调查》,《高教学刊》第 33 期。

公茗、徐飞、林文浩、魏梦妍、周建芳,2020,《家庭照料人员模式对老年人身心健康影响研究》,《中国老年保健医学》第 4 期。

张娟、周建芳,2019,《中国老年人口失能地区分布》,《中国老年学杂志》第 6 期。

周建芳、黄兴,2018,《中国养老服务政策量化分析》,《中国老年学杂志》第 14 期。

毛京沭、周建芳、舒星宇,2018,《中国东、中、西部地区农村老人健康状况及影响因素分析》,《中国公共卫生》第 3 期。

高云、周建芳,2017,《个人和家庭因素对农村老年人健康的影响》,《中国老年学杂志》第 8 期。

周建芳、黄兴,2017,《农村丧偶老人再婚意愿及其影响因素》,《人口与社会》第 1 期。

周建芳、施红云、史加华、陈德祥,2015,《农村独生子女家庭老人健康及其影响因素——以江苏海安为例》,《中国老年学杂志》第 20 期。

周建芳,2015,《丧偶对农村老年人口的健康影响研究》,《人口与发展》第 4 期。

周建芳、汝小美、梁颖,2015,《以家庭为单位的健康促进服务提供与建议》,《中国公共卫生管理》第 3 期。

温勇、宗占红、舒星宇、周建芳、孙晓明、汝小美,2014,《中老年人的健康状况、健康服务的需求与提供——依据中西部 5 省 12 县调查数据的分析》,《人口研究》第 5 期。

周建芳、温勇、汝小美,2014,《中国中部地区城乡家庭健康行为调查》,《中国农村卫生事业管理》第 8 期。

舒星宇、温勇、周建芳、汝小美,2014,《我国家庭保健服务现况》,《现代预防医学》第 9 期。

后 记

《居家养老家庭支持——基于江苏的实证研究》书稿初稿完成时正是高校毕业季。今年南京邮电大学社会与人口学院的毕业生中有多位参与本项目的研究，感谢他们为项目的现场调查、资料分析和中间成果发表做出的大量努力。项目研究中，林文浩、魏梦妍和公茗三位本科生几乎全程参与，不仅让团队的国家级大学生创新创业训练计划项目以两篇核心期刊、两篇普通期刊和多项获奖的优秀成绩结项，更是提高了科研兴趣和能力，拿到了理想大学理想专业的研究生录取通知书。这样的"意外"收获是我以往科研项目"成果"的重大突破，我深感欣慰。同样感谢我的研究生徐飞和任白剑，徐飞完成了专著第三章至第八章的数据分析工作，任白剑进行了三轮的书稿排版和校对工作。

本专著是江苏省哲学社会科学研究项目"江苏居家养老的家庭支持研究"（项目编号：18SHB003）的研究成果，是基于江苏张家港市、海安市、淮安市淮安区的实地调查而形成的研究报告，非常感谢江苏省卫生健康委员会符爱东副处长和三地的卫健委领导和工作人员对项目调研的大力帮助。

专著的撰写过程中，有幸得到南京大学社会学院陈友华教授和南京邮电大学人口研究院沙勇院长的精心指导，专著的出版得到了江苏省重点培养智库"高质量发展评价研究院"的经费资助，在此致以衷心的感谢。

周建芳
2021 年 6 月

图书在版编目（CIP）数据

居家养老家庭支持：基于江苏的实证研究 / 周建芳著 . -- 北京：社会科学文献出版社，2021.11
ISBN 978-7-5201-9365-8

Ⅰ.①居… Ⅱ.①周… Ⅲ.①养老 – 社区服务 – 研究 – 江苏 Ⅳ.① D669.6

中国版本图书馆 CIP 数据核字（2021）第 224412 号

居家养老家庭支持
——基于江苏的实证研究

著　　者 / 周建芳

出 版 人 / 王利民
责任编辑 / 胡庆英
文稿编辑 / 陈　冲　王　倩
责任印制 / 王京美

出　　版 / 社会科学文献出版社・群学出版分社（010）59366453
　　　　　　地址：北京市北三环中路甲29号院华龙大厦　邮编：100029
　　　　　　网址：www.ssap.com.cn

发　　行 / 市场营销中心（010）59367081　59367083
印　　装 / 三河市尚艺印装有限公司

规　　格 / 开　本：787mm × 1092mm　1/16
　　　　　　印　张：20.75　字　数：320 千字
版　　次 / 2021 年 11 月第 1 版　2021 年 11 月第 1 次印刷
书　　号 / ISBN 978-7-5201-9365-8
定　　价 / 128.00 元

本书如有印装质量问题，请与读者服务中心（010-59367028）联系

版权所有 翻印必究